超ビジュアル！
日本の城大事典
矢部健太郎／監修
西東社
JN017416

全国の城を攻め落とせ！
うーん
本日も天下は平和なり
これも殿が天下を治めてくださるおかげです
いや待て
実は、民は裏で我のことを戦の経験がない弱いやつだとバカにしているんじゃ…
フフン
きっとオレ殿様に勝てるぜ
オレもー
ふる ふる
イヤイヤ
考えすぎですよ～
いかーん！
民に我が戦いぶりを見せ強い武将だと証明せねば！
誰か甲冑を持って参れ！
ええ！
もう戦なんかないですよっ

愚か者め
今も世に残る数々の城は、昔は軍事施設だったのだ
平和になった今も城の守りは健在だ
つまり城を落とせば我が強い武将だと示せるのだ
確かに一度も落とされたことのない城がたくさんありますね
ほ――
スッ
殿！甲冑です！
ザッ
おお！
うーんしっくりくるな～
我専用の甲冑じゃ
はじめてかぶるけど
よぉし！
皆の者出陣じゃ！
全国の城を攻め落とすのだ！
オーー
ザッ
28ページへ続く

城は何のためにつくられた？
戦う城から治める城へ！
城は敵の攻撃を防ぐ軍事施設だったが、やがて政治を行う場所に変化した。
大坂城の防御力を見せてやる！
大坂城を攻め落とせ！
大坂城主
豊臣秀頼
徳川家康
▼大坂城に攻めこむ徳川軍
1615年の大坂夏の陣（→P158）では、豊臣秀頼が立てこもる大坂城（→P36）を、徳川家康の軍勢が攻め落とした。
戦うための城
天守→P30
徳川軍
櫓→P64
石垣→P58
豊臣軍
御殿
城主の住居

▲現在の大坂城
大阪市にある大坂城（大阪城）は、江戸時代初期に江戸幕府が築いた城の一部で、堀や石垣が残っている。天守は1931年に再建されたもの。

戦国時代の城は防御施設で江戸時代の城は政治の場所

城はもともと、敵の侵入を防ぐための防御施設で、ほとんどの城の周囲には堀や石垣などが築かれている。戦国時代の武将たちは、城を拠点にして周囲の敵と戦い、勢力を広げていった。

江戸時代になって合戦がなくなると、城は将軍や大名（藩主）が政治を行う場所になっていった。

政治をするための城

徳川家が再建した大坂城天守
江戸幕府の２代将軍・徳川秀忠（家康の子）は、大坂城に天守を再建し、1629年に完成させた。巨大な天守の高さは約40mあり、天守台を含めると約58mもあったが、1665年に落雷で焼失した。江戸幕府は大坂城に「大坂城代」という役職を置き、近畿地方の治安・警備や西日本の大名の監視をさせた。

城の強さはどこで決まる？

最強の城 注目ポイント！

強い城には「櫓が多い」「石垣が高い」「堀の幅が広い」などの特徴がある。

城の特徴

時代によって違いがあるが、城には天守や石垣など、特徴的な構造物がある。

※この城は、江戸時代初期に築かれた城をイメージ的にイラストにしたもの。

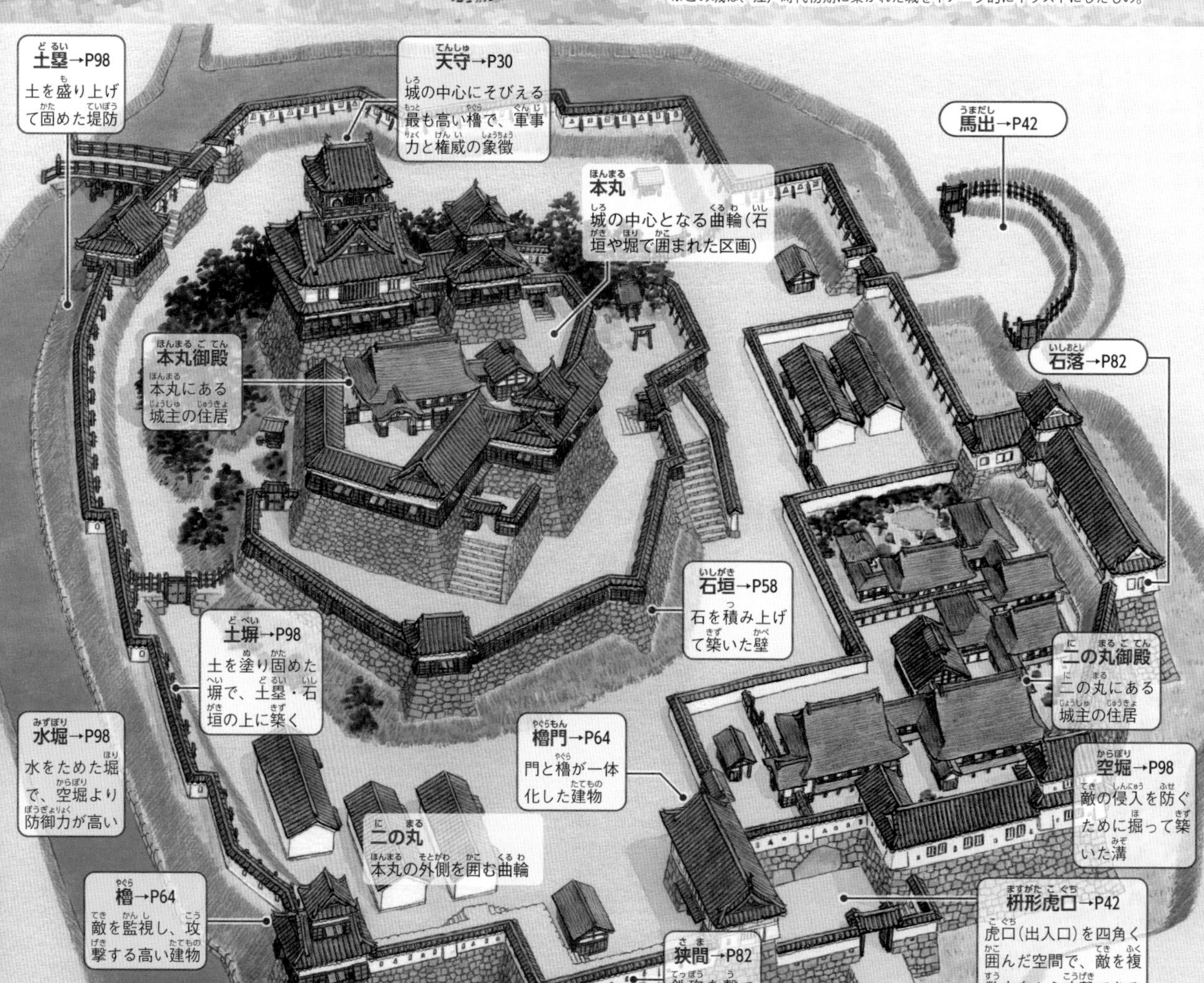

5つの注目ポイント

城の強さはここでチェック！

1 天守・櫓

敵を見張り、攻撃する建物。

安土城→P32の天主（天守）。

2 石垣

敵の侵入を防ぐ石の壁。

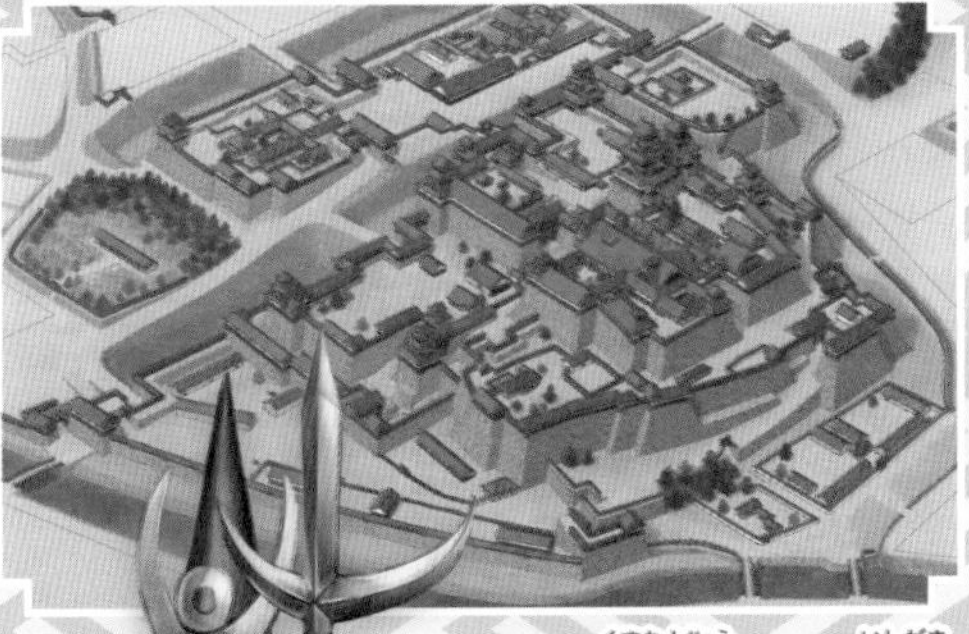

熊本城→P52の石垣。

3 縄張

城の基本設計。

篠山城→P222の縄張。

4 堀

城の周囲に掘られた溝。

大坂城→P36の堀。

5 規模

城の範囲・面積の大きさ。

江戸城→P48の規模。

城にはどんな種類がある？

城の構造は3タイプ！

城の基本的な構造は「山城」「平城」「平山城」の3種類に分けられる。

山城

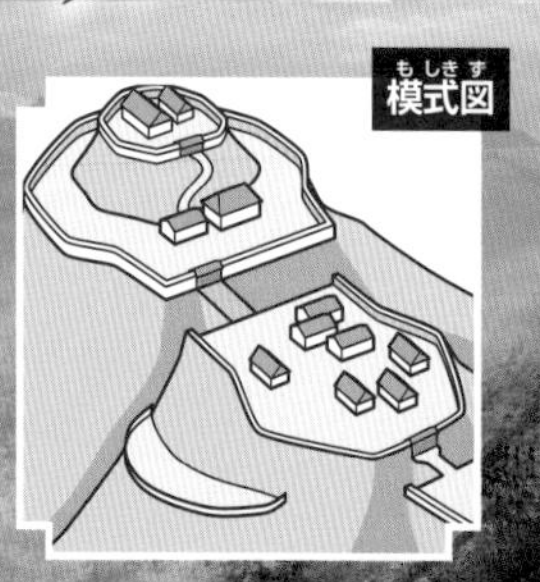

本丸
「本曲輪（本郭）」「主郭」「一の曲輪」などともいう

竪堀→P98

山を利用して築いた城。山頂に本丸を築き、周囲に堀や柵をめぐらせて防御力を高めた。

居館
城主が住む館。山城のふもとに築かれた

▶山城の防御構造

堀切（尾根を断ち切った堀）や竪堀、横堀のほか、切岸（人工の崖）などが築かれた。

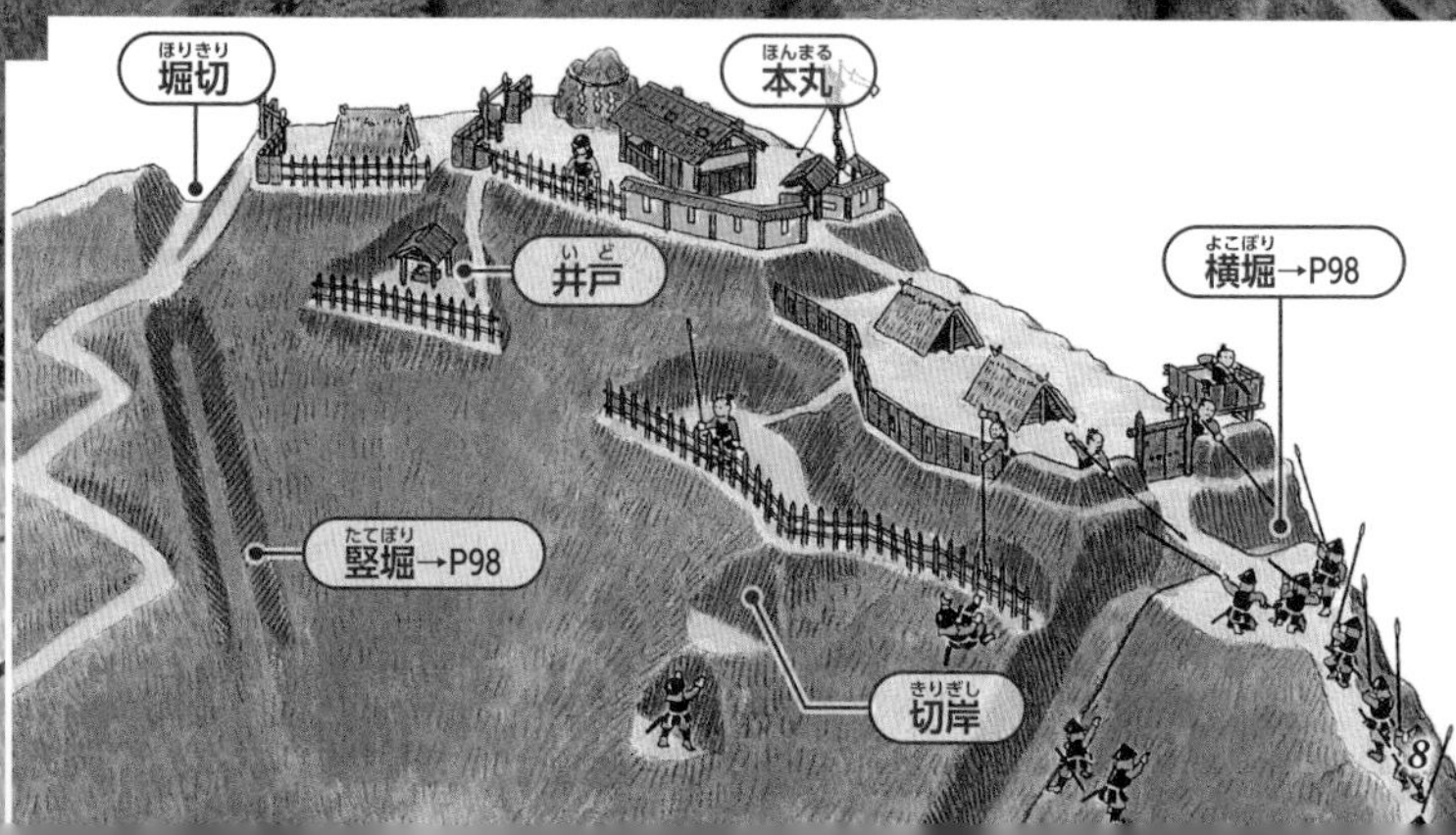

模式図
平城
平地に築かれた城。交通の便がよく、大軍を収容できたが、包囲されやすいため、城の周囲に堀や石垣を築き、天守や櫓を建てて防御力を高めた。
天守
空堀
虎口
内堀
石垣
櫓
模式図
平山城
小高い丘に築かれた城。山城のような防御力と、平城のような便利さを備えた城。石垣や堀で囲んで敵の侵入を防いだ。
天守
櫓
石垣

日本の城はどう発展した？

山城から平城・平山城へ！

戦国時代まで日本の城は山城が中心だったが、安土桃山時代から平城・平山城が登場した。

※時代名は城の歴史を示すおおよその目安として記しています。

紀元前3世紀～3世紀（弥生時代）

弥生時代の環濠集落（→P20）。ムラの周囲に堀や柵をめぐらせて敵の侵入を防いだ。

集落の周囲に堀・柵を築いた日本最古の城！

7世紀頃（飛鳥時代）

基肄城（→P100）の復元図。山の尾根や斜面に土塁（土の堤防）や石垣をめぐらせた山城。

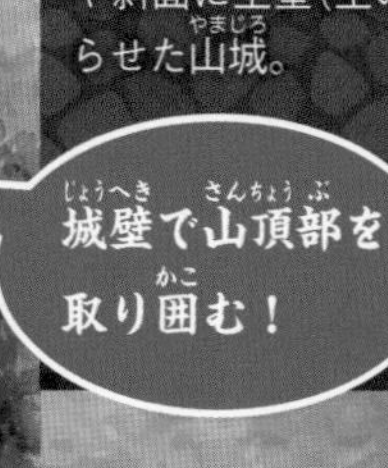

城壁で山頂部を取り囲む！

13～15世紀（鎌倉・室町時代）

独鈷山城（→P168）の復元図。戦いのときに臨時に築かれた山城で、生活場所や支配拠点ではなかった。

戦いのときだけ利用する山城！

15世紀後半～1576年頃(戦国時代)

春日山城(→P184)の復元図。戦国時代、多くの戦国武将が山城を居城にし、山城を大型化していった。

1576年頃～1600年頃(安土桃山時代)

安土城(→P32)の復元図。安土城は、城全体を石垣でおおい、天守を築いた日本最初の城。続いて豊臣秀吉が大規模な平城・大坂城(→P36)を築き、城は権力・権威を示すものとなった。

1600年頃以降(江戸時代)

江戸城(→P48)の復元図。江戸幕府を開いた徳川家康は、豊臣氏との最終決戦を想定して、江戸城や名古屋城など、大規模な城を築いた。大坂夏の陣(→P158)で豊臣氏をほろぼした家康は、大名たちが幕府に逆らえないようにするため、大名が住む城だけを認め、それ以外の城を廃止させた。

もくじ

1章 日本の名城ベスト20 21

2章 日本の城合戦 101

3章 地域別日本の名城 169

この本の見方

1章

※3章の構成は基本的に1章と同じです。

ビジュアルで再現！

創建時や江戸時代の城の姿を復元した図です。史料に基づいていますが、想像でえがいた部分もあります。

城の名称

城の名称は複数ある場合がありますが、一般的に用いられているものを掲載しています。

名城ランキング

→P22

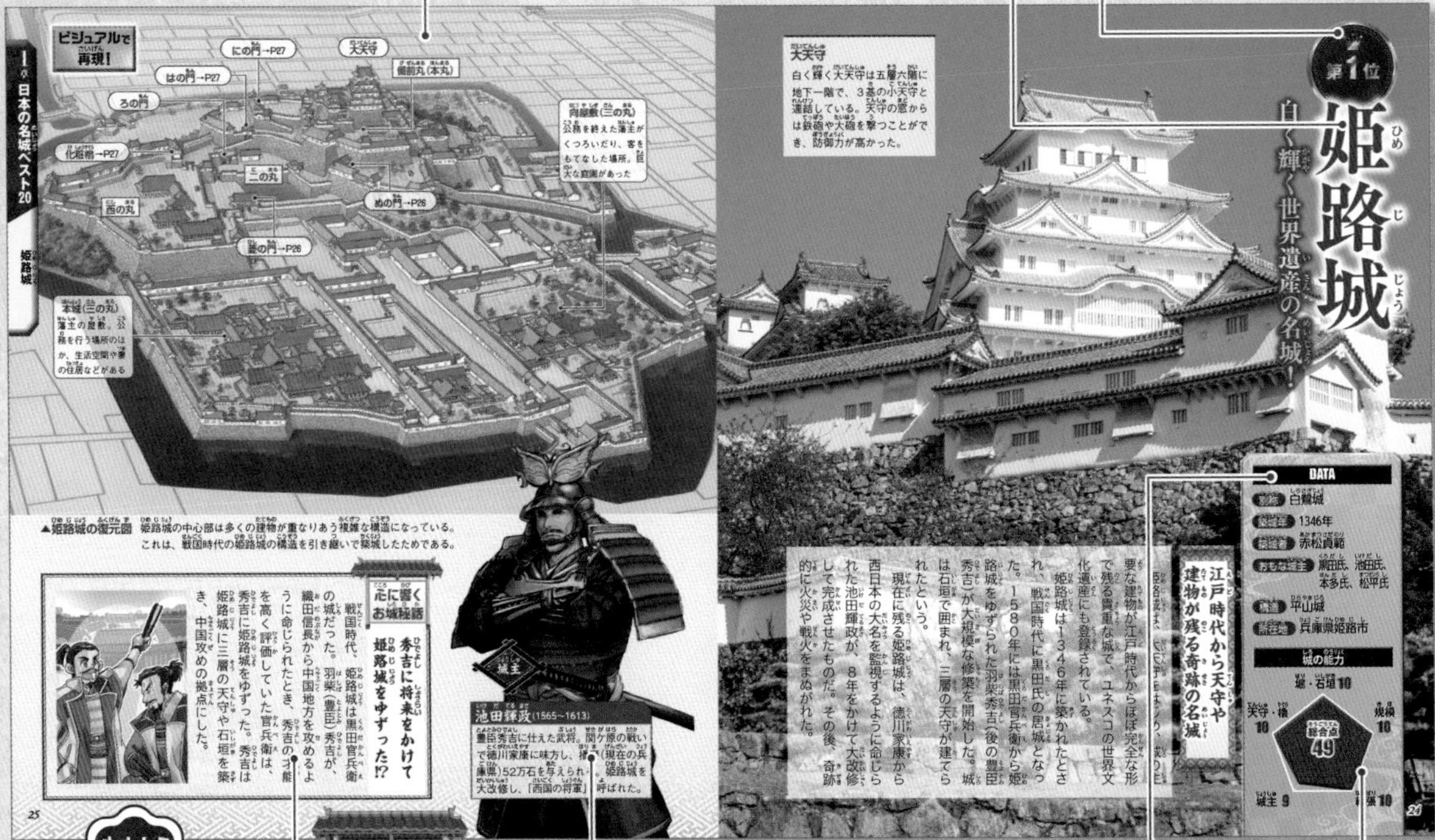

ビジュアルで再現！
にの門→P27
大天守
備前丸（本丸）
はの門→P27
ろの門
化粧櫓→P27
二の丸
西の丸
ぬの門→P26
菱の門→P26
向屋敷（三の丸）
公務を終えた藩主がくつろいだり、客をもてなした場所。巨大な庭園があった
本城（三の丸）
藩主の屋敷。公務を行う場所のほか、生活空間や妻の住居などがある
1章 日本の名城ベスト20
姫路城
▲姫路城の復元図　姫路城の中心部は多くの建物が重なりあう複雑な構造になっている。これは、戦国時代の姫路城の構造を引き継いで築城したためである。
心に響くお城秘話
秀吉に将来をかけて姫路城をゆずった⁉
戦国時代、姫路城は黒田官兵衛の城だった。羽柴（豊臣）秀吉が、織田信長から中国地方を攻めるように命じられたとき、秀吉の才能を高く評価していた官兵衛は、秀吉に姫路城をゆずった。秀吉は姫路城に三層の天守や石垣を築き、中国攻めの拠点にした。
城主
池田輝政（1565～1613）
豊臣秀吉に仕えた武将。関ケ原の戦いで徳川家康に味方し、播磨（現在の兵庫県）52万石を与えられた。姫路城を大改修し、「西国の将軍」と呼ばれた。
25
大天守
白く輝く大天守は五層六階に地下一階で、3基の小天守と連結している。天守の窓からは鉄砲や大砲を撃つことができ、防御力が高かった。
第1位
姫路城
白く輝く世界遺産の名城！
江戸時代から天守や建物が残る奇跡の名城
要な建物が江戸時代からほぼ完全な形で残る貴重な城で、ユネスコの世界文化遺産にも登録されている。
姫路城は1346年に築かれたとされ、戦国時代に黒田氏の居城となった。1580年には黒田官兵衛から姫路城をゆずられた羽柴秀吉（後の豊臣秀吉）が大規模な修築を開始した。城は石垣で囲まれ、三層の天守が建てられたという。
現在に残る姫路城は、徳川家康から西日本の大名を監視するように命じられた池田輝政が、8年をかけて大改修して完成させたものだ。その後、奇跡的に火災や戦火をまぬがれた。
DATA
白鷺城
1346年
赤松貞範
黒田氏、池田氏、本多氏、松平氏
平山城
兵庫県姫路市
城の能力
堀・石垣10
天守・櫓10
規模10
総合点49
城主9
24

おもしろお城エピソード

城に関しておどろくようなエピソードを紹介しています。

心に響くお城秘話

城に関連する人物のエピソードを紹介しています。

築城者・城主・関連人物

城を築いた人物や、城主となった人物、城との関係が深い人物のプロフィールを紹介しています。

城の基本情報

城に関する基本的な情報を記しています。築城年は、基本的には築城開始年を記しています。築城者や築城年については諸説あるものがありますが、一般的な説を紹介しています。

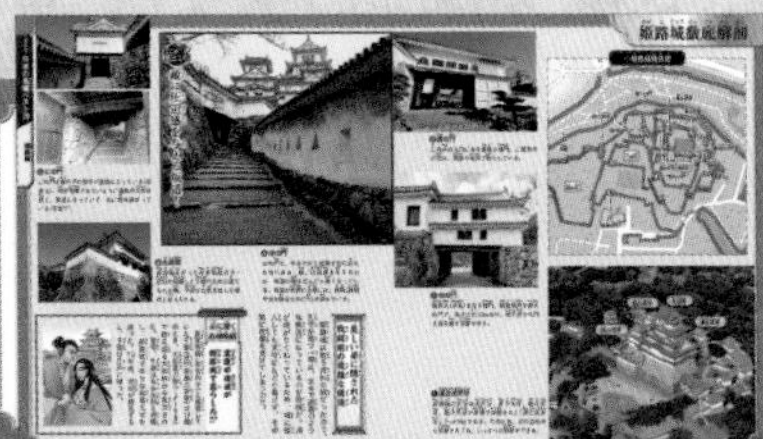

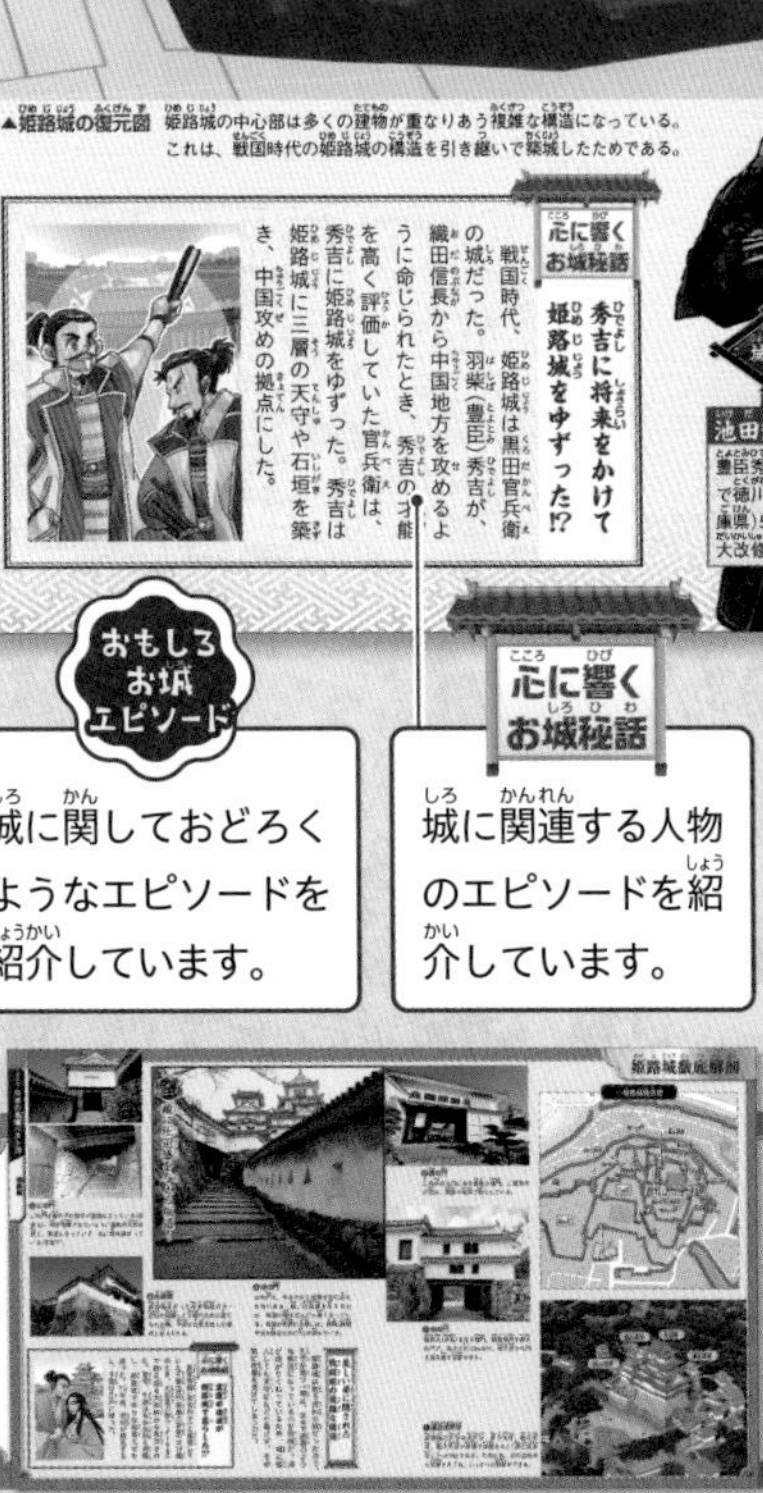

徹底解剖

名城ランキング第1位〜第6位までの城は、現在の城の地図を入れて見どころを写真で紹介しています。

城の能力

→P22

関連地図
城合戦の布陣図や軍勢の動きなどを地図で解説しています。

合戦イラスト・CG
城合戦の場面をイラストやCGで再現しています。想像でえがいた場面もあります。

合戦ハイライト!
城合戦のなかで特に名場面であることを示しています。

合戦の城
城合戦の舞台となった城の基本情報を紹介しています。

西暦
城合戦が起きた年です。

合戦の結果
城合戦が終わった後、その影響でどのようなことが起きたのかを説明しています。

勝者と勝因
城合戦に勝利した人物や、活躍した人物を取り上げ、勝利の要因を説明しています。

対戦者プロフィール
攻城側と籠城側が、それぞれどのような人物だったのかを簡単に説明しています。

合戦場所
城合戦が起きた場所を地図で示し、その場所の旧国名と現在の都道府県名を記しています。

合戦名
城合戦の名前です。

- この本で紹介している年齢は数え年(生まれた年を「1歳」として、以降、1月1日を迎えるたびに1歳ずつ増やして数える年齢)で示しています。
- 戦力や、合戦の日時・場所などには別の説があるものもあります。
- 城合戦のイラスト・CGは基本的には史実に基づいていますが、想像でえがいた場面もあります。
- 人物の生没年、できごとの日時・場所などには別の説がある場合もあります。人物の名前が複数ある場合、最も一般的なものに統一していることがあります。

【この本のルール】
戦国時代とは、室町時代後半に戦乱が続いた時期の呼び名です。戦国時代の始まりと終わりの時期には諸説ありますが、この本では、15世紀後半から室町幕府の滅亡(1573年)までを戦国時代としています。安土桃山時代は、1573年から江戸幕府の成立(1603年)までとしています。また、「大阪城」は江戸時代以前の表記に従って「大坂城」としています。

城の歴史コラム

日本最古の城は「環濠集落」!?

CGで復元した環濠集落
環濠集落の多くは、環濠(堀)の外側に土塁(土の堤防)を築き、土塁に柵を設けていた。

環濠の断面
日本最大規模の環濠集落跡がある吉野ケ里遺跡(佐賀県)から発掘された環濠。断面がV字型になっている。

敵の侵入を防ぐために集落を堀で囲んだ

縄文時代の日本では戦争は行われていなかったとされる。しかし※弥生時代になると、集落(ムラ)どうしで激しい戦いが行われ、遺跡からは矢が刺さった人骨や、戦うための武器などが発見されている。弥生時代の集落の周囲は堀(環濠)で取り囲まれていた。これを「環濠集落」といい、日本の城の起源とされている。環濠は二重・三重にめぐらせることもあった。

弥生時代中期になると、環濠集落は九州から関東南部、北陸地方までの広い地域でつくられるようになり、環濠や柵の規模も大きくなった。古代の女王・卑弥呼が治めた邪馬台国も、巨大な環濠集落だったと考えられている。

※紀元前3世紀頃～3世紀頃。

1章 日本の名城ベスト20

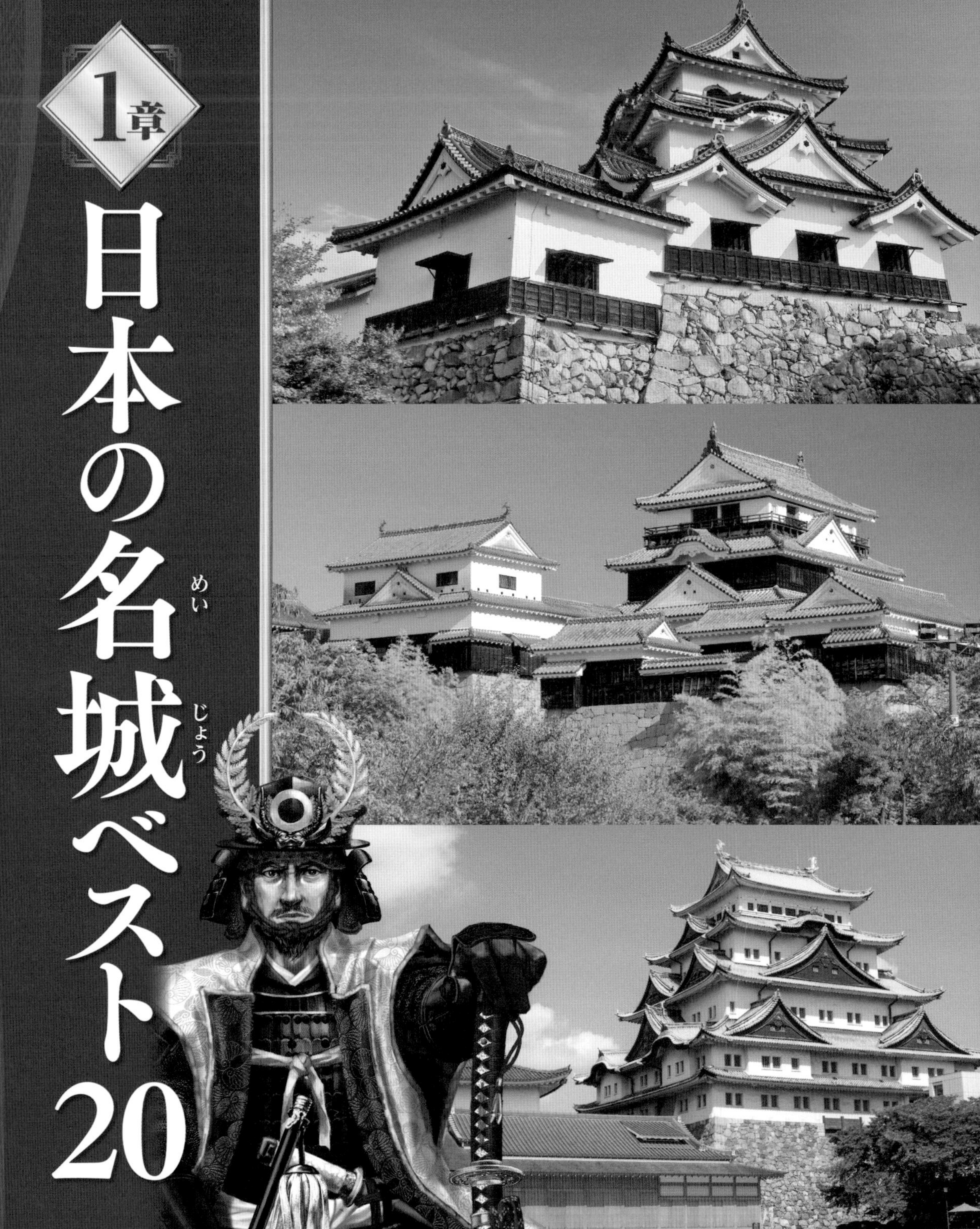

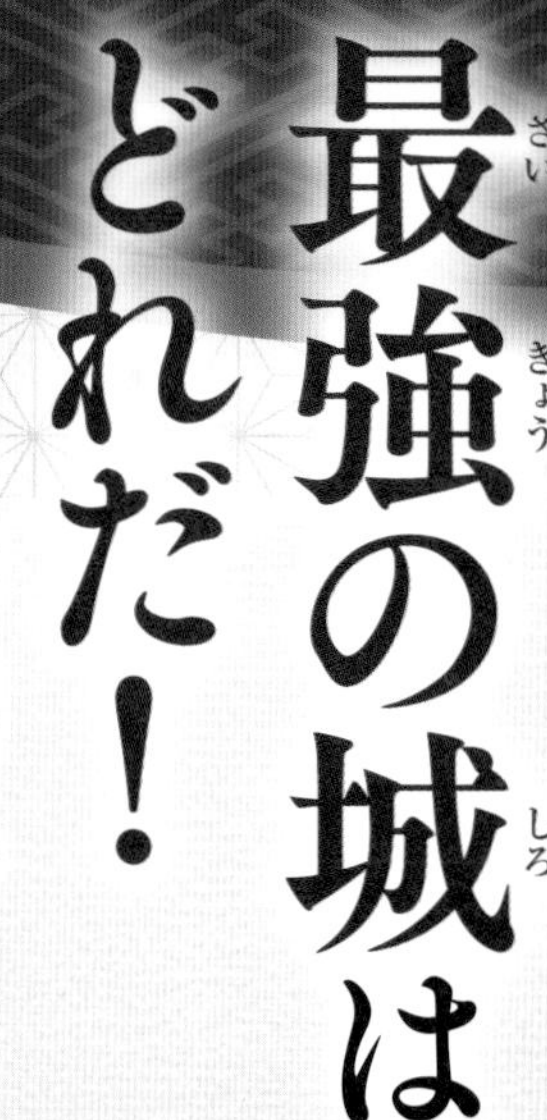

もともと城は敵の攻撃を防ぐための軍事施設だ。日本全国には3万以上の城跡があるといわれるが、現在、一般的に見学できる城は200ほど。そのほとんどの城で、合戦が行われたことがない。もし、合戦になったとしたら、防御力が最も強い「最強の城」はどれだろう?

築城された時期や地域などが違うため、単純に防御力を比べるのは難しいが、この本では、「堀・石垣」「規模」「縄張」「城主」「天守・櫓」の5つの部門で評価した。そして各部門の評価を点数化し、総合点で上位20城を選び出した。第1位の城から徹底的に解説していく!

第1章で紹介する名城マップ

江戸時代以前の天守が残る城
天守が再建された城
天守が残っていない城

福島県 会津若松城 (→P74)
長野県 松本城 (→P78)
石川県 金沢城 (→P86)
兵庫県 竹田城 (→P92)
滋賀県 彦根城 (→P60)
東京都 江戸城 (→P48)
滋賀県 安土城 (→P32)
兵庫県 姫路城 (→P24)
島根県 松江城 (→P90)
神奈川県 小田原城 (→P76)
広島県 広島城 (→P68)
愛知県 名古屋城 (→P44)
静岡県 山中城 (→P94)
香川県 高松城 (→P88)
大阪府 大坂城 (→P36)
静岡県 駿府城 (→P84)
熊本県 熊本城 (→P52)
岡山県 岡山城 (→P70)
愛媛県 伊予松山城 (→P66)
和歌山県 和歌山城 (→P72)

天守が残っていない城も多いが…城の能力は天守だけではない!
徳川家康

5つの部門で城を評価！

※この本で示した城の評価は、編集部が独自に判断して決めたものです。実際の城の評価を示すものではありません。

「堀・石垣」「規模」「縄張」「城主」「天守・櫓」の5つの部門を各10点満点で評価。各部門の合計を総合点とした。

1 堀・石垣

（→P58・P98）

堀とは地面を掘って築いた溝で、石垣とは石を積み上げて築いた壁。堀と石垣は敵の侵入を防ぐための重要な防御設備だ。

熊本城（→P52）の高くそびえる石垣。

5 天守・櫓

（→P30・P64）

天守や櫓の本来の役割は、監視や攻撃・防御などである。また、天守には城主の権力を示す役割もある。

姫路城（→P24）の大天守は、3基の小天守と連結して防御力を高めている。

堀・石垣
天守・櫓
規模
総合点
??
城主
縄張

2 規模

城の規模が大きければ、城内に多くの兵を収容できるし、敵の銃弾や砲弾も届きにくい。規模が大きい城は防御力も高いのだ。

上空から見た大坂城（→P36）。規模の大きさがわかる。

4 城主

城づくりの能力だけでなく、強い権力や政治力をもった人物が城主となった城は強固だ。

城づくりも城攻めも得意だった豊臣秀吉。

3 縄張

縄張とは、城の基本設計のこと。築城者のアイデアによって、自然の地形を生かした城や、直線的で人工的な城などがある。

岡山城（→P70）は天然の川を水堀として利用している。

第1位

姫路城

白く輝く世界遺産の名城!

大天守

白く輝く大天守は五層六階に地下一階で、3基の小天守と連結している。天守の窓からは鉄砲や大砲を撃つことができ、防御力が高かった。

江戸時代から天守や建物が残る奇跡の名城

姫路城は、大天守をはじめ、城の主要な建物が江戸時代からほぼ完全な形で残る貴重な城で、ユネスコの世界文化遺産にも登録されている。

姫路城は1346年に築かれたとされ、戦国時代に黒田氏の居城となった。1580年には黒田官兵衛から姫路城をゆずられた羽柴秀吉(後の豊臣秀吉)が大規模な修築を開始した。城は石垣で囲まれ、三層の天守が建てられたという。

現在に残る姫路城は、徳川家康から西日本の大名を監視するように命じられた池田輝政が、8年をかけて大改修して完成させたものだ。その後、奇跡的に火災や戦火をまぬがれた。

DATA

別称	白鷺城
築城年	1346年
築城者	赤松貞範
おもな城主	黒田氏、池田氏、本多氏、松平氏
構造	平山城
所在地	兵庫県姫路市

城の能力

項目	点
堀・石垣	10
規模	10
縄張	10
城主	9
天守・櫓	10
総合点	49

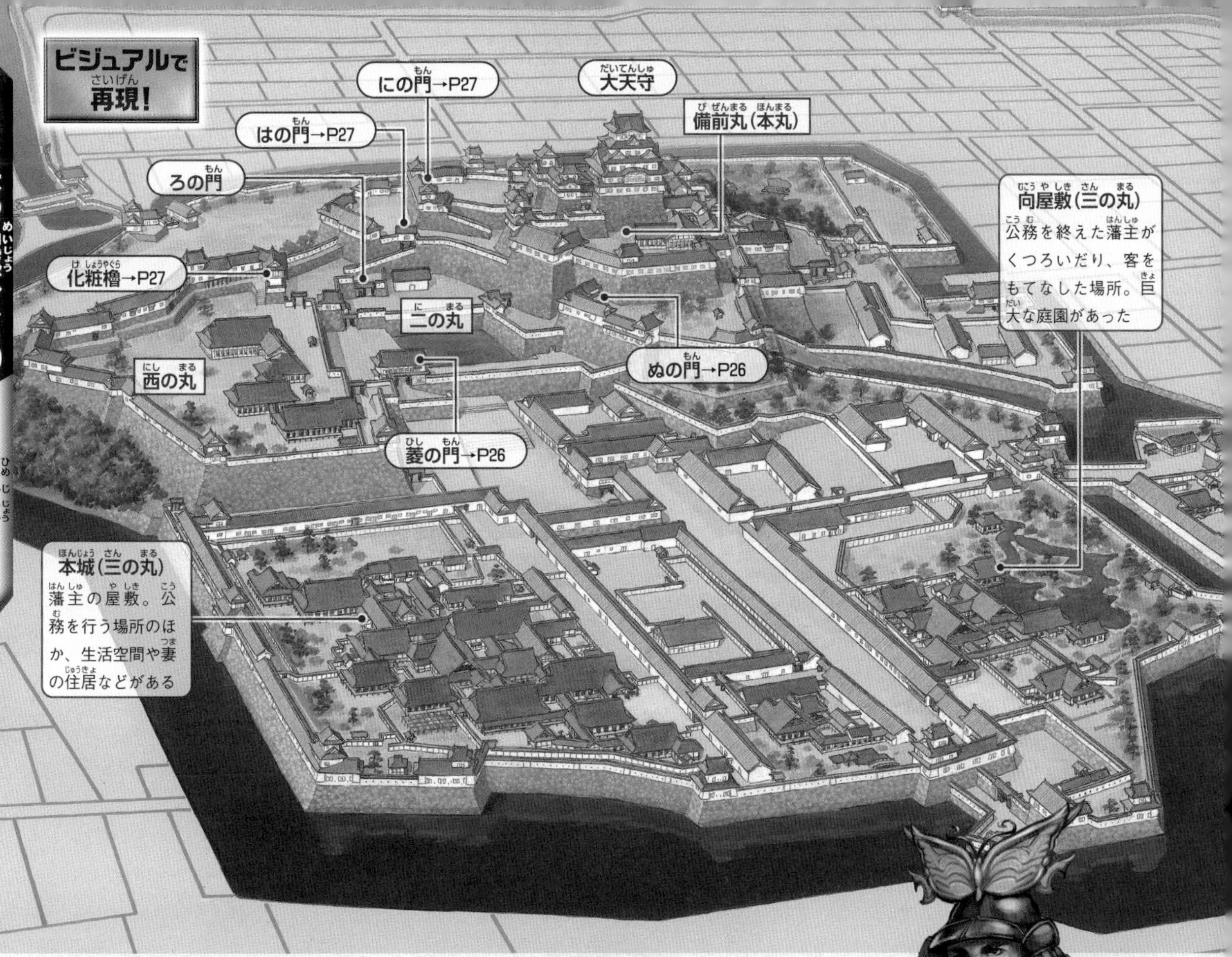

ビジュアルで再現！

にの門→P27

大天守

備前丸（本丸）

はの門→P27

ろの門

向屋敷（三の丸）
公務を終えた藩主がくつろいだり、客をもてなした場所。巨大な庭園があった

化粧櫓→P27

二の丸

ぬの門→P26

西の丸

菱の門→P26

本城（三の丸）
藩主の屋敷。公務を行う場所のほか、生活空間や妻の住居などがある

▲**姫路城の復元図**　姫路城の中心部は多くの建物が重なりあう複雑な構造になっている。これは、戦国時代の姫路城の構造を引き継いで築城したためである。

心に響くお城秘話

秀吉に将来をかけて姫路城をゆずった!?

戦国時代、姫路城は黒田官兵衛の城だった。羽柴（豊臣）秀吉が、織田信長から中国地方を攻めるように命じられたとき、秀吉の才能を高く評価していた官兵衛は、秀吉に姫路城をゆずった。秀吉は姫路城に三層の天守や石垣を築き、中国攻めの拠点にした。

城主

池田輝政（1565～1613）
豊臣秀吉に仕えた武将。関ケ原の戦いで徳川家康に味方し、播磨（現在の兵庫県）52万石を与えられる。姫路城を大改修し、「西国の将軍」と呼ばれた。

❷菱の門

二の丸の入口にある豪華な櫓門。二階部分の窓は、黒漆や金箔で飾られている。

❸ぬの門

備前丸(本丸)を守る櫓門。姫路城内で最大の門で、高さは約10mあり、格子窓から門を通る敵を攻撃できる。

❖姫路城縄張図

❶連立式天守

姫路城の天守は大天守、東小天守、乾小天守、西小天守が渡櫓で接続された「連立式天守」(→P30)である。このため、どの方向から攻撃されても、しっかりと防御ができる。

❺にの門

にの門は櫓の下の部分が通路になっている(写真上)。敵が突撃できないように通路の天井は低く、坂道になっていて、右に折れ曲がっている(写真下)。

ここが見どころ! 敵に圧迫感を与える坂道!

❹はの門

はの門は、ゆるやかな坂道を左に折れた先にある。敵に圧迫感を与えるため、坂道の幅はだんだん狭くなっている。坂道の右側の土塀には、狭間(鉄砲や矢を射るための穴)が並んでいる。

❻化粧櫓

姫路城主だった本多忠政の子・忠刻と結婚した千姫のために建てられた櫓。千姫が化粧を直した場所と伝えられる。

美しい姿に隠された戦闘用の複雑な構造

姫路城は戦う目的の城だったので、天守が建つ一帯は、まるで迷路のような構造になっているのが特徴だ。道が曲がりくねっているため、城に侵入しても天守にたどり着けず、その間に攻撃を受けてしまうのだ。

心に響くお城秘話
家康の孫娘が姫路城で暮らした!?

豊臣秀頼(秀吉の子)と結婚していた千姫(徳川家康の孫娘)は19歳のとき、大坂夏の陣(↓P158)で燃え盛る大坂城から救出された。翌年、千姫は本多忠刻と再婚し、姫路城で幸せな結婚生活を送った。10年後、忠刻が病死すると、千姫は江戸に帰った。

城を制する者は天下を制する！
ドドッ
我に続け！姫路城を落とすのだ！
ワァァァァ
殿、天守が見えます！
ゴールはここよー
おお！
白いっ
あんな近くに天守が見えるとは姫路城を落とすのは噂ほど難しくないな
一気に天守に突撃だ！
ダッ
殿！門はこっちです！
次はあっち！
くっ
また曲がりか！
ふふふふ
うわわ！前と横から鉄砲攻撃だ！
パンッ
殿！あの奥に抜け道が！

曲がり角はもう何度目だ！天守になかなかたどり着けぬ！
まるで迷路です！
ズン
ズン
ズン
ズン
こっちで道は合っているのか？
もうわかりませ～ん！
疲れた…
はぁ
はぁ
殿！天守です！
やっとか！
もうムリだ～！
退却～！
パーンッ

城のキホン 1

天守

城のシンボルとなる建物で合戦での最後の防衛拠点

天守の構成

天守の構造形式は４種類に分けられる。

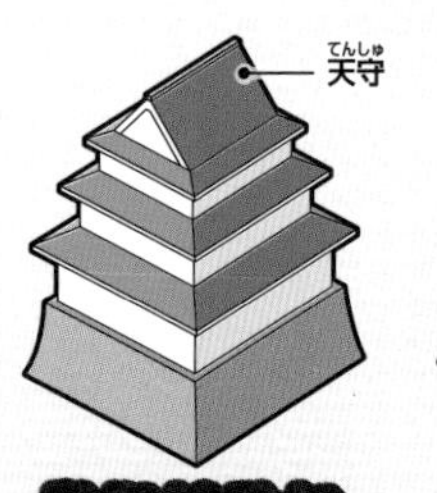

独立式天守

天守だけが独立して建っている。

複合式天守

天守に附櫓や小天守などが付属している。

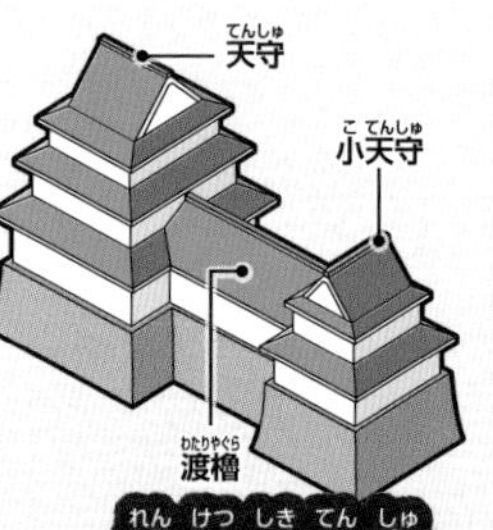

連結式天守

天守と小天守（櫓）が渡櫓で結ばれる。

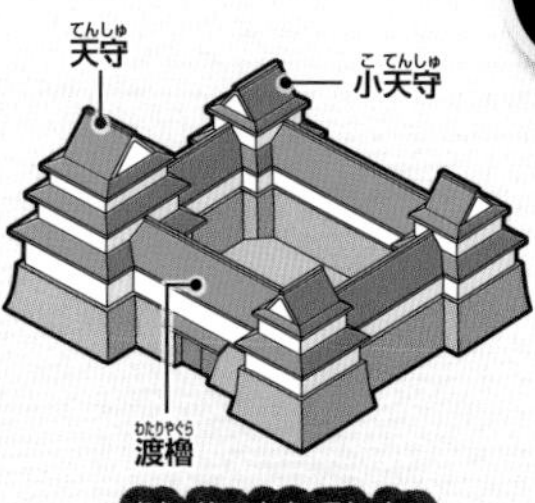

連立式天守

天守と２基以上の小天守（櫓）が渡櫓で結ばれる。

天守の構造

天守の構造は２種類に分けられる。

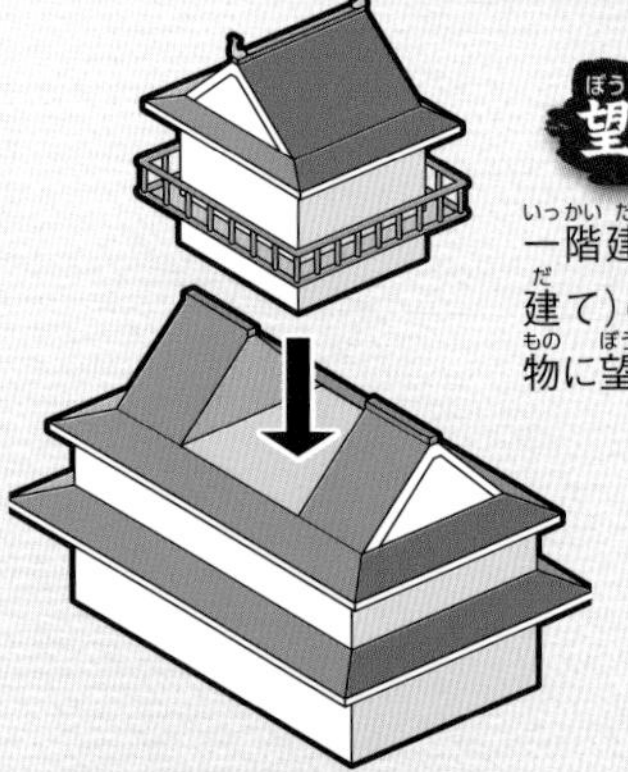

望楼型天守

一階建て（もしくは二階建て）の入母屋屋根の建物に望楼が乗る。

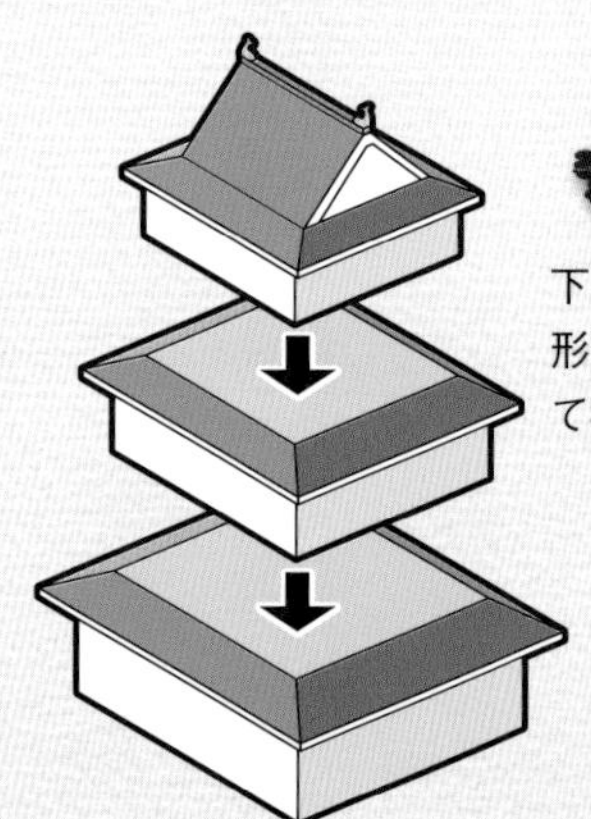

層塔型天守

下の階から上の階へ同じ形が少しずつ小さくなって積み重なる。

古い望楼型天守と新しい層塔型天守

城の象徴としてそびえる天守は、櫓（→Ｐ64）が発展したものだ。最初に本格的な天守（天主）が築かれたのは、織田信長の安土城（→Ｐ32）とされる。

天守の構造形式は「独立式」「複合式」「連結式」「連立式」の４種類がある。天守の構造は「望楼型」と「層塔型」の２種類。見分け方は破風（屋根の三角形の飾り）で、入母屋破風があれば望楼型。一般的に、望楼型天守の方が古く、１６０６年以降に築かれた天守のほとんどは層塔型である。

破風の形

破風は屋根の端にある三角形の部分。入母屋破風があれば望楼型天守である。

千鳥破風

三角形の下の部分が屋根で止まる。

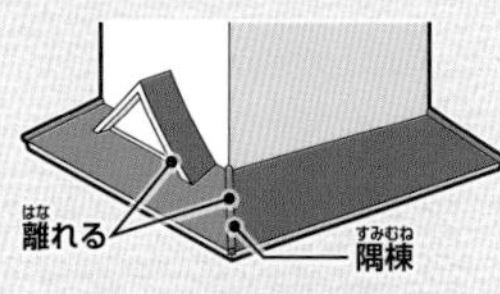

入母屋破風

三角形の下の部分が隅棟につながる。

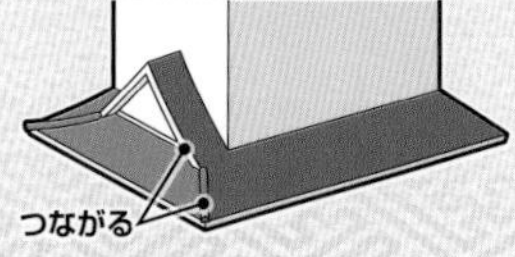

姫路城天守の内部

姫路城の天守(大天守)は、外側から見れば五層(五重)で、内部は地上六階、地下一階。天守や櫓の屋根の数は「層(重)」、内部の階数は「階」と表し、層と階は一致しないこともある。

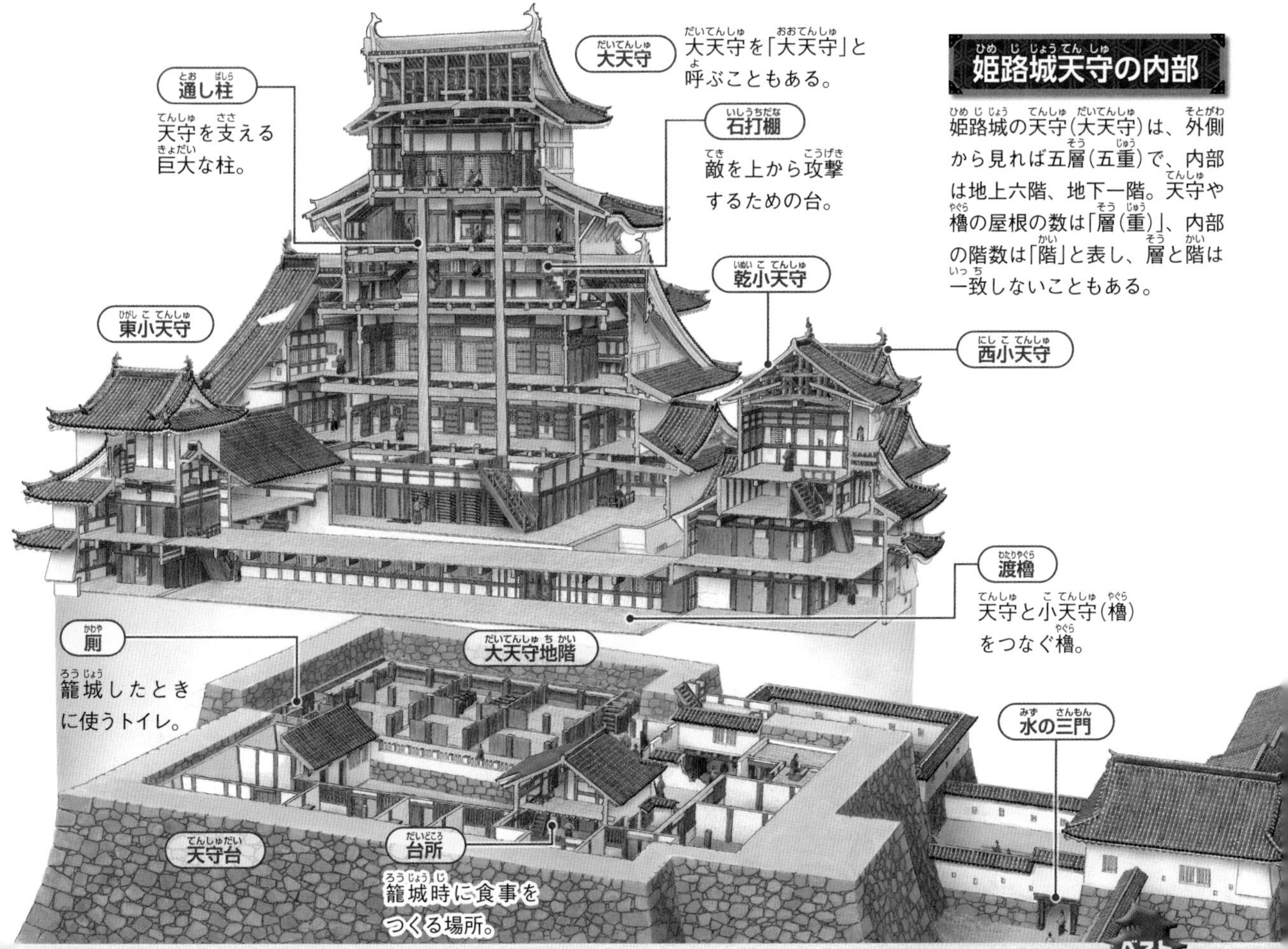

大天守 大天守を「大天守」と呼ぶこともある。

通し柱 天守を支える巨大な柱。

石打棚 敵を上から攻撃するための台。

乾小天守

東小天守

西小天守

渡櫓 天守と小天守(櫓)をつなぐ櫓。

厠 籠城したときに使うトイレ。

大天守地階

水の三門

天守台

台所 籠城時に食事をつくる場所。

すごい天守の城ベスト3

3位 江戸城(→P48)

1638年に完成した寛永期天守は史上最高の高さ(約45m)を誇ったが、江戸時代に火災で焼失した。

2位 名古屋城(→P44)

天守の規模が大きく、床面積は姫路城天守の約2倍。空襲で焼失したが、現在は再建されている。

1位 姫路城(→P24)

大天守と3基の小天守が渡櫓でつながれた連立式天守を備え、江戸時代以前から残る天守のなかでは最大規模。

CGで復元した天主

漆や金で飾られた豪華で独創的な天主は、五層六階（地下一階）で、高さは約32mあったとされる。信長時代、天守ではなく天主と表記された。

第2位

安土城

日本初の天守をもつ信長の城！

DATA	
別称	なし
築城年	1576年
築城者	織田信長
おもな城主	織田氏
構造	山城
所在地	滋賀県近江八幡市

城の能力

項目	点数
堀・石垣	10
規模	9
縄張	9
城主	10
天守・櫓	10
総合点	48

総石垣づくりで天主を備える日本最初の城

1576年、天下統一を目指す織田信長は、琵琶湖のほとりにそびえる標高約192mの安土山に安土城を築き始めた。この場所は重要な街道が通り、京都にも近く、琵琶湖の水運も利用できる交通の重要拠点だった。

安土城は、本丸周辺だけでなく、山全体に石垣を築いた日本最初の「総石垣」の城だった。本丸には、「天主」と呼ばれる五層六階の豪華で巨大な櫓が建てられた。この天主こそ、日本最初の天守とされている。

ふもとの大手門から山頂の本丸までは、「大手道」と呼ばれる幅広い道が通り、大手道に面して羽柴秀吉邸など、重要な家臣の邸宅が建てられた。

ビジュアルで再現!

▲安土城の復元図 安土城は、日本で最初に城全体を石垣でおおった「総石垣」。現在は埋め立てられているが、当時は琵琶湖に面し、城下町には運河が入りこんでいた。

おもしろお城エピソード

信長は天主で生活していた!?

通常、城の櫓は籠城戦のときに立てこもったり、敵を攻撃する軍事施設だったので、内部は質素で、生活する場所ではなかった。しかし信長は、安土城天主の内部に、御殿のような豪華な部屋をつくり、壁やふすまを絵画で飾って、そこで生活していた。信長の寝室は最上階にあったそうだ。

築城者

織田信長
(1534〜1582)

尾張(現在の愛知県)出身の戦国武将。今川義元や浅井長政、朝倉義景などを倒し、室町幕府をほろぼした。天下統一政策を進めるなか、本拠地として安土城を築いた。

❶大手道

大手門から山頂の天主に向かうほぼ一直線の道で、石で舗装されている。道幅は約7mで、両側に幅が約1mの溝があり、その外側に石塁が設けられている。

❷黒金門

二の丸に入るための門。石垣で築かれた枡形虎口(→P42)で、それまでの山城では見られない構造物だ。

❹仏足石

仏の足の裏の形を刻んだ石。石垣の一部に使われていたとみられる。

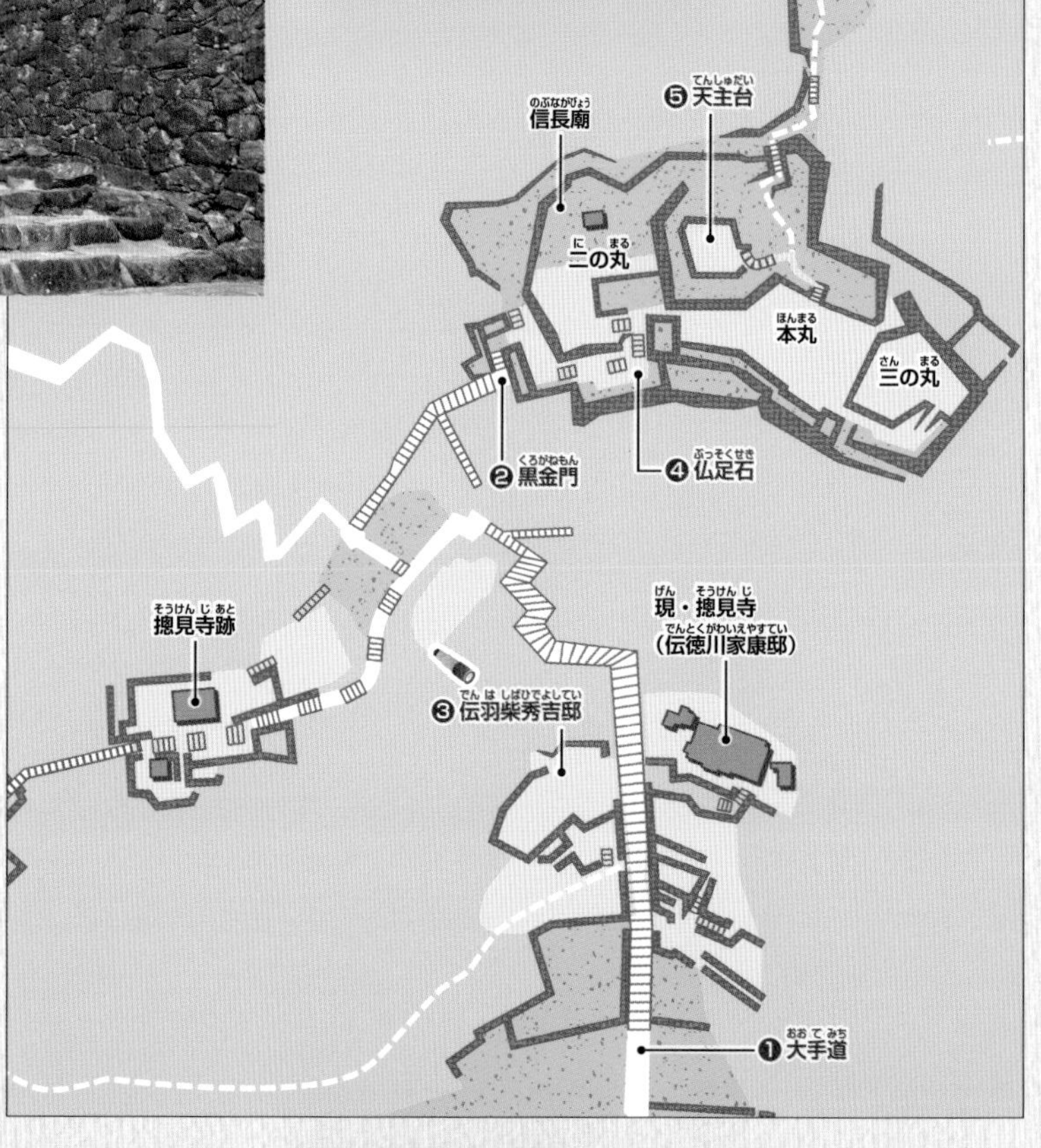

❸伝羽柴秀吉邸

信長の家臣だった羽柴(豊臣)秀吉の屋敷があったと伝えられ、石垣や石階段が残されている。

ここが見どころ!
総石垣の城を今に伝える!

六階
正方形の部屋で、周囲に高欄付の縁側がある

五階
部屋は八角形で、周囲に高欄付の縁側がある

四階
屋根裏部屋で、外側の柱は赤色

一・二・三階
畳が敷きつめられた座敷で、家臣や客をもてなした

地下
倉庫として利用された

❺天主台
天主台には、天主の柱を支える礎石が残っている（写真上）。天主台の石垣は自然石を積み上げた野面積（→P58）である（写真下）。

◀天主復元図
実際の天主の正確な形状は不明だが、残された史料により、複数の復元図が作成されている。当時の人々を圧倒するような豪華で斬新な巨大建築物だった。

安土城はそれ以降の日本の城の手本になる

安土城の天主（天守）は、信長が自らの権威を示すためのシンボルだった。1582年、本能寺の変の直後、安土城は謎の火災で焼失したが、以後、日本の城は石垣づくりとなり、権威を示す天守が建てられるようになった。

おもしろお城エピソード

安土城放火事件の犯人は不明!?

1582年、本能寺の変で信長を倒した明智光秀は、安土城を占領して城内の財宝をうばった。その直後、山崎の戦いで光秀が秀吉に倒された後、安土城は炎上し、天主や本丸が焼失した。誰が何の目的で安土城に火を放ったのか、今も謎である。

第3位

大坂城

秀吉が築いて徳川が再建した城

天守
現在の五層八階の天守は、1931年、徳川時代の天守台の上に豊臣時代の天守を参考にして再建された。

秀吉の築いた大坂城は破壊されて埋められた

本能寺の変で倒れた織田信長の後継者になったのは、羽柴秀吉（後の豊臣秀吉）だった。秀吉は1583年、大坂城の築城を開始し、2年後に完成させた。その後、総構（城下を囲いこんだ堀や土塁）を築き、難攻不落の巨大な城をつくりあげた。

秀吉の死後、江戸幕府初代将軍・徳川家康は、大坂夏の陣（→P158）を起こして豊臣氏をほろぼした。

その後、2代将軍・徳川秀忠は大坂（現在の大阪市）を幕府の領地とし、大坂城の大改築を開始。豊臣時代の大坂城は徹底的に破壊され、土に埋められ、その上に新たな大坂城が築かれた。以後、大坂城は幕府に管理された。

DATA

別称	錦城
築城年	1583年
築城者	豊臣秀吉
おもな城主	豊臣氏、奥平氏、徳川氏
構造	平城
所在地	大阪府大阪市

城の能力

項目	点
堀・石垣	10
天守・櫓	9
規模	9
城主	10
縄張	9

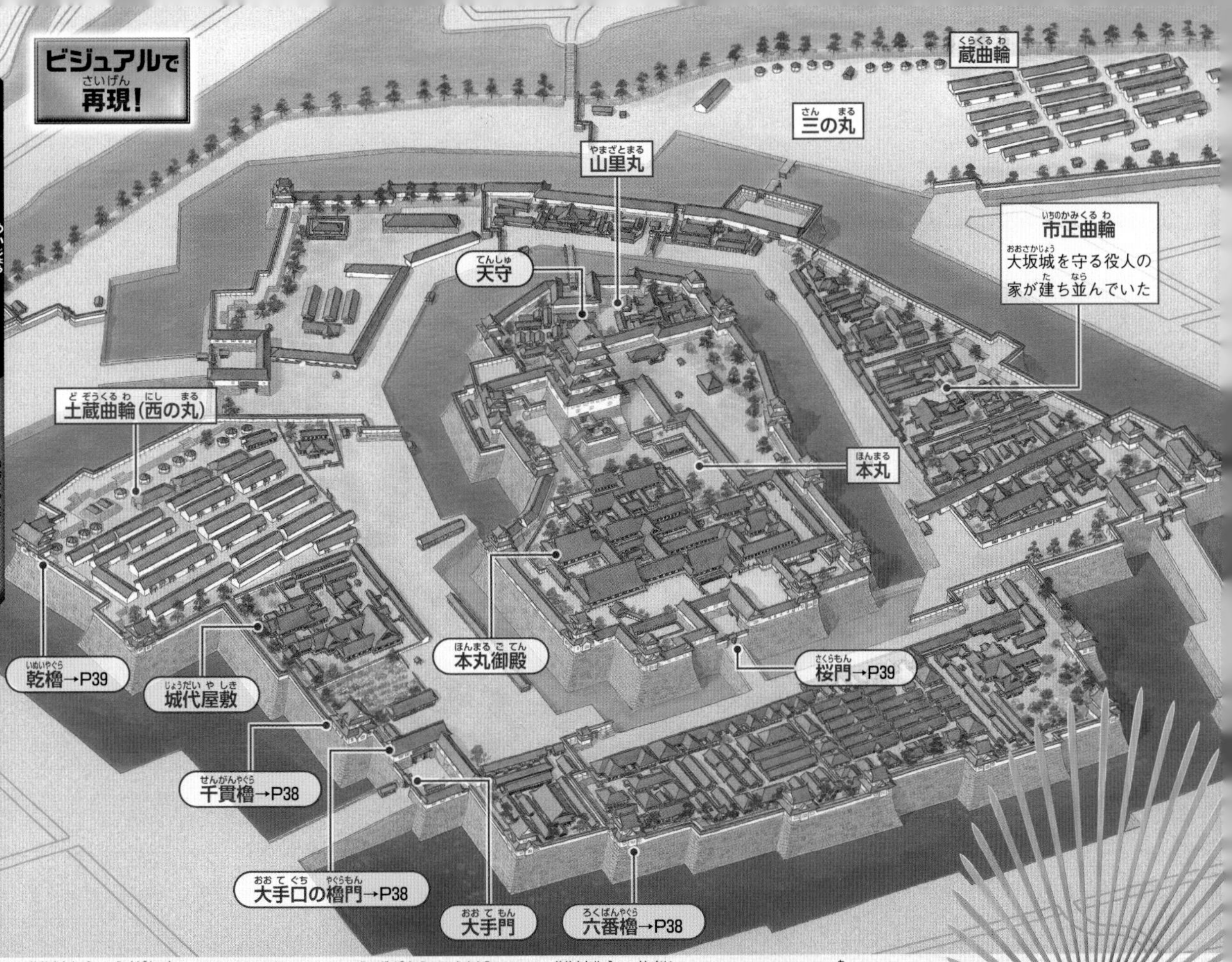

ビジュアルで再現！

蔵曲輪
三の丸
山里丸
市正曲輪
大坂城を守る役人の家が建ち並んでいた
天守
土蔵曲輪(西の丸)
本丸
本丸御殿
乾櫓→P39
城代屋敷
桜門→P39
千貫櫓→P38
大手口の櫓門→P38
大手門
六番櫓→P38

▲**大坂城の復元図** 大坂夏の陣の後、江戸幕府は豊臣時代の大坂城を破壊し、その上に土を盛って、新しく大坂城を築いた。この復元図は徳川時代の大坂城で、日本で最も強固な城とされる。

心に響くお城秘話

幕府が築いたのに秀吉の城!?

秀吉が完成させた大坂城は、わずか30年あまりで落城した。現在見られる大坂城は、江戸幕府によって新しく築かれた城で、天守は昭和時代に再建されたものだ。それでも大坂城は、地元の大阪の人たちから親しみをこめて「太閤(秀吉の呼び名)はんのお城」と呼ばれている。

築城者

豊臣秀吉
(1537〜1598)

織田信長に仕えて出世を重ね、信長の死後、明智光秀を倒して後継者の地位を確立。大坂城を築いて本拠地とし、1590年に全国を統一した。

❶内堀東面石垣

本丸東側の内堀に面した石垣の高さは約32mあり、大坂城内で最も高く、また日本一高い石垣とされる。水面からの高さも約24mある。

❷六番櫓

二の丸に面する外堀には、石垣上に7つの櫓が設けられていた。現在、一番櫓と六番櫓が残っている。石垣は屏風のように折れ曲がり、防御力を高めている。

❸千貫櫓と大手口の櫓門

土橋を渡ろうとする敵は、千貫櫓から鉄砲で撃たれる。大手口に侵入したとしても櫓門の城兵から無数の銃撃を受ける。

最高レベルに達した当時の築城技術を示す

徳川時代の大坂城は、日本の築城技術が最高に達した江戸時代初期に築かれた。その規模と迫力は水堀や石垣からも想像できる。本丸には天守台を含めて高さ約58mの天守がそびえていたが、1665年に落雷で焼失した。

おもしろお城エピソード
大坂城の攻略法は秀吉が家康に教えた!?

あるとき、家康が秀吉に伏見城（→P214）の攻略法を聞いたところ、「一度攻めた後、和解して堀を埋めさせ、その後に再び攻めればよい」と語ったという。大坂夏の陣（→P158）のとき、家康は秀吉の攻略法のとおりに大坂城を攻め落としたという説がある。

④桜門の蛸石
本丸の正門・桜門には、蛸石と呼ばれる日本最大の鏡石がある。鏡石とは表面を鏡のように平らに加工した巨石で、城主の権力や財力を示すために門の両側などに使われた。

⑤乾櫓
西の丸の外堀に面する石垣上に築かれた櫓。1620年の創建で、千貫櫓と同じく城内最古の櫓。

⑥豊臣時代の天守（復元図）
豊臣秀吉が築いた天守は、五層七階で、外壁は黒漆塗で、金箔で豪華に飾られていた。イラストは山里丸から見上げている設定。

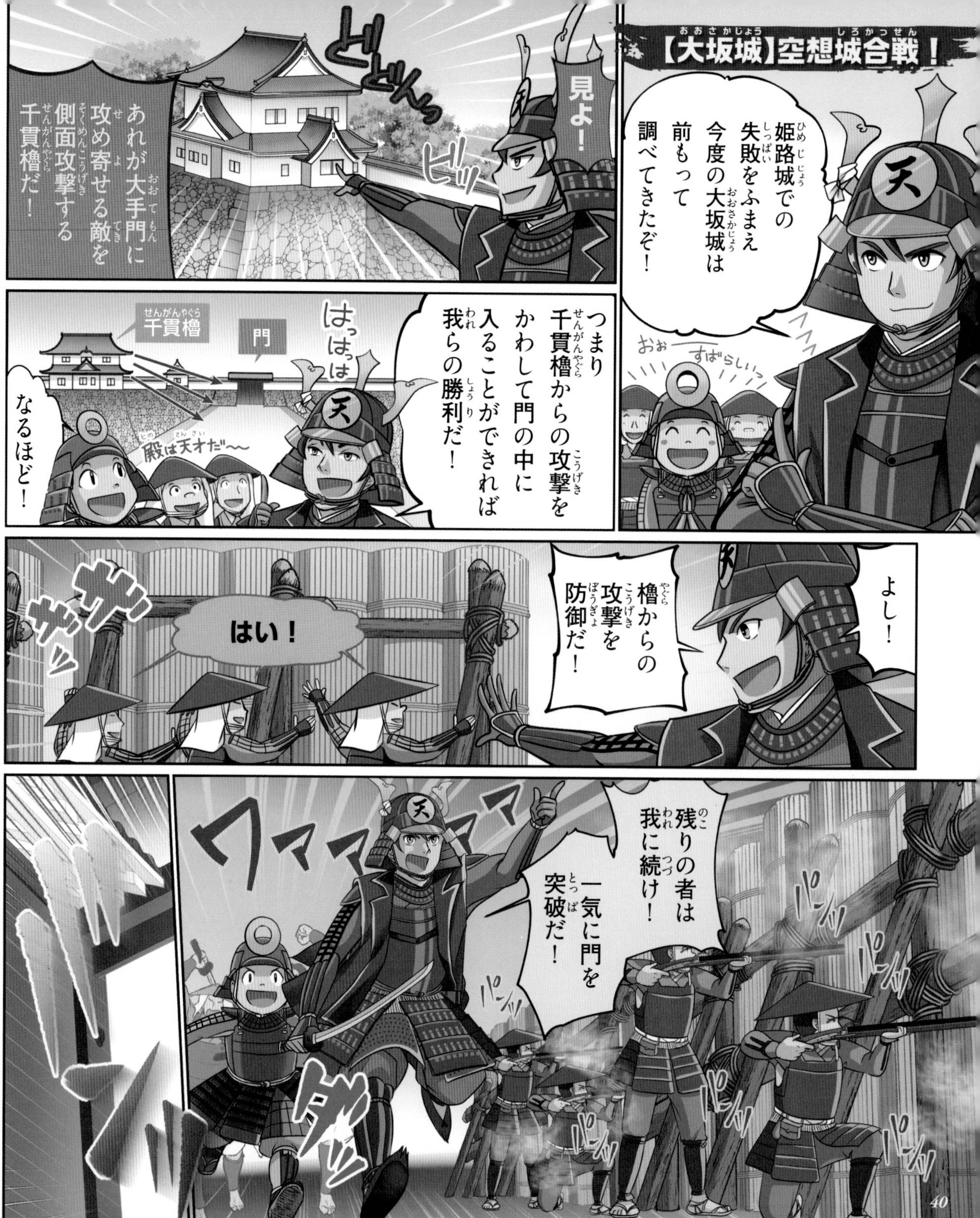

【大坂城】空想城合戦！

姫路城での失敗をふまえ今度の大坂城は前もって調べてきたぞ！

どどんっ

見よ！

ビッ

あれが大手門に攻め寄せる敵を側面攻撃する千貫櫓だ！

おぉーすばらしいっ

つまり千貫櫓からの攻撃をかわして門の中に入ることができれば我らの勝利だ！

はっはっは

千貫櫓

門

なるほど！

殿は天才だ〜〜

残りの者は我に続け！

一気に門を突破だ！

ワァァァァ

ダッ

パンッ

ザッ
ザッ
ザッ
ザッ
ザッ
ザッ
ザッ
ザッ
ザッ
ザッ
ザッ
ザッ
ザッ
やった！
門を突破したぞ！
！
殿…
全方向から鉄砲が…
ヒイイ
動くな
一歩でも踏み入れたら撃たれるぞ…
ゆっくりもどろう…

城のキホン 2

虎口

防御力と攻撃力をあわせもつ城の出入口

平入り虎口

敵に対して正面を向いた虎口で、最も基本的な形式。

馬出をもつ虎口

城を攻撃するには、堀を渡るか、虎口から攻めるしかなかった。虎口に馬出が設けられている場合は、虎口からの侵入は難しかった。

堀

馬出

堀をはさんだ虎口の前面に築かれた陣地。周囲を柵で囲んで堀を築き、虎口に攻め寄せる敵を迎え撃った。

攻撃対象となる虎口を馬出や枡形で守る

「虎口」とは、城の出入口のこと。石垣や堀を突破して城に侵入するのは難しいので、城を攻める側は虎口を攻撃することが多い。城側が虎口を突破されないため、虎口の前面に設けた小さな曲輪が「馬出」だ。馬出は、虎口から堀をはさんだ対岸に築かれることが多く、虎口に押し寄せる敵を迎え撃つ。

戦国時代後期になると、虎口に枡形(四角形)の空間を設けた「枡形虎口」が登場した。櫓・石垣・塀などで囲んだ枡形虎口は極めて攻撃力が高く、枡形に侵入した敵を複数の方向から銃撃できる構造になっている。

馬出の種類

馬出は2種類に分けられる。

丸馬出

半円形の馬出で、死角が少ない。

角馬出

四角い馬出で、前面の敵を集中攻撃できる。

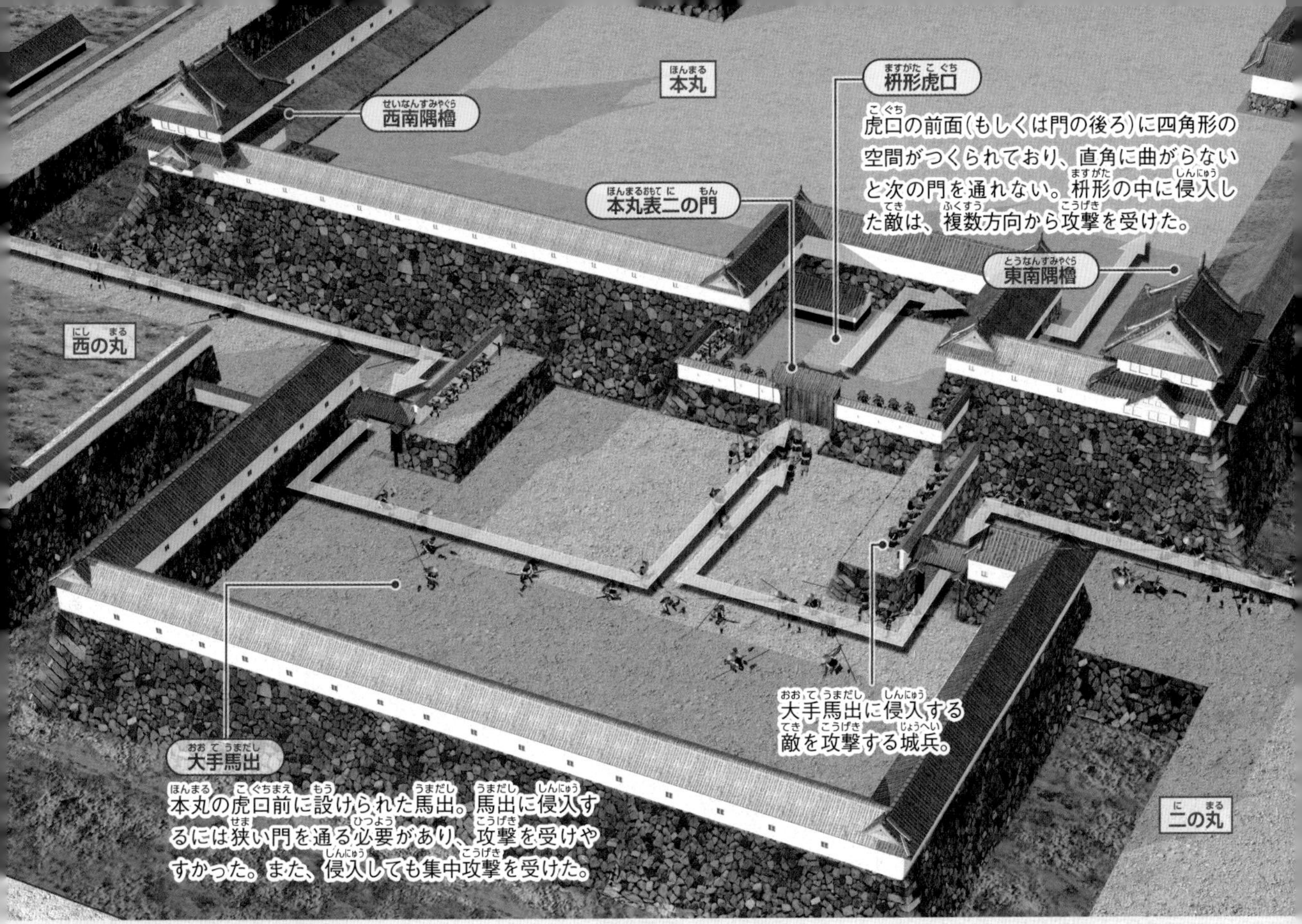

本丸

西南隅櫓

枡形虎口

虎口の前面（もしくは門の後ろ）に四角形の空間がつくられており、直角に曲がらないと次の門を通れない。枡形の中に侵入した敵は、複数方向から攻撃を受けた。

本丸表二の門

東南隅櫓

西の丸

大手馬出に侵入する敵を攻撃する城兵。

大手馬出

本丸の虎口前に設けられた馬出。馬出に侵入するには狭い門を通る必要があり、攻撃を受けやすかった。また、侵入しても集中攻撃を受けた。

二の丸

名古屋城の枡形虎口

名古屋城（→P44）の西の丸・二の丸から本丸に侵入するには、大手馬出や枡形虎口を突破する必要があった。

すごい虎口の城 ベスト3

3位 駿府城（→P84）

東御門は多聞櫓で構成した枡形虎口になっており、堀を渡って東御門を侵入した敵は3方向から攻撃を受ける。

2位 熊本城（→P52）

城内の通路は何度も折れ曲がる連続枡形になっていて、敵は一気に進むことができない構造になっている。

1位 大坂城（→P36）

枡形虎口が各所にあり、敵の侵入を防いだ。大手門の枡形虎口は、江戸時代から現存する貴重なもの。

大天守

五層七階、地下一階で、屋根には名古屋城の象徴といえる金の鯱鉾が２匹飾られている。空襲で焼失したが、1959年に再建された。

第4位

名古屋城

豊臣氏との最終決戦用の城！

関東を守るために家康が築いた防衛拠点

1603年、江戸幕府を開いた徳川家康は全国を支配していたが、豊臣秀吉に恩を感じる大名は、豊臣秀頼（秀吉の子）を守ろうとしていた。豊臣氏との最終決戦はさけられないと考えた家康が、幕府のある関東を守るために築いたのが名古屋城だったのである。

家康は、加藤清正（→P52）や福島正則（→P68）らに命じて、名古屋城の工事を担当させた。名古屋城の防御力の高さはけた外れで、湿地帯が広がる北側から攻めるのは難しく、南側から攻めようとしても枡形虎口（→P42）や高い城壁が連なっていた。本丸一帯は強固な石垣で固められており、当時の攻城法では落とせない鉄壁の城だった。

DATA

別称	金鯱城
築城年	1610年
築城者	徳川家康
おもな城主	徳川氏
構造	平城
所在地	愛知県名古屋市

城の能力

項目	点
堀・石垣	10
天守・櫓	9
規模	9
城主	9
縄張	9
総合点	46

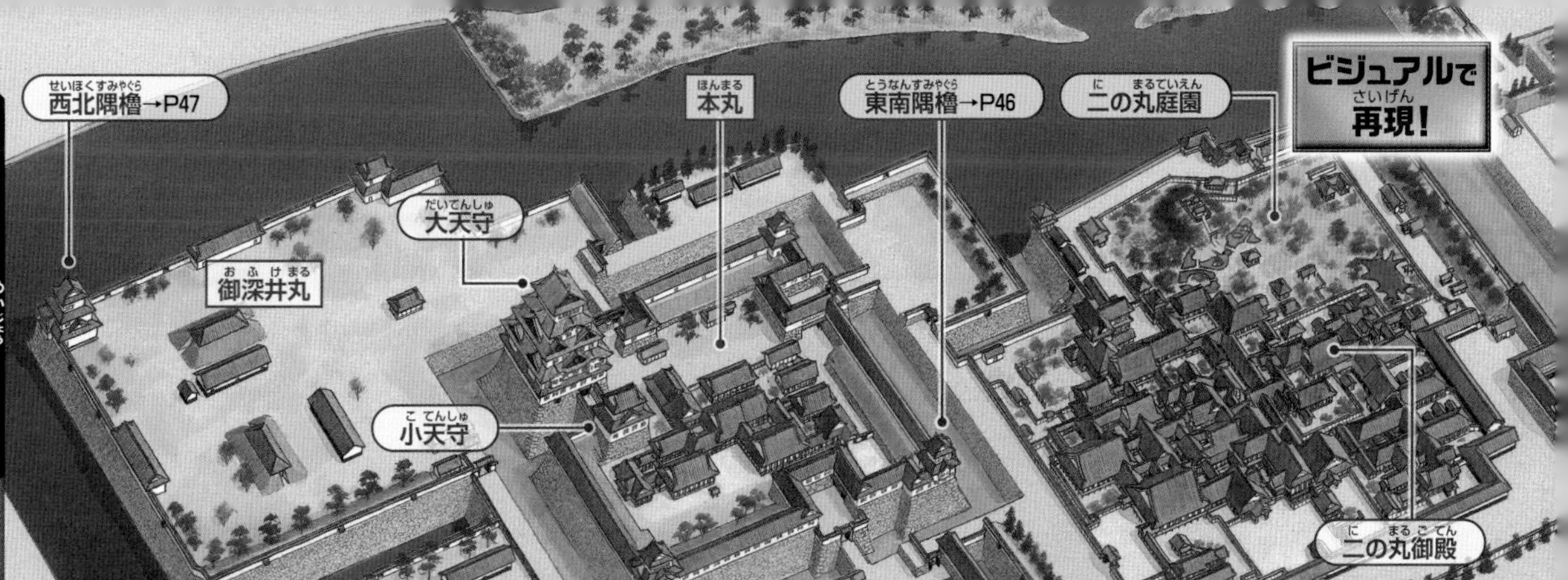

ビジュアルで再現!

▲名古屋城の復元図　名古屋城は大軍が入れる広い敷地をもち、深い堀と高い石垣で防御されていた。城の北側はもともとあった湿地を利用して巨大な水掘が築かれた。

おもしろお城エピソード

金の鯱鉾は何度も溶かされた!?

鯱は、頭が虎で体が魚の想像上の動物。安土城天守の装飾に使われて広まったという。名古屋城の金の鯱鉾は、純度の高い金でつくられたが、尾張藩(愛知県)は財政が悪くなるたびに鯱鉾を溶かして金を取り出した。このため、鯱鉾はやせ細り、金の純度も下がっていったそうだ。

現在の金の鯱鉾。2匹合わせて88kgの金が使われている。

築城者

徳川家康(1542~1616)

三河(現在の愛知県)出身の戦国大名。関ケ原の戦いに勝利し、1603年に征夷大将軍に任命され江戸幕府を開いた。大坂城の豊臣氏との最終決戦に備えて名古屋城を築いた。

❷西南隅櫓

二層三階で、石落(→P82)を備えている。1612年頃の建造。未申隅櫓とも呼ばれる。

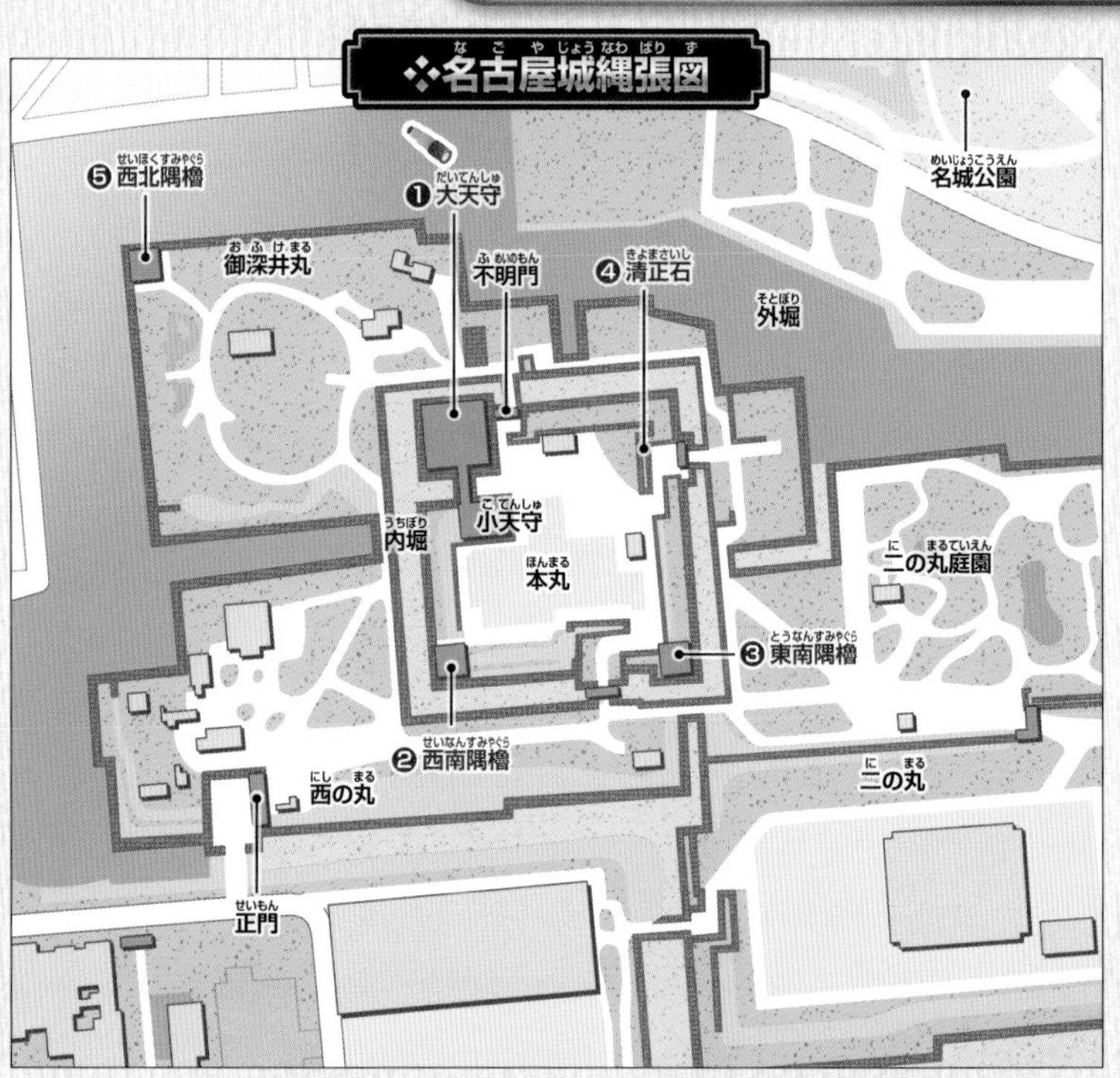

❸東南隅櫓

辰巳隅櫓とも呼ばれる二層三階の櫓で、石落を備える。1612年頃の建造。

❹清正石

本丸東門に置かれた城内最大の石。城づくり名人・加藤清正(→P53)が運んだとされるが、実際は黒田長政が工事を担当した。

❶天守台の石垣

天守台の石垣の高さは19.5mあり、天守本体(36.1m)と合わせると高さ55.6mにもなる。

⑤西北隅櫓

御深井丸に建つ三層三階の櫓。清洲城の天守だったと伝えられ、清洲櫓とも呼ばれる。高さが約16.2mもあり、ふつうの城の天守より大きく、石落を備える。櫓の前の外堀は幅が66m以上もあり、大砲の弾が届かないようになっている。

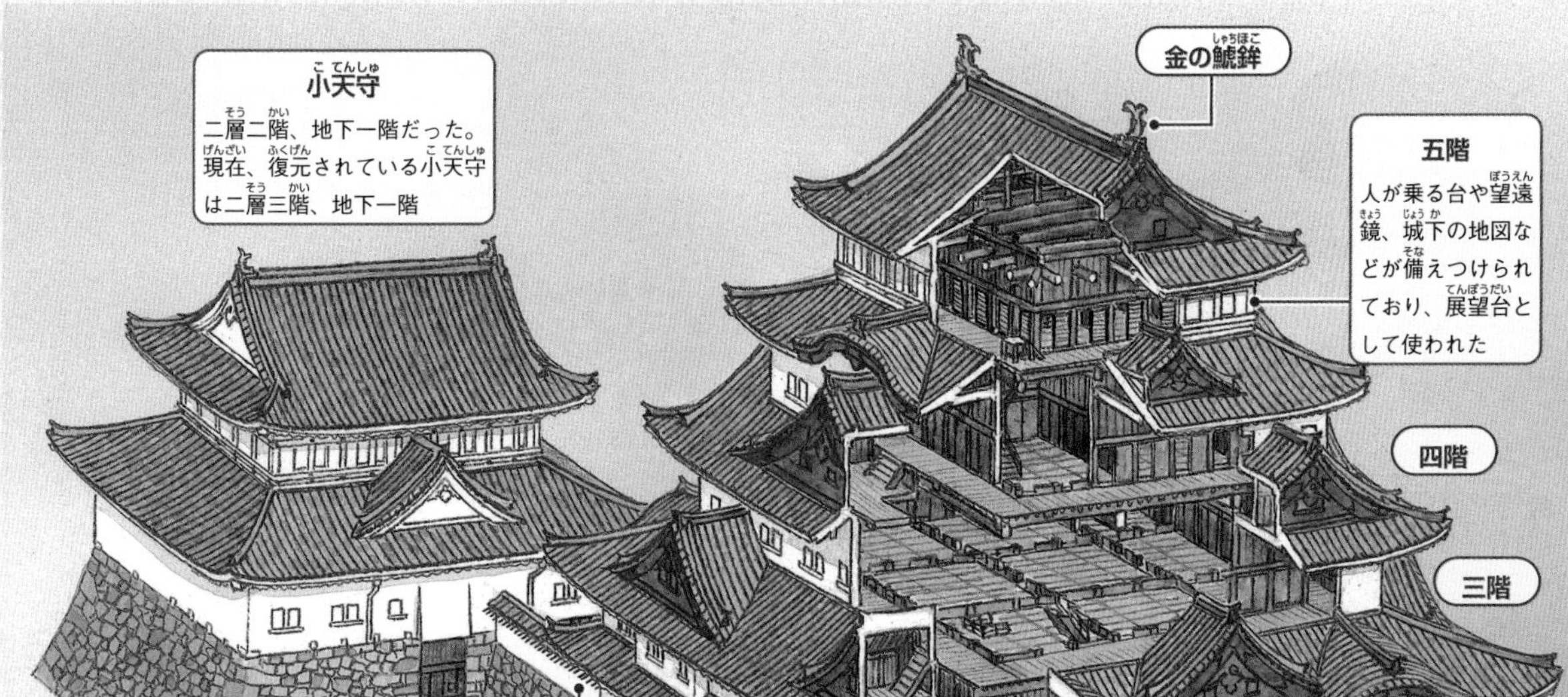

小天守
二層二階、地下一階だった。現在、復元されている小天守は二層三階、地下一階

金の鯱鉾

五階
人が乗る台や望遠鏡、城下の地図などが備えつけられており、展望台として使われた

四階

三階

二階

一階

橋台
塀ではさまれた通路で、地下一階どうしをつなぐ

入側(武者走)
部屋の周囲をめぐる廊下

地下一階

天守台

不明門

井戸

▲天守復元図 創建当時の大天守は五層五階で、小天守と橋台によって連結した「連結式天守」(→P30)だった。

第5位 江戸城

皇居となった徳川将軍家の城

天守復元図
江戸城の天守は将軍の代替わりごとに建て直された。復元図は3代将軍・徳川家光が1638年に完成させた「寛永期天守」と呼ばれる3代目の天守で、高さは約45m。天守台を含めた高さは約59mあり、史上最大の天守だった。

DATA

- 別称　千代田城
- 築城年　1457年
- 築城者　太田道灌
- おもな城主　太田氏、北条氏、徳川氏
- 構造　平城
- 所在地　東京都千代田区

城の能力

- 堀・石垣　8
- 規模　10
- 縄張　8
- 城主　9
- 天守・櫓　10
- 総合点　45

日本最大規模を誇る徳川将軍家の居城

1590年、関東を支配することになった徳川家康は江戸城に入った。当時の江戸城は台地の上に築かれた小規模な城だった（↓P195）。1603年に江戸幕府を開いた家康は、徳川将軍家にふさわしい城にするため、西日本の大名たちに工事を命じて、江戸城の大改修を開始した。工事は約40年にも及び、3代将軍・徳川家光の時代に完成した。

江戸城の本丸は南北約400m、東西約120〜220mあり、130あまりの建物が建ち並んでいた。神田川や隅田川も含む江戸城の総構（城下を囲いこんだ堀や土塁）は全長約16㎞。日本最大規模の城だった。

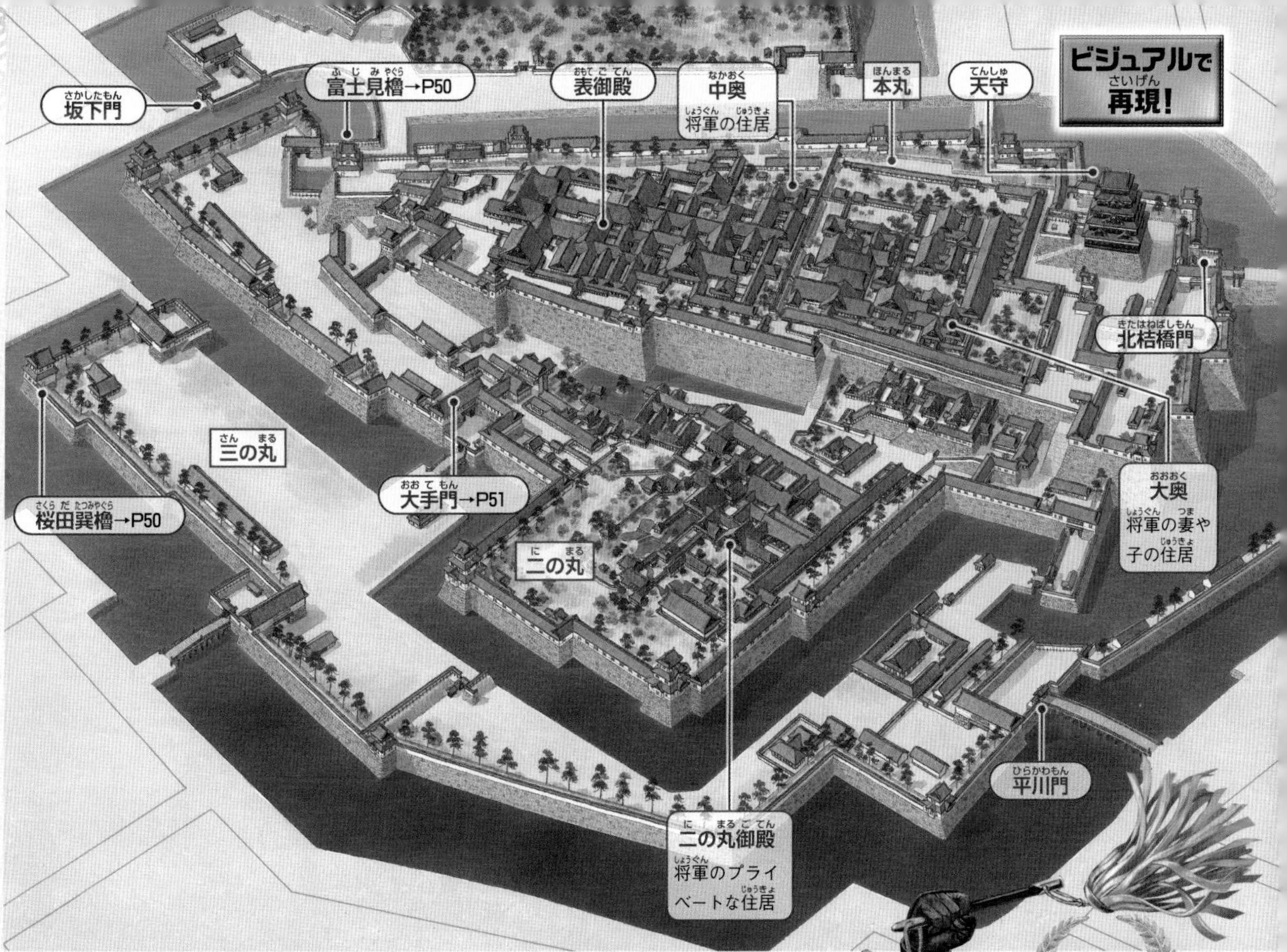

ビジュアルで再現!

坂下門
富士見櫓→P50
表御殿
中奥
将軍の住居
本丸
天守
北桔橋門
三の丸
大手門→P51
桜田巽櫓→P50
二の丸
大奥
将軍の妻や子の住居
平川門
二の丸御殿
将軍のプライベートな住居

▲江戸城の復元図　徳川家光の時代（寛永期）の中心部の復元図。本丸の敷地は広く、公式行事を行う表御殿や、将軍の家族が住む大奥などがあった。

心に響くお城秘話

幕府は天守再建より復興を優先した!?

1657年、江戸に大火災（明暦の大火）が発生し、江戸の約60%が焼失。江戸城天守も焼失した。幕府は天守を再建しようとしたが、4代将軍・徳川家綱の叔父だった保科正之が、「役に立たない天守より、江戸の復興にお金を使うべき」と主張。このため天守は再建されなかった。

城主

徳川家康
（1542～1616）

1590年、豊臣秀吉から関東を与えられ、江戸城に入城。1603年に征夷大将軍に任命されると、江戸幕府の政庁にふさわしい城にするため、江戸城の大改修を開始した。

ここが見どころ!

現存する三重櫓!

❶富士見櫓

本丸の南端に位置する三層三階の櫓で、高さは約16m。焼失後、1659年に再建され、代用天守(事実上の天守)とされた。

❷桜田巽櫓

三の丸の東南(巽)の端に位置する二層の櫓で、桜田二重櫓とも呼ばれる。高さは約14mもあり、江戸城に残る二層櫓のなかで最大。石落(→P82)を備えるなど、実戦的な櫓だ。

❸二重橋と伏見櫓

皇居の正門として、明治時代に築かれた。伏見櫓は豊臣秀吉が築いた伏見城(→P214)の櫓が移築されたという伝承が残る。

❖江戸城縄張図

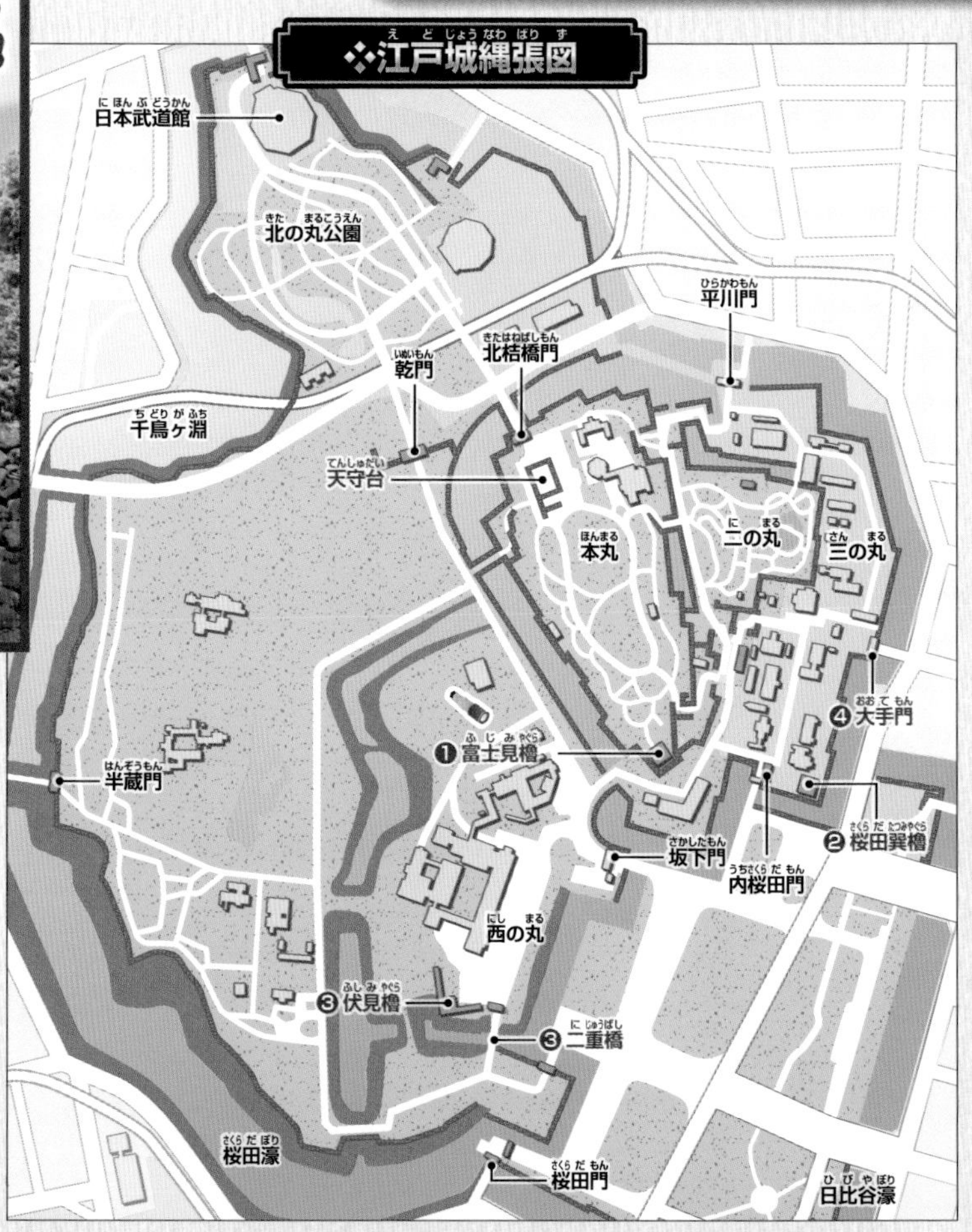

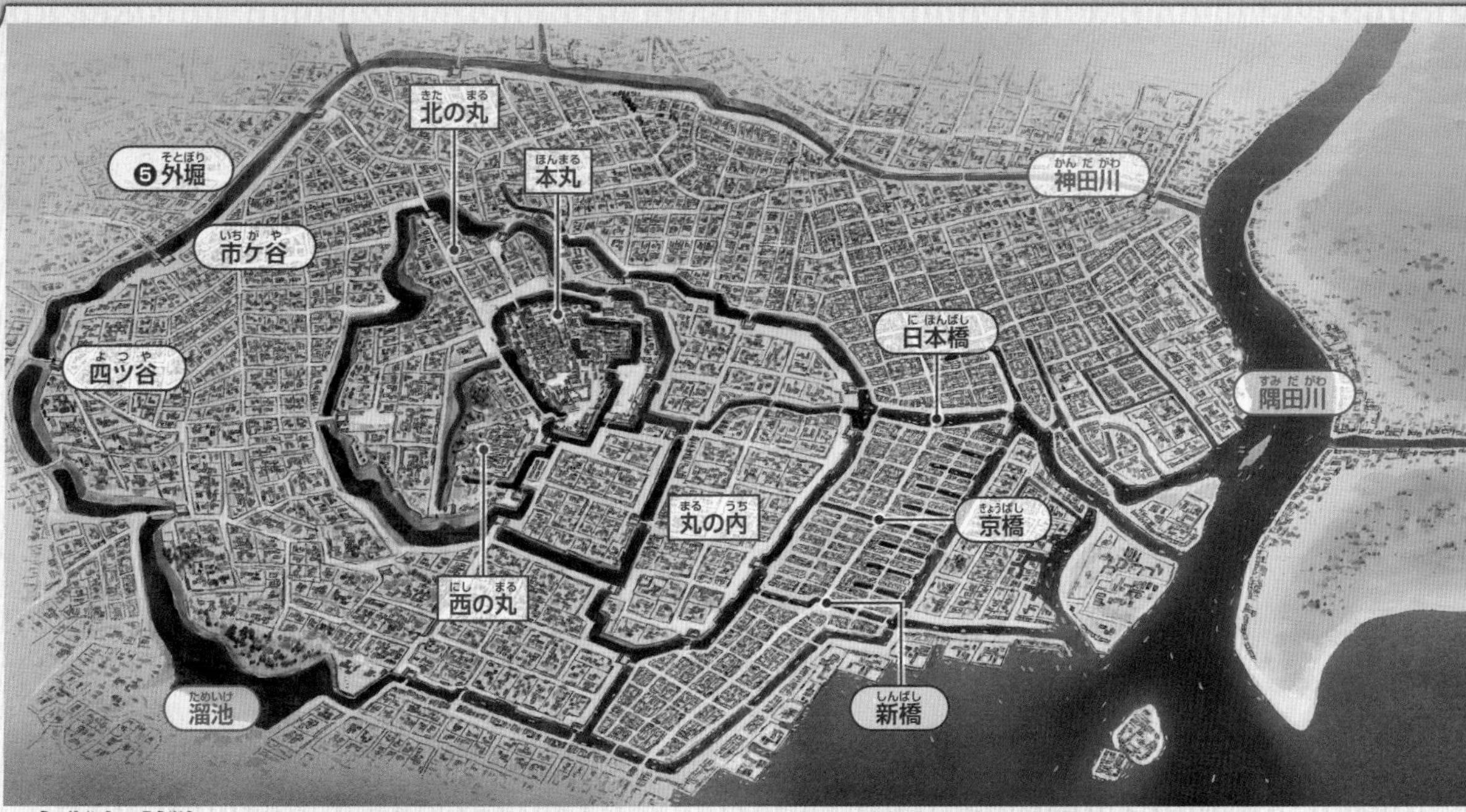

北の丸　本丸　⑤外堀　神田川　市ケ谷　日本橋　四ツ谷　隅田川　丸の内　京橋　西の丸　溜池　新橋

▲**江戸城の総構**　江戸城は、隅田川や神田川を天然の堀として利用し、さらに外堀を築いて総構(城と城下町を囲いこんだ堀や土塁による防御施設)とした。江戸城は、周囲約16kmの巨大な堀に囲まれた日本最大の城だった。

⑤外堀

現在、外堀の多くは埋め立てられているが、市ケ谷周辺の外堀は残っており、外堀に沿ってJR中央・総武線が走っている。

④大手門

江戸城の正門。参勤交代で江戸に滞在していた大名たちは、大手門をくぐって江戸城に入り、将軍にあいさつをした。

明治時代に入ると江戸城は皇居となる

江戸幕府が倒れた翌年の1868年、明治天皇は京都から江戸城に移り、「皇居」と定めた。現在、江戸城の大部分は皇居となっているが、本丸・二の丸・三の丸などは一般公開されている。

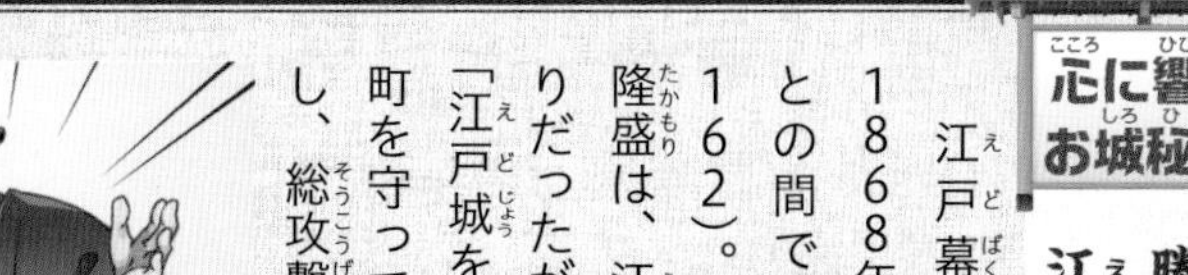

心に響くお城秘話

勝海舟が江戸城と江戸の町を守った!?

江戸幕府がほろびた直後の1868年、新政府軍と旧幕府軍との間で戦争が始まった(↓P162)。新政府軍を率いる西郷隆盛は、江戸城を総攻撃するつもりだったが、旧幕府の勝海舟は、「江戸城を明け渡すので、江戸の町を守ってほしい」と隆盛を説得し、総攻撃の中止を実現させた。

大天守

大天守は三層六階に地下一階。2016年の熊本地震で被害が出たが、2021年3月に完全復旧した。

第6位

熊本城

清正が築いた難攻不落の名城

薩摩の島津家に備えて鉄壁の守りを固める

熊本城は、肥後(現在の熊本県)の領主だった加藤清正が、1601年から7年をかけて完成させた城である。大天守・小天守をはじめ、城内には49の櫓、18の櫓門、29の城門が建ち並び、石垣には敵が上れないように反りをもたせ、南側には連続枡形が築かれた。

清正がこれほど鉄壁の防御をほこる城を築いたのは、関ケ原の戦いで西軍(反徳川軍)に味方した薩摩(現在の鹿児島県)の島津家との戦いを想定していたためである。

1877年の西南戦争(↓P166)では、西郷隆盛の率いる薩摩の反乱軍が、新政府軍が籠城する熊本城を包囲したが、攻め落とすことはできなかった。

DATA

別称	銀杏城
築城年	1601年
築城者	加藤清正
おもな城主	加藤氏、細川氏
構造	平山城
所在地	熊本県熊本市

城の能力

項目	点
堀・石垣	10
規模	8
縄張	9
城主	8
天守・櫓	9
総合点	44

ビジュアルで再現!

西大手門
宇土櫓→P54
大天守
小天守
西出丸
本丸
北十八間櫓→P55
飯田丸五階櫓→P54
飯田丸
竹の丸
二様の石垣→P55
長塀→P54
連続枡形→P55

▲熊本城の復元図 加藤清正が築いた当時の熊本城は、のちに細川氏が築いた現在の熊本城とは違った部分があったと考えられている。櫓の数は49基もあったが、現在は11基しか残っていない。

心に響くお城秘話

清正に礼を尽くした新城主・細川忠利

清正の死後、加藤氏は幕府に領地を取り上げられたため、肥後の新しい藩主は細川忠利になった。肥後の民衆は清正をしたっていたので、忠利は肥後に入るとき、行列の先頭に清正の位牌をかかげ、熊本城に入るときには、西大手門で額を地面につけるように礼をし、清正への敬意を示した。

築城者

加藤清正(1562~1611)

尾張(現在の愛知県)出身で、幼い頃から豊臣秀吉に仕え、賤ケ岳の戦いでは「賤ケ岳の七本槍」のひとりとして活躍。熊本城(熊本県)城主となり、朝鮮出兵に参加。関ケ原の戦いでは徳川家康に味方した。

❷長塀と天然の堀

城の南を流れる坪井川は天然の堀になっている。坪井川沿いには約242mの長塀が続いている。

❖熊本城縄張図

大天守・小天守
❺北十八間櫓
❸宇土櫓
本丸
本丸御殿
❺東十八間櫓
❹二様の石垣
❼闇り通路
飯田丸
❶飯田丸五階櫓
❻連続枡形
竹の丸
❷長塀

❸宇土櫓

「第三の天守」ともいわれる三層五階の櫓で、創建当時の姿を残している。約30mの高さの石垣の上にそびえ、直線的な破風が特徴。

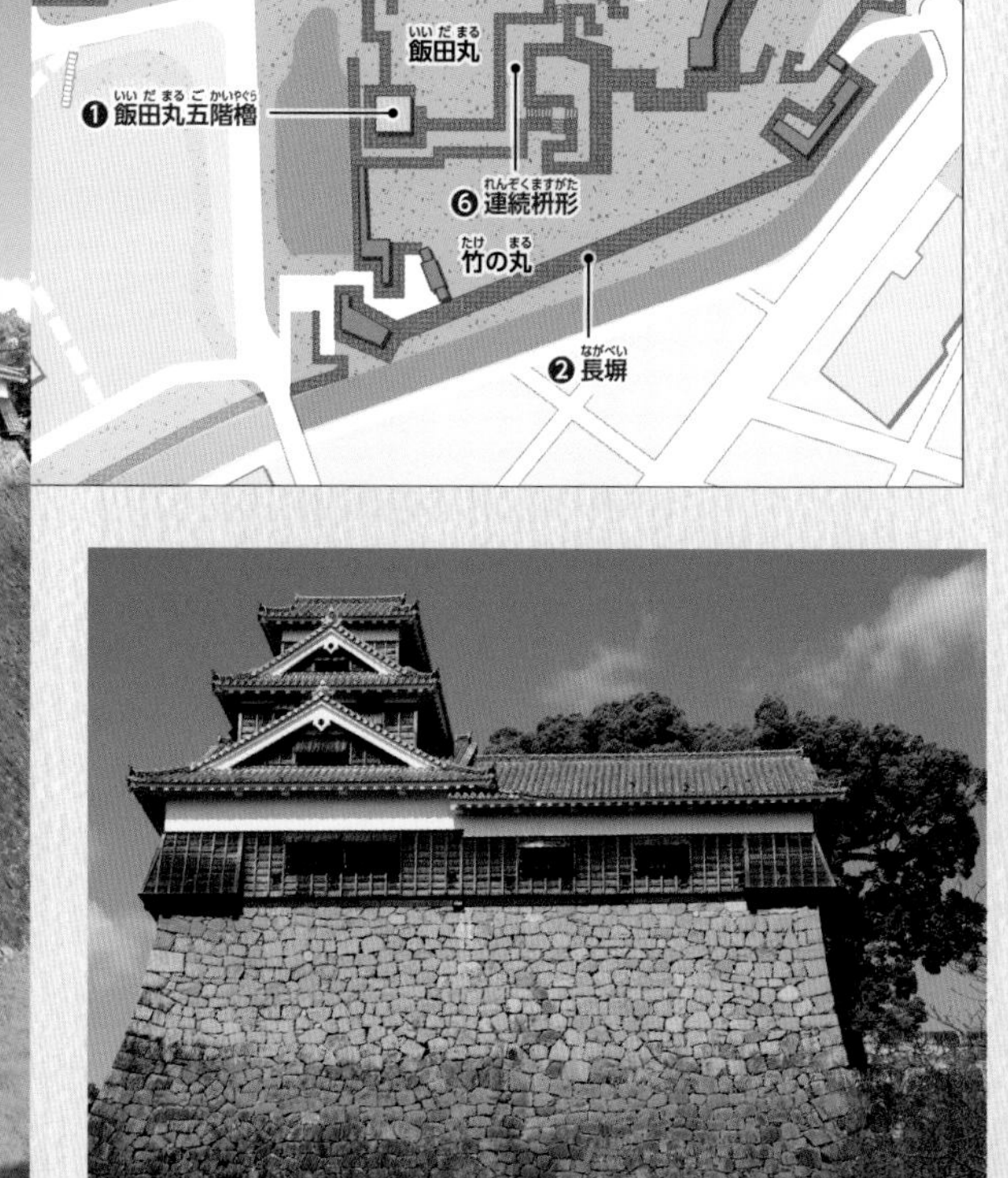

❶飯田丸五階櫓（震災前撮影）

三層五階の巨大な櫓で2005年に復元された。清正の家臣・飯田覚兵衛の屋敷があった飯田丸に建っている。

熊本地震で被災するが復旧工事が進む

2016年に発生した熊本地震によって、熊本城は大きな被害を受け、宇土櫓など13棟の重要文化財や、517面の石垣などに被害が出た。その後、復興が進められ、2021年には大天守・小天守が公開された。現在も完全復興に向けて工事が続けられている。

おもしろお城エピソード　熊本城は食べられる城!?

熊本城の大広間の畳にはイモの茎が使われ、城内の土壁にはカンピョウが仕込んであるという。これは籠城戦で食料が不足したとき、飢えをしのぐためだ。また、水を確保するため、城内には井戸が120か所もあるそうだ。

❺東十八間櫓・北十八間櫓（震災前撮影）
東十八間櫓と北十八間櫓はつながった櫓で、約20mの石垣の上に建つ。創建時から残っていたが、熊本地震でくずれ落ちた。

❻連続枡形（震災前撮影）
天守の南側には枡形が連続して組み合わされた「連続枡形」と呼ばれる場所がある。侵入してきた敵が連続枡形を通ろうとしても、四方八方から攻撃される。

❼闇り通路
本丸御殿に入るための地下通路で、正式な入口になる。石垣の上にかけられた太い梁を巨大な柱が支えている。

ここが見どころ!
清正と細川氏の2種類の石垣!
細川氏
加藤清正

❹二様の石垣
熊本城には、清正が築いた石垣と、細川氏が築いた石垣が並んでいる場所があり、「二様の石垣」と呼ばれている。石垣の傾きがゆるやかな方が清正の石垣で、急な方が細川氏の石垣である。

どぉおおおぉん
熊本城は最強の城と聞いていたが…
恐るべし！枡形が連続している…
高い石垣に囲まれて折れ曲がった道の先が見えませんよ
石垣の上にも櫓がたくさん進めば最後…
ひ〜〜
ひるむな！気合いで進むぞ我に続け！
わぁあ
予想以上の激しい攻撃だ！
パンッ
殿！銃撃が激しすぎてここの突破はムリです！

パンッ
パンッ
パンッ
しかたない！
向こうに回って
天守を目指すぞ！
はい！
ど
ーんっ
な、
何なんだ
こっちには
さらに高い石垣！
ええい！
あっちだ！
はい！
!!
宇土櫓
どおぉぉん
とてつもなく
高い石垣の上に
巨大な櫓が…
この城は
石垣の
要塞か…
はは…
うえぇ

城のキホン 3

石垣

敵の侵入を防ぐために石を積み上げて築いた壁

土の城と石垣の城

土塁づくりの山城と、石垣づくりの平山城を比較したイラスト。石垣づくりだと曲輪の面積が広くなり、多くの兵を収容できる。また、石垣の上に櫓や塀を建てて敵を攻撃できる。

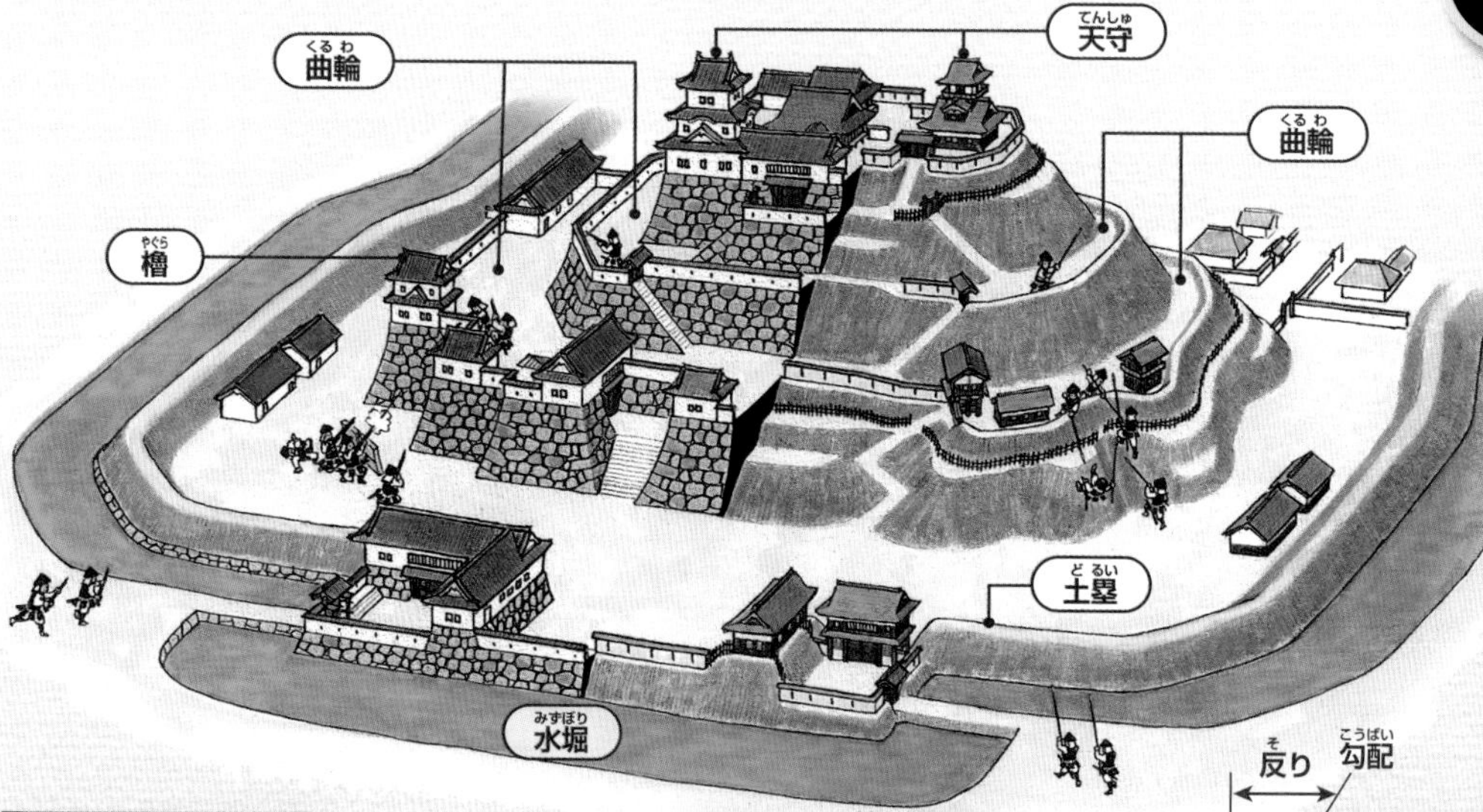

石垣の構造

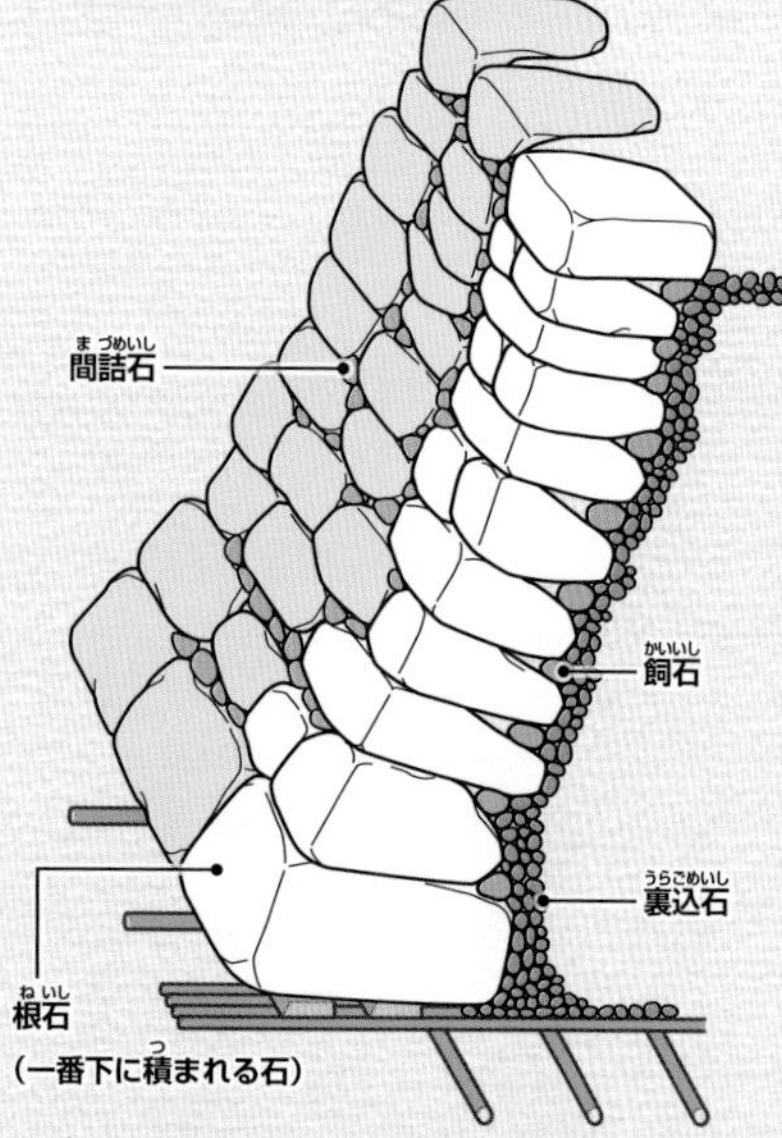

石垣は土塁（→P98）を高く盛り上げ、その表面に大きな石を並べて築く。土塁と大きな石の間には、裏込石や飼石などの小石をつめ、表面の大きな石を固定したり、水はけをよくしたりする。

石垣の反り

石垣の傾き（勾配）は、下から半分くらいの高さまで直線的だが、そこから反っていき、傾きはどんどん急になり、上の部分はほぼ垂直になる。石垣の反りの部分は、「武者返し」「忍返し」などと呼ばれる。

反り
勾配

石垣の上に櫓や塀を築いて防御力を高める

石垣で城全体をおおった本格的な「総石垣」の城は、織田信長の安土城（→P32）が最初とされる。石垣を築くには、土塁（→P98）と比べて時間や費用がかかるが、石垣の防御力は土塁よりも高く、また石垣で囲んで広い曲輪を築いたり、石垣の上に築いた櫓や塀で敵を攻撃することができた。

安土城以降、西日本を中心に石垣を使う城が増えていき、石垣を積む技術も向上した。天守台などには、反りのある高くて強固な石垣が築かれた。

石垣の種類は、石の加工の程度や積み方によって「野面積」「打込接」「切込接」の3種類に分けられる。

石垣の種類

石垣は、積み上げ方や石の加工法によって、大きく３種類に分けられる。

切込接

石の表面や角を加工して、すき間ができないようにして積み上げる方法。石の加工に時間がかかる。

江戸城（→P48）の石垣。

打込接

石のすき間を減らすため、石の表面を加工して平らにして積み上げる方法。すき間には間詰石をつめる。

大坂城（→P36）の石垣。

野面積

天然の石をほとんど加工せずに積み上げる方法。石のすき間には間詰石と呼ばれる小石をつめる。

浜松城（→P208）の石垣。

すごい石垣の城ベスト３

３位 大坂城（→P36）

石垣の総延長は約12km。徳川氏が再建した現在の石垣は、当時の最高技術によるもの。

２位 名古屋城（→P44）

総延長が８km以上ある巨大な石垣が特徴。最も重要な天守台の石垣は加藤清正が担当した。

１位 熊本城（→P52）

加藤清正が築いた熊本城の石垣の積み方は「清正流」と呼ばれ、その後、全国の城に広まった。

第7位

彦根城

徳川家に仕えた井伊家の城！

❶天守

ふだんは見えないが、壁には狭間（鉄砲を撃つための穴）が82か所も備えられていて、合戦のときは壁を突き破って鉄砲を撃てるようになっている。

山城の特徴を残す防御力の高い平山城

近江（現在の滋賀県）北部は石田三成が治めていたが、三成が関ケ原の戦いで徳川家康に敗れると、家康の家臣・井伊直政に与えられた。直政は新しく城を築こうとしたが、関ケ原の戦いで受けた傷のため亡くなった。築城計画は井伊直継（直政の子）が引き継ぎ、標高約130mの彦根山に築城を開始。約20年をかけて完成させた。

彦根城の本丸・西の丸・鐘の丸などの曲輪は一直線に並んでいるのが特徴。御殿はふもとに建てられ、斜面に「登り石垣」が設けられるなど、戦国時代の山城の特徴を備えている。鉄砲狭間が多数ある天守や、防御力の高い天秤櫓など、実戦を想定した城である。

DATA

別称	金亀城
築城年	1604年
築城者	井伊直継
おもな城主	井伊氏
構造	平山城
所在地	滋賀県彦根市

城の能力

項目	点
堀・石垣	7
規模	8
縄張	10
城主	8
天守・櫓	10
総合点	43

▲CGで復元した彦根城　彦根城は周囲を琵琶湖と堀に囲まれ、防御力が高かった。江戸時代は水運の拠点として、船が行き交っていた。

井伊直政(1561~1602)

徳川家康の家臣。甲冑や武器が赤色で統一された武田家の軍団を引き継ぎ、「井伊の赤備え」と恐れられた。関ケ原の戦いの功績で彦根を与えられたが、彦根城を築く前に亡くなった。

❷天秤櫓・廊下橋

天守に通じる道に築かれた櫓。天秤櫓にかかる廊下橋は、敵が侵入したとき落とすことができた。

はぁ
はぁ
はぁ
はぁ
なんとか大手門を突破したが…
坂道きついぞ！彦根城！
殿！あれを！
上からの攻撃を受けつつ
曲がる道だな…
進路
嫌な予感しかしないがそれでも行く！
やっぱりー
ダッ
ザッ
橋⁉
パン
パン

石垣の上の櫓と橋の上から攻撃が！
パンッ
パンッ
パンッ
パンッ
殿！こっちから橋に行けます！
よし！
敵が来たぞ！
ドドドーン
バキバキ
どおおおおん
…殿…橋が落とされました
渡れんな…

城のキホン 4

櫓・門

敵を監視・攻撃する櫓は門と一体化していく

月見櫓

敵を監視するために高い場所に築かれた櫓。合戦がなくなると、月見を楽しむ場所となった。

多聞櫓(多門櫓)

土塀の代わりの細長い櫓で、入口の門が多いことから多門櫓と呼ばれた。櫓どうしをつなぐ廊下タイプの多聞櫓は「渡櫓」と呼ばれる。

搦手(裏手)

天守

隅櫓

曲輪の石垣や土塁の隅に建つ櫓。大手の隅櫓は二重櫓・三重櫓が多い。

隅櫓

搦手に建つ隅櫓は大手の隅櫓と比べると小さく、平櫓(一階建ての櫓)なども多い。

枡形虎口

櫓の種類と配置

周囲を石垣でおおった平城や平山城では、石垣の上に多聞櫓や隅櫓、櫓門などを築いて防御力を高めた。

太鼓櫓

時刻を知らせるための櫓で、合図の太鼓を打つ。大手方面に築かれた。

大手(正面)

櫓門

門の上に多聞櫓が設けられたもの。門に近づく敵を攻撃する。

城の防御拠点として石垣の城壁に築かれる

櫓は、敵を監視したり攻撃するために、曲輪の隅や城門の周囲に築かれた建物だ。古くは「矢倉」と書かれ、「矢を射る高い場所」「矢を保管する倉庫」という役割から名づけられた。

中世の櫓は、木を組み上げただけの簡単な建物だったが、城に石垣が使われるようになると、櫓は石垣の上に本格的な建物として築かれるようになった。櫓には役割や形式によって、「隅櫓」「多聞櫓」「月見櫓」などの種類があり、天守も櫓から発展した建物である。

また、虎口(→P42)に築かれる城門にはさまざまな形式があるが、門の上部に櫓を設けた「櫓門」は攻撃力が高く、枡形虎口などに設けられている。

矢倉からの攻撃

古代・中世の矢倉は、敵より高い位置から弓を射るための建物だった。

城門のおもな種類

城門にはさまざまな種類がある。巨大な城には櫓門が設けられている。

高麗門

正面の柱の背後に控え柱を立て、その上に屋根をつけた門。豊臣秀吉の朝鮮出兵の頃から築かれ始め、枡形虎口にも多く使われる。

冠木門

柱と冠木(横木)をつないだ門で、戦国時代の城に多く使われた。簡単な構造だったが、倒れにくかった。

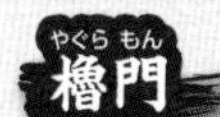

櫓門

上部に多聞櫓が設けられた門で、中央に両開きの扉がある。イラストは姫路城の正門「菱の門」(→P26)で、二階には多くの城兵を収容することができ、床板を外せば一階の敵を二階から攻撃できた。

すごい櫓の城 ベスト3

3位 名古屋城(→P44)

西北隅櫓は高さが約16mあり、江戸時代から残る三重櫓としては、宇土櫓(→P54)に次いで全国2番目の大きさ。

2位 熊本城(→P52)

江戸時代から残る三層五階の宇土櫓をはじめ、隅櫓には天守レベルの五階櫓・三階櫓が建ち並んでいた。

1位 広島城(→P68)

櫓の数が史上最多を誇った城で、88基もの櫓が設けられていたとされる。現在、太鼓櫓などが復元されている。

第8位

伊予松山城

日本最大の登り石垣を備える城！

大天守
大天守は小天守・南隅櫓・北隅櫓と渡櫓でつながれた「連立式天守」（→P30）である。

DATA
- 別称　金亀城
- 築城年　1602年
- 築城者　加藤嘉明
- おもな城主　加藤氏、蒲生氏、松平氏
- 構造　平山城
- 所在地　愛媛県松山市

城の能力
- 堀・石垣　10
- 規模　8
- 縄張　8
- 城主　7
- 天守・櫓　9
- 総合点　42

25年をかけて築いた四国で最大の城

伊予松山城は、関ケ原の戦いで徳川家康に味方して手柄を立てた加藤嘉明が、伊予（現在の愛媛県）を与えられ、築いた城である。四国最大の城で、完成までに25年の歳月がかかった。

松山城は、標高約132mの勝山の山頂に本丸が築かれ、ふもとに御殿のある二の丸が置かれた大規模な平山城。実戦に備えて、本丸と二の丸の間は日本最大の「登り石垣」で結ばれている。

本丸には、石垣を一段高くした本壇に大天守を中心とする連立式天守が建てられている。大天守は創建時に五層だったという伝承もあるが、三層に改築後に落雷で焼失。現在の大天守は江戸時代末期に再建されたものだ。

本丸

本壇
本壇（本丸のうち重要な建物が集まる場所）は多聞櫓や二重櫓で構成されていた

登り石垣
斜面を登るように築いた石垣で、山の斜面から敵が侵入するのを防いだ

二の丸

▲伊予松山城の復元図 加藤嘉明の後、城主となった蒲生氏が完成させた時期の伊予松山城を推定復元した図。二の丸から本丸までの高さは約90mあり、登り石垣で周囲を囲んでいた。

一の門
天守に通じる入口を守る門。敵が一の門を侵入すると、一の門南櫓、二の門南櫓、三の門南櫓などから攻撃できるようになっている。

築城者

加藤嘉明(1563〜1631)
豊臣秀吉に仕えた武将で、朝鮮出兵で活躍。関ケ原の戦いでは徳川家康に味方し、松山城を与えられる。1627年、会津若松城(→P74)に移った。

天守

現在の五層五階の天守は、1958年に江戸時代の天守の外観を再現して復元されたもの。また、広島城の別称「鯉城」から、プロ野球球団「広島東洋カープ」（鯉は英語でCARP）のチーム名がつけられた。

第9位

広島城

福島正則が整備した巨大な平城！

毛利輝元が太田川の三角州に完成させた城

広島城は、毛利輝元(毛利元就の孫)が築いた城。築城された場所は、太田川の河口に砂や泥がたまってできた三角州だったので、土地がやわらかく工事が難しく、完成まで約10年かかった。広島城が完成した翌年、輝元は関ケ原の戦いで西軍(反徳川軍)についたため広島城を取り上げられ、代わって福島正則が新しい城主となった。正則は広島城の大改修を開始し、大規模な城へとつくりかえた。正則が石垣を無断で修理した罪で広島城を取り上げられると、代わって浅野氏が城に入った。明治時代以後も天守や渡櫓などが残されていたが、１９４５年、原爆によってすべての建物が破壊された。

DATA

別称	鯉城
築城年	1589年
築城者	毛利輝元
おもな城主	毛利氏、福島氏、浅野氏
構造	平城
所在地	広島県広島市

城の能力

項目	点数
堀・石垣	7
規模	9
縄張	8
城主	7
天守・櫓	10
総合点	41

❷二の丸表御門・平櫓
平成時代に江戸時代の姿で復元された。

▲**広島城の復元図** 三重の堀を備え、太田川や京橋川を天然の堀とし、最大で88基もの櫓が設けられていた。防御力が高い巨大な城だった。

福島正則(1561～1624)
幼い頃から豊臣秀吉に仕えた武将で、賤ケ岳の戦いなどで活躍。関ケ原の戦いでは徳川家康に味方して大きな手柄を立て、広島城を与えられた。その後、信濃(現在の長野県)に移された。

おもしろお城エピソード

石垣を修理したら広島城を失った!?

1617年、広島城の石垣が洪水によって崩れたため、福島正則は石垣を修理した。しかし2年後、正則は江戸幕府から、「無断で石垣を修理した」と罪に問われ、広島城や領地を取り上げられた。これは、幕府が豊臣氏に恩を感じる正則を排除するためだったといわれる。

第10位

岡山城

宇喜多秀家が大修築した黒い城！

❶天守

五層六階の天守は、初期の天守によく見られた望楼型天守（→P30）。外壁は黒塗りの下見板でおおわれている。別称の「烏城」とは「カラスの城」という意味。

秀吉の大坂城を手本に築かれた黒色の天守

岡山城を築城した宇喜多直家は、暗殺をくり返して勢力を広げた武将として知られる。直家の子・秀家は、豊臣秀吉に才能を認められ、備前（現在の岡山県）を中心に57万4000石の大名となった。秀家は、石高にふさわしい城にするため、岡山城の大改修を開始した。旭川を天然の堀として利用し、石垣や櫓が多く築かれた。望楼型天守は、秀吉の大坂城天守（→P39）を手本にして全体が黒い板でおおわれた。

秀家が関ケ原の戦いで敗れた後、代わりに岡山城に入った小早川秀秋は急死。その後は池田氏が城主になった。

明治時代以降も天守は残っていたが、1945年の空襲で焼失した。

DATA

別称	烏城
築城年	1573年
築城者	宇喜多直家
おもな城主	宇喜多氏、小早川氏、池田氏
構造	平山城
所在地	岡山県岡山市

城の能力

項目	点
堀・石垣	7
規模	9
縄張	7
城主	7
天守・櫓	10
総合点	40

ビジュアルで再現!

二の丸

不明門

本丸

西の丸

②月見櫓

旭川

③野面積の石垣

①天守

④後楽園

④後楽園
岡山藩3代藩主・池田綱政が1700年に完成させた大庭園。

▲岡山城の復元図 本丸の周囲に流れる旭川が天然の堀になっている。また、数多くの水堀で囲まれているため、敵は簡単に侵入することができなかった。

③野面積の石垣

本丸には野面積(→P58)の石垣が残っている。高さは15m以上あり、野面積としては技術的に最高レベルとされる。

②月見櫓

江戸時代初期に建造された櫓。二階は雨戸がつけられ、生活できる部屋になっている。

城主

宇喜多秀家(1572~1655)

豊臣秀吉に仕えた戦国大名。豊臣政権で重職をつとめた。関ケ原の戦いで西軍(反徳川軍)の主力として戦うが敗北し、八丈島(東京都)に追放された。

第11位

和歌山城

徳川御三家・紀州藩の巨城！

❶大天守と小天守
大天守と小天守は連結して建てられ、さらにふたつの櫓と渡櫓でつながる「連立式天守」(→P30)。

御三家にふさわしい城として改修される

和歌山城の始まりは、豊臣秀長(秀吉の弟)が若山(現在の和歌山)に築いた城。このとき、城づくりを担当したのは藤堂高虎(→P182)だった。

関ケ原の戦い後は、浅野幸長が城主となった。浅野氏が広島城に移された後、代わりに徳川頼宣(家康の子)が城主となった。これにより、御三家(将軍を継ぐ資格のある徳川一族の三家)のひとつ「紀州藩」が誕生し、城は大規模に改修・整備された。8代将軍・徳川吉宗は、もとは紀州藩主だった。

縄張は、連立式天守が建つ天守曲輪と本丸を二の丸や西の丸などが取り囲む。現在の天守は、1945年の和歌山空襲で焼失後に再建されたものだ。

DATA

別称	虎伏城
築城年	1585年
築城者	豊臣秀長
おもな城主	豊臣氏、浅野氏、徳川氏
構造	平山城
所在地	和歌山県和歌山市

城の能力

項目	点
堀・石垣	8
規模	7
縄張	7
城主	8
天守・櫓	9
総合点	39

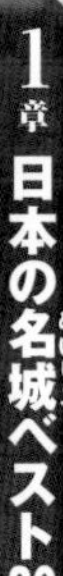

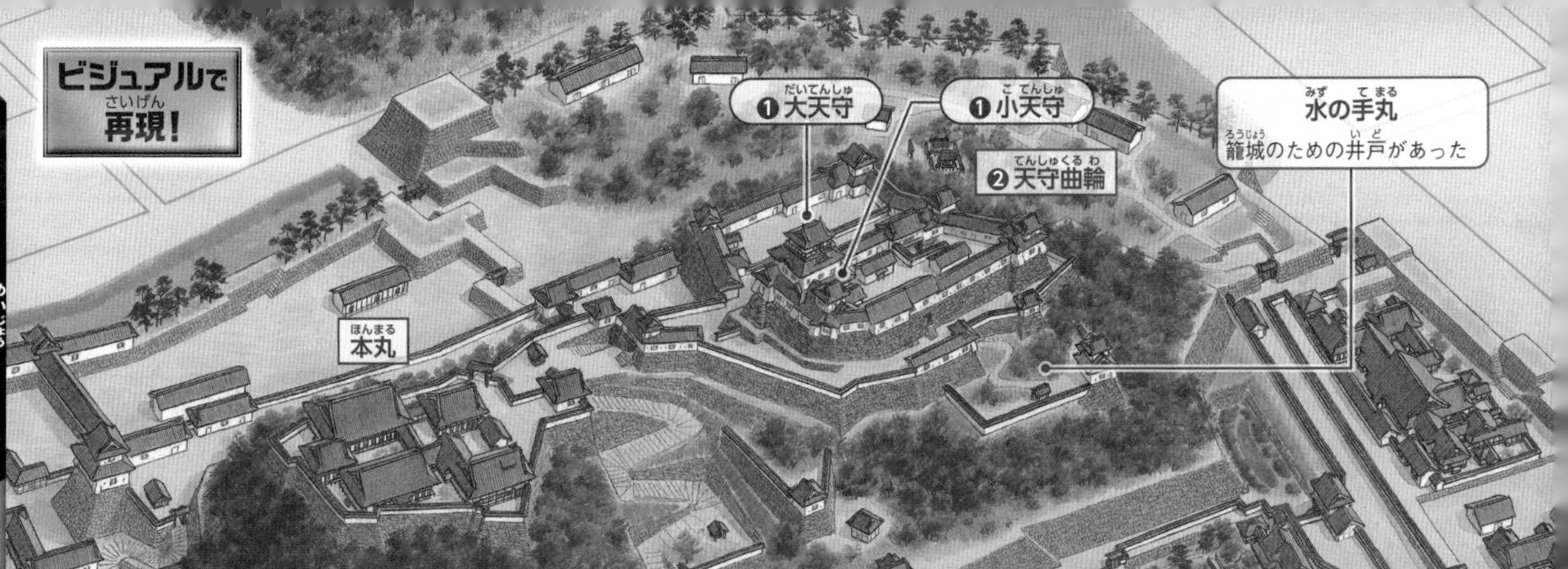
ビジュアルで再現！
❶大天守
❶小天守
水の手丸
籠城のための井戸があった
❷天守曲輪
本丸
西の丸
大手門
二の丸
城主が日常生活を送った

▲**和歌山城の復元図** 天守曲輪と本丸は別々になっていて、敵がどちらを攻めても、もう一方から攻撃できる構造になっていた。

大天守
小天守
二の門櫓
楠門
乾櫓

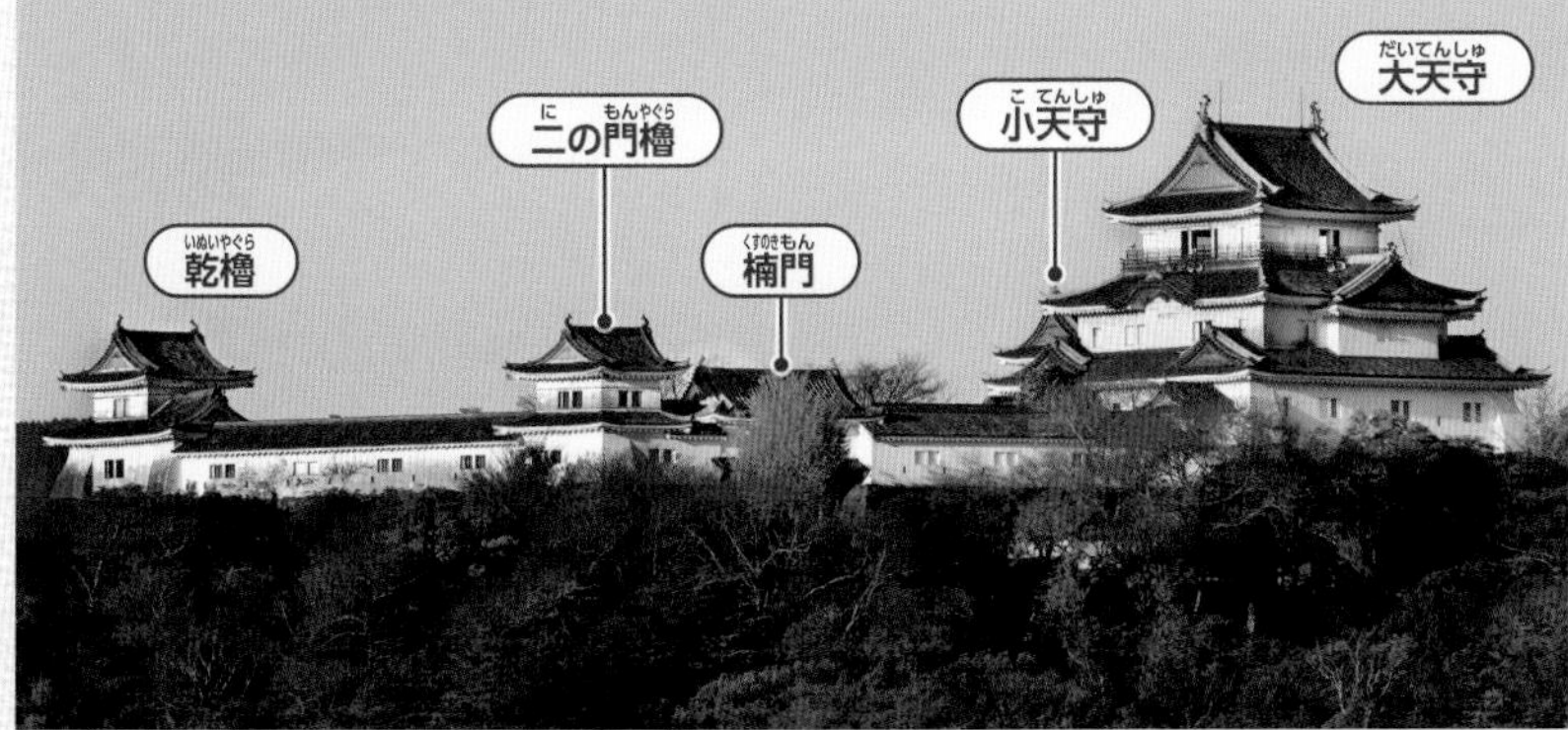

❷天守曲輪

大天守・小天守のほか、二の門櫓や乾櫓と渡櫓で連結され、籠城戦が可能だった。

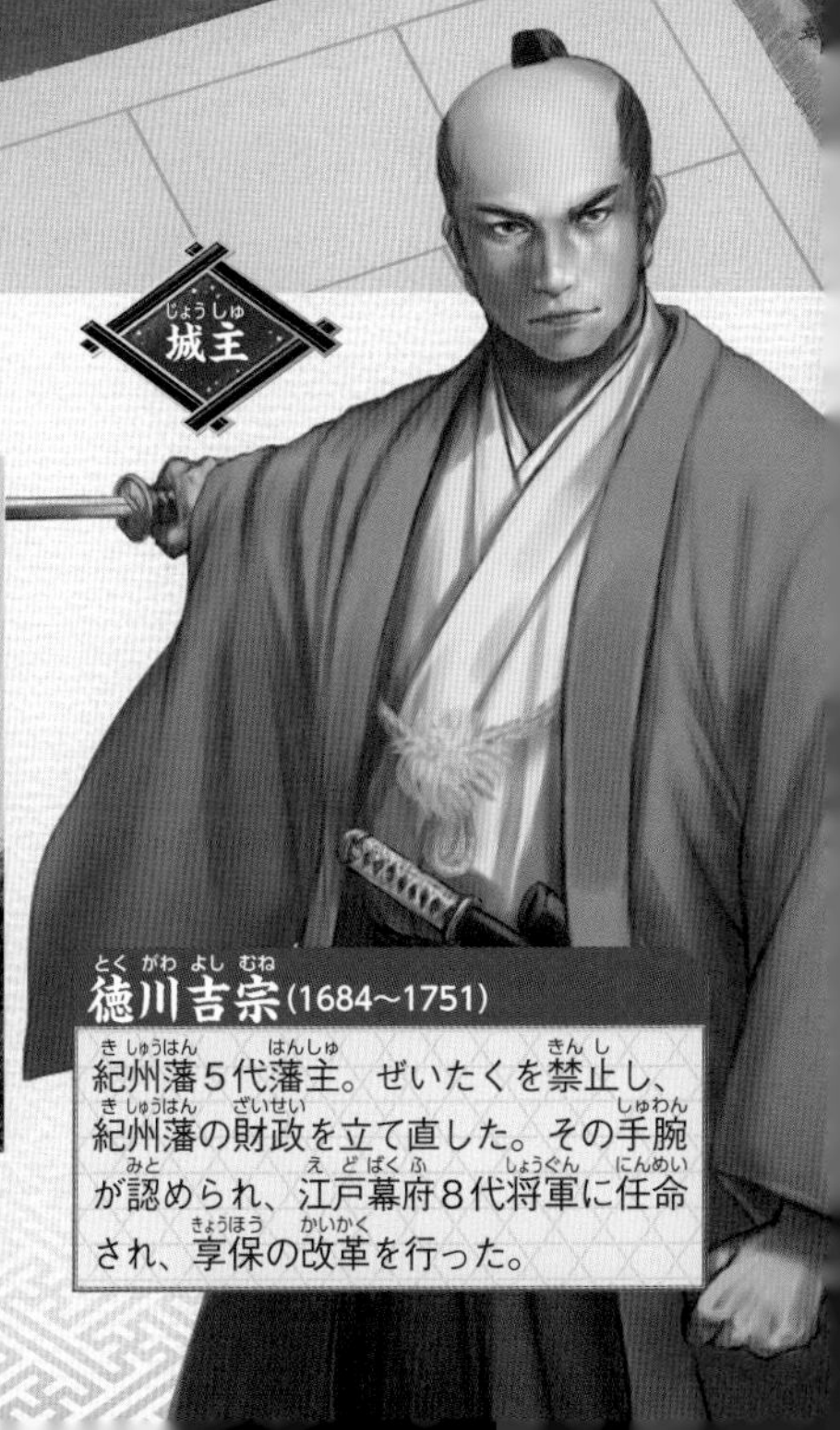
城主

徳川吉宗(1684~1751)

紀州藩5代藩主。ぜいたくを禁止し、紀州藩の財政を立て直した。その手腕が認められ、江戸幕府8代将軍に任命され、享保の改革を行った。

第12位

会津若松城

会津戦争の舞台となった城!

❶天守

天守の屋根は黒瓦だったが、2011年、幕末当時の姿を再現するため、赤瓦に葺き替えられた。高温で焼かれた赤瓦は、水分がしみこみにくいため雪で割れにくい。

氏郷や嘉明の大改修で現在の城の姿になる

会津若松城の始まりは、南北朝時代に蘆名氏が築いた黒川城とされる。1589年、蘆名氏を破った伊達政宗が入城したが、翌年、豊臣秀吉によって黒川城は蒲生氏郷に与えられた。氏郷は黒川城を大改修し、七層の天守を建造。城名も「鶴ケ城」に改めた。

その後、上杉景勝（↓P181）や加藤嘉明（↓P67）などが城主となった。嘉明は天守を五層に改め、西出丸と北出丸を増築し、現在の姿になった。

1643年には保科正之（↓P49）が城主となり、以後、保科氏（後に松平氏と改名）が城主をつとめた。1868年の会津戦争（↓P162）で、松平容保は新政府軍と戦ったが敗れた。

DATA

別称 鶴ケ城

築城年 1384年

築城者 蘆名直盛

おもな城主 蘆名氏、蒲生氏、加藤氏、松平氏

構造 平山城

所在地 福島県会津若松市

城の能力

項目	点数
堀・石垣	7
規模	7
縄張	8
城主	8
天守・櫓	8
総合点	38

ビジュアルで再現!

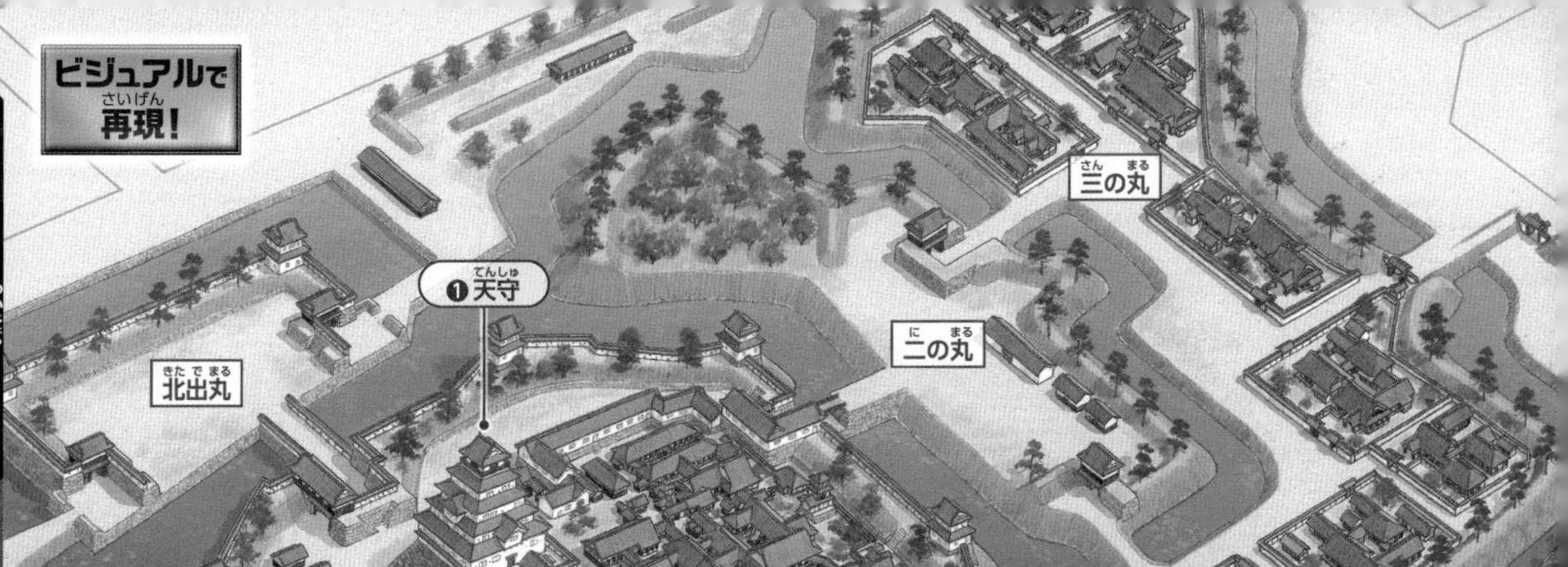

▲**会津若松城の復元図** 会津若松城の３か所の出入口は、それぞれ馬出(→P42)の機能をもつ曲輪(二の丸・北出丸・西出丸)になっている。

❷鉄門・走長屋
鉄門は柱や扉がすべて鉄でおおわれている。鉄門と天守は走長屋でつながっている。

城主

蒲生氏郷(1556～1595)
織田信長・豊臣秀吉に仕えた武将。1590年、会津92万石の大名となり、黒川城に入った。黒川城を大改修し、鶴ケ城と城名を改め、城下町を建設した。

第13位

小田原城

謙信が落とせなかった堅城！

天守

小田原城の天守は明治時代に解体されていたが、1960年に江戸時代中期の姿で復元された。

早雲がうばい取った後北条氏の本拠地となる

小田原城は、室町時代中期に大森氏が築城した。戦国時代になると、「最初の戦国大名」と呼ばれる北条早雲が小田原城をうばい取った。早雲以降、100年近く、北条氏4代（氏綱・氏康・氏政・氏直）の居城となった。

周囲約9㎞にわたって総構を設けた小田原城は難攻不落の名城で、上杉謙信や武田信玄の攻撃にも耐え抜いた。しかし1590年、豊臣秀吉が約20万人の大軍で小田原城を包囲した小田原城の戦い（→P150）では、約3か月で降伏し、北条氏は滅亡した。

江戸時代には、江戸を守る重要な城として、徳川家に古くから仕える大久保氏や稲葉氏が城主をつとめた。

DATA

別称	小峰城
築城年	1417年
築城者	大森頼春
おもな城主	北条氏、阿部氏、稲葉氏、大久保氏
構造	平山城
所在地	神奈川県小田原市

城の能力

項目	点
堀・石垣	6
規模	9
縄張	8
城主	8
天守・櫓	6
総合点	37

ビジュアルで再現!

総構
総構とは、城と城下町を囲いこんだ堀や土塁による防御施設のこと。総郭ともいう

本丸
北条氏の時代に天守はなかった

城下町

二の丸

❶ 空堀
敵の侵入を防ぐために城の周囲に掘った溝

城下町

❶ 空堀
北条氏が築いた空堀は幅20m～30m、深さ12mあり、日本最大規模のもの。

笠懸山（石垣山）

▲小田原城の復元図 北条氏が築いた小田原城は、城下町全体を約９kmの土塁と堀で囲んでいた。その規模は戦国時代で最大のものだった。

おもしろお城エピソード
町ごと「城」にして強敵を撃退した!?

上杉謙信や武田信玄の大軍に小田原城を包囲されたとき、北条氏康（早雲の孫）は徹底した籠城作戦を取った。このため謙信や信玄は食料が不足し、撤退した。小田原城は城下町や田畑を総構で守っていたので、長期間、食料や水を補給できたのだ。

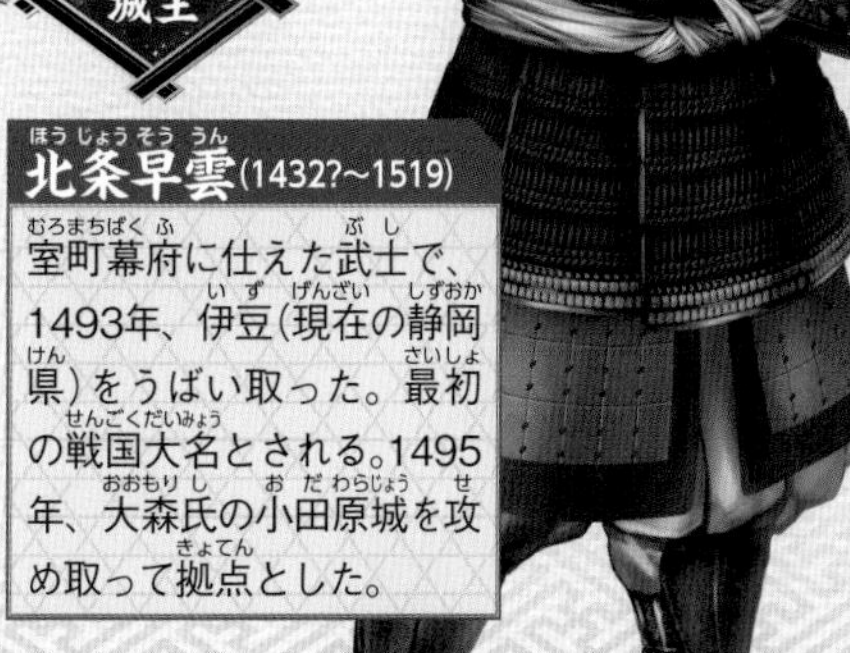

北条早雲(1432?～1519)
室町幕府に仕えた武士で、1493年、伊豆（現在の静岡県）をうばい取った。最初の戦国大名とされる。1495年、大森氏の小田原城を攻め取って拠点とした。

第14位
松本城
漆黒の美しい天守を備えた城！

❶大天守

大天守は現存する五層六階の天守としては日本最古。大天守は乾小天守と渡櫓で連結し、辰巳附櫓と月見櫓が複合され、連結複合式天守と呼ばれる。

家康を監視するため石川数正が改修する

松本城の始まりは、戦国時代に小笠原氏が築いた深志城とされる。1582年、徳川家康の支援を受けた小笠原貞慶が城主となり、城名を松本城に改めた。1590年、豊臣秀吉によって家康が関東に移されると、貞慶も関東に移り、代わりに石川数正が松本城に入った。数正は、松本城の大規模な改修を開始し、数正の死後は、子の康長が改修を引き継いだ。数正は、家康のもとを去って秀吉の家臣になった武将だった。秀吉は家康を監視させるため、数正に松本城を与えたとされる。

大天守は1594年に完成したとされ、現存する最古の天守ともいわれるが、建造年については諸説ある。

DATA

別称	深志城
築城年	1504年
築城者	小笠原貞朝
おもな城主	石川氏、松平氏、水野氏、戸田氏
構造	平城
所在地	長野県松本市

城の能力

項目	点
堀・石垣	7
規模	7
縄張	7
城主	6
天守・櫓	9
総合点	36

ビジュアルで再現!

CGで復元した松本城
周囲を水堀で囲んだ平城。天守群の壁が黒色なのは、豊臣秀吉の好みに合わせるためだったといわれる。

❷月見櫓
3代将軍・徳川家光を招待するために築かれた。

❶天守群の石落
天守群の要所には、近づく敵を鉄砲で攻撃するための石落(→P82)が設けられている。

お城感動秘話

松本城は地元の住民が守った!?

明治維新直後、松本城は売られ、解体される予定だったが、地元の有力者だった市川量造は資金を集めて天守を買い戻した。しかし天守は傾くなど傷みがひどかった。そこで松本中学校校長・小林有也は寄付を集めて天守を修理した。

ワァーーーアアアアアア
次の松本城は絶対落とすぞ！
行け〜！
【松本城】空想城合戦！
殿！この城は坂道がなくて楽ですね！
確かに！これは楽勝かもな！
でも狭間が多い！
パンッ
パンッ
パンッ
ひぃ〜
堀の向こうから鉄砲が！
パンッ
パンッ
ヒュ
ヒュ
ヒュ
おっ
天守だーー！！
どーーんっ

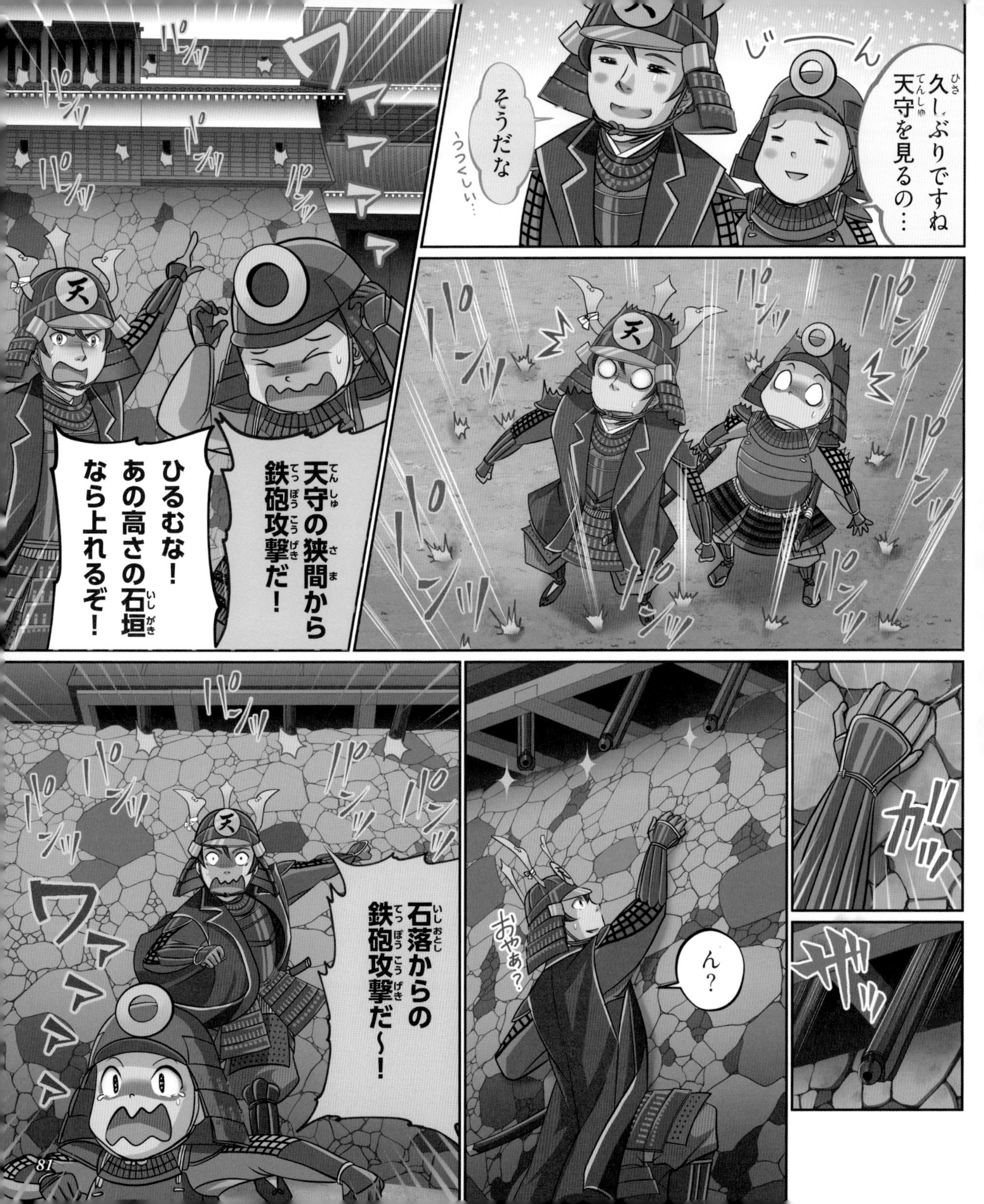

じーーん

久しぶりですね
天守を見るの…

そうだな

うつくしい…

パンッ パンッ パンッ パンッ パンッ パンッ

ワァァァァ

パンッ パンッ パンッ パンッ パンッ

天守の狭間から
鉄砲攻撃だ！

ひるむな！
あの高さの石垣
なら上れるぞ！

城のキホン 5

狭間・石落

攻撃用の穴や窓

城に近づく敵を鉄砲で攻撃するための設備

城の城壁につくられた攻撃用の穴を「狭間」という。狭間には矢を射るための「矢狭間」と、鉄砲を撃つための「鉄砲狭間」があるが、基本的には狭間は鉄砲用だった。狭間は城壁だけでなく、天守や櫓の壁にも設けられ、近づく敵をねらい撃ちにした。また、城壁に折れ曲がった部分をつくると、側面攻撃（横矢掛り）も可能になった。

天守や櫓には、石垣に取りついた真下の敵を攻撃するための「石落」も設けられた。名前のとおり、石落から石を落とすこともあったが、基本的には鉄砲を使って攻撃した。

塀の狭間

狭間とは、塀や壁から敵を鉄砲で攻撃するための穴。塀の内側を上下二段にして、下段の兵は狭間から、上段の兵は塀の上から攻撃することもできた。石垣の最上段にくぼみをつくる「石狭間」や、真下の敵を攻撃できる「石落」が設けられることもあった。

姫路城の土塀の狭間

鉄砲を撃つための鉄砲狭間は、三角形や正方形、円形などの穴があった。長方形の穴は矢を射るための「矢狭間」であるが、「矢も射ることも可能」といったもので、実際は鉄砲を使うための狭間だった。

折れ曲がった部分から敵の側面を攻撃できる。

折塀

塀に折れ曲がった部分をつくると、「横矢掛り」（側面攻撃）が可能になった。

櫓の狭間・石落

櫓や天守の壁には、狭間のほかに、石落が設けられた。石落は、石垣を上ってくる敵兵に石を落とすための設備だったが、実際には鉄砲で攻撃するためのものだった。

狭間のある石落

松本城(→P78)天守群の石落には、鉄砲狭間がつけられている。

鉄砲専用の石落

姫路城(→P24)天守の石落は、穴の幅が狭く、鉄砲専用だったことがわかる。

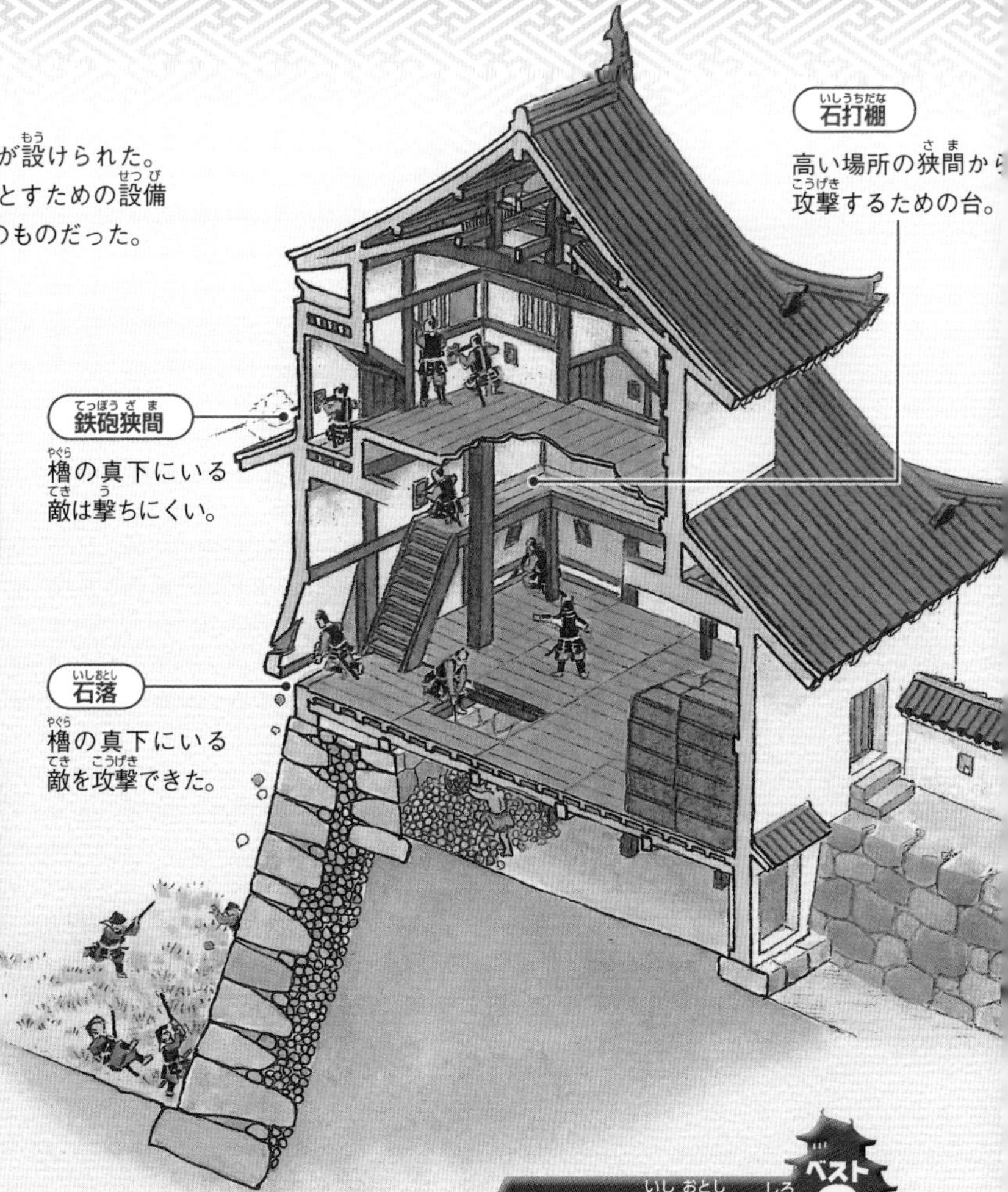

石打棚
高い場所の狭間から攻撃するための台。

鉄砲狭間
櫓の真下にいる敵は撃ちにくい。

石落
櫓の真下にいる敵を攻撃できた。

すごい石落の城 ベスト3

3位 松江城(→P90)

天守の入口にある附櫓と、天守二階の四隅に石落が設置されている。附櫓の内部には敵を攻撃する狭間がある。

2位 高知城(→P226)

天守一階には、石落の周囲に「忍返し」(鉄串)が備えられている。忍返しが残るのは高知城のみである。

1位 松本城(→P78)

大天守・乾小天守・渡櫓のそれぞれ一階部分に、合計11か所の石落が備えられ、大天守には115もの狭間がある。

❶CGで復元した天守

天守は六層七階で、最上階の屋根は銅瓦でおおわれ、金の鯱鉾で飾られていた。江戸城天守を上回る巨大な天守だったが、1635年に火災で焼失した。

第15位 駿府城

大御所・徳川家康の隠居城！

家康が幼少期と晩年を過ごした城

徳川家康が築いた駿府城は、今川氏の居館「今川館」があった場所に築かれたとされる。家康は幼少時代を人質として今川館で過ごしていた。

桶狭間の戦いで今川義元が織田信長に倒された後、着実に力をつけていった家康は、１５８５年、駿府城を築城した。しかし5年後、家康は豊臣秀吉によって関東に移され、駿府城には秀吉の家臣・中村一氏が入った。

その後、江戸幕府の初代将軍となった家康は、将軍職を子の秀忠にゆずった後、駿府城を大改修して隠居用の城とした。引退しても実権を握る家康は「大御所」と呼ばれ、駿府城から幕府を強化する政策を進めていった。

DATA

別称	府中城
築城年	1585年
築城者	徳川家康
おもな城主	徳川氏
構造	平城
所在地	静岡県静岡市

城の能力

項目	点
堀・石垣	6
規模	7
縄張	6
城主	8
天守・櫓	8
総合点	35

▲**駿府城の復元図** 三重の水堀で囲まれた平城。水堀は複雑に折れ曲がり、敵を側面から攻撃できる。出入口も枡形になっていて防御力が高い。

❷巽櫓・東御門

巽櫓は二の丸に建つ二層三階の隅櫓。東御門は枡形になっていて、敵をあらゆる方向から攻撃できる。

築城者

徳川家康(1542～1616)

江戸幕府初代将軍。将軍職を子の秀忠にゆずった後、大御所として駿府城を巨大な城に大改修し、隠居城とした。駿府城では、武家諸法度などの法令をつくり、幕府の基礎を固めた。

第16位

金沢城

加賀百万石・前田氏の名城！

❶石川門

創建時の石川門は焼失したが、1788年に再建されたものが現在も残っている。金沢城の搦手(裏手)門で、内部は櫓で囲まれた枡形になっている。

前田利家が高山右近に改修工事を担当させる

戦国時代、一向宗(浄土真宗)の信者は尾山御坊と呼ばれる寺院を拠点に、加賀(現在の石川県)を支配していた。柴田勝家(→P196)は、尾山御坊を攻略した後、佐久間盛政に命じて、尾山御坊の跡地に城を築かせた。これが金沢城の始まりとされる。

その後、勝家が豊臣秀吉に倒されると、金沢城は前田利家に与えられた。利家は築城の名人だった高山右近を招いて金沢城の大改修に取りかかった。

創建当時は五層の天守がそびえていたが、1602年に落雷で焼失。改修工事は前田利長(利家の子)の代まで続けられ、加賀百万石を治める大名にふさわしい巨城になった。

DATA

別称	尾山城
築城年	1580年
築城者	佐久間盛政
おもな城主	佐久間氏、前田氏
構造	平山城
所在地	石川県金沢市

城の能力

項目	点数
堀・石垣	7
規模	7
縄張	6
城主	7
天守・櫓	7
総合点	34

▲金沢城の復元図　前田利家が建造した五層の天守をはじめ、五十間・三十間長屋などの豪華な櫓が数多く建ち並んでいた。

❷二の丸櫓群

菱櫓と橋爪門続櫓が五十間長屋でつながれている。防御力が高い櫓群だったが江戸時代末期に焼失し、2001年に復元された。

前田利家(1538～1599)

織田信長に仕えた後、豊臣秀吉に仕えた武将。秀吉の信頼を得て加賀を与えられ、金沢城を大改修した。亡くなるまで豊臣政権を支え続けた。

第17位

高松城

四国最大の天守があった海城!

❶天守復元図
三層四階の天守の一階は天守台の石垣から張り出し、最上階も下の階より張り出した「南蛮造」で、四国最大の天守だった。明治時代に老朽化によって解体された。

堀に海水を取りこんだ日本最初の海城

1585年、豊臣秀吉は四国を支配する長宗我部元親を降伏させた後、家臣の生駒親正に讃岐(現在の香川県)を与えた。親正は秀吉に命じられ、四国を監視するために高松城を築き、その支城(本城を支える補助的な城)として丸亀城(→P232)を築いた。高松城は海上の島に築かれた城で、堀に海水を取りこんだ日本最初で最大の海城だった。縄張(設計)には黒田官兵衛(→P183)が関わったとされる。

1640年に生駒氏が讃岐を取り上げられた後、松平頼重(徳川家康の孫)に高松城が与えられ、天守を南蛮造に改築。頼常(頼重の子)が着見櫓や艮櫓を完成させた。

DATA

別称	玉藻城
築城年	1588年
築城者	生駒親正
おもな城主	生駒氏、松平氏
構造	海城
所在地	香川県高松市

城の能力

項目	点
堀・石垣	7
規模	6
縄張	7
城主	6
天守・櫓	7
総合点	33

ビジュアルで再現!

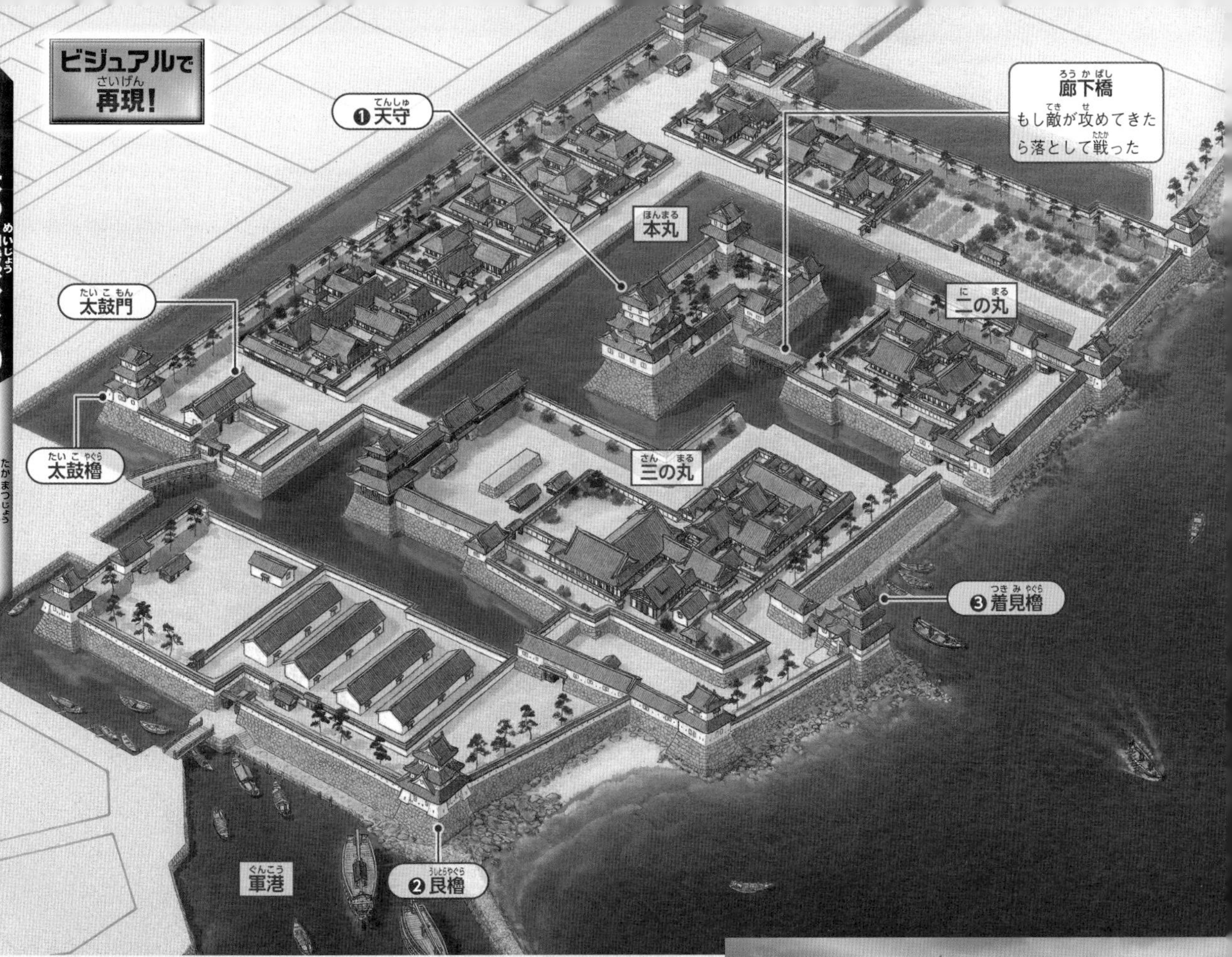
❶天守
廊下橋
もし敵が攻めてきたら落として戦った
本丸
太鼓門
二の丸
太鼓櫓
三の丸
❸着見櫓
軍港
❷艮櫓

▲**高松城の復元図** 高松城は、海水を引きこんだ水掘を何重にもめぐらせていた。水掘は軍港のほか、商業港としても利用された。

着見櫓
水手御門

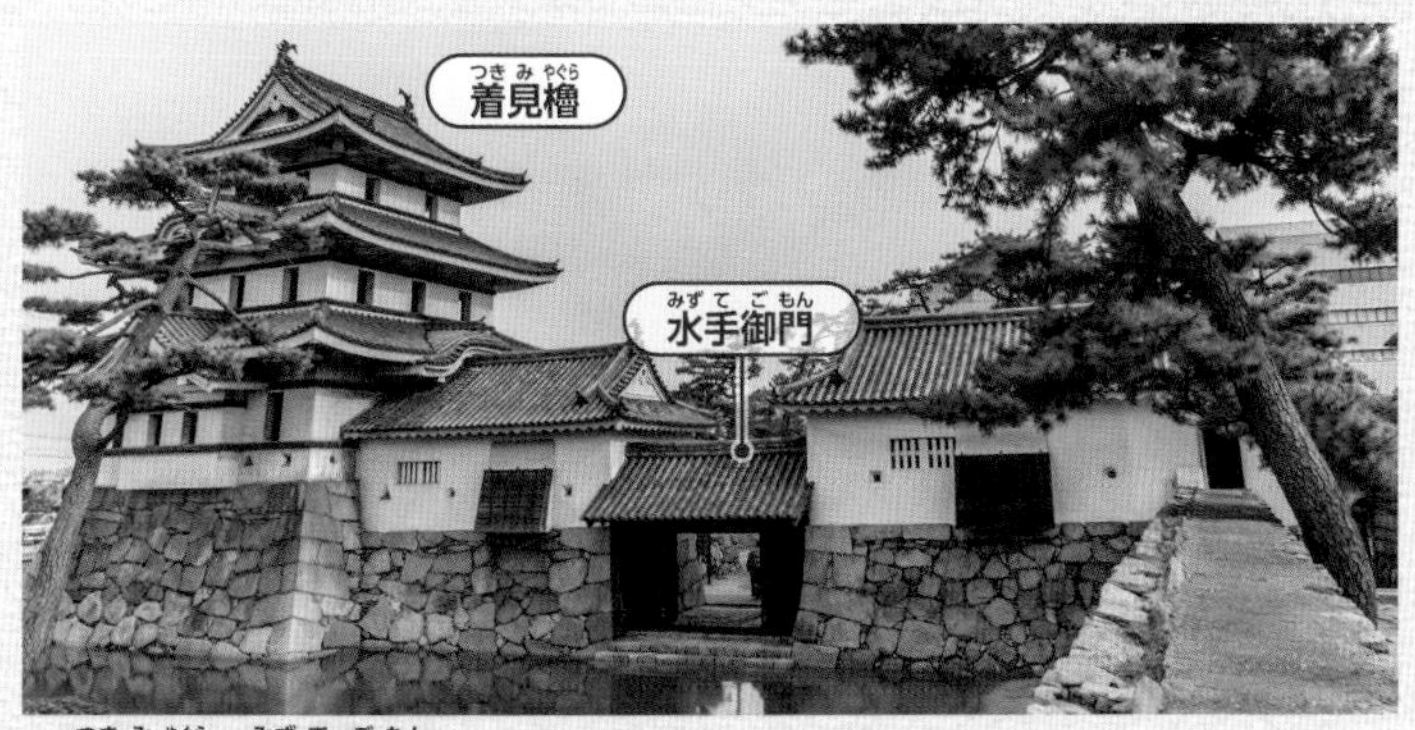

❸着見櫓・水手御門
海を監視する着見櫓につながる水手御門は海に出るための門で、全国で唯一現存するもの。

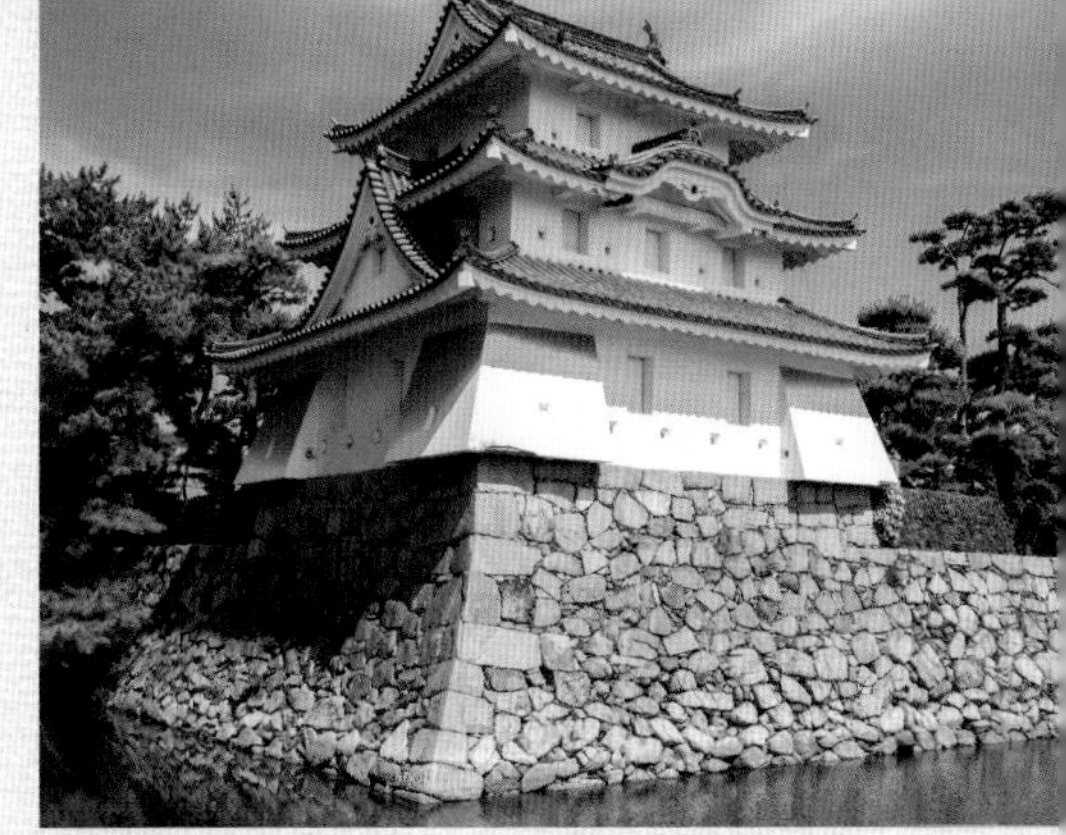

❷艮櫓
江戸時代初期に建造された三層三階の櫓。現在は太鼓櫓跡に移築されている。

第18位

松江城

江戸初期の姿を残す実戦的な城！

❶天守

四層五階の天守は1611年に完成。板張りの壁は雨風から守るため黒漆や柿渋などがぬられている。天守の入口は附櫓で防御されている。

実戦的な装備の天守は山陰唯一の現存天守

関ケ原の戦いで徳川家康に味方した堀尾吉晴は、出雲・隠岐（現在の島根県）24万石を与えられ、月山富田城（→P108）に入った。しかし、戦乱が収まった時代に戦闘用の山城は不便だったので、宍道湖近くの標高約29mの亀田山に、新しく城を築き始めた。これが松江城である。

土地がやわらかかったため、築城工事は難しかったといわれるが、1611年に完成した。その直後、吉晴は病死。その後、京極氏や松平氏が城主をつとめた。山陰地方で唯一、江戸時代から残る天守は、実戦的なつくりで、近づく敵を攻撃するための鉄砲狭間や石落（→P82）が設けられている。

DATA

別称	千鳥城
築城年	1607年
築城者	堀尾吉晴
おもな城主	堀尾氏、京極氏、松平氏
構造	平山城
所在地	島根県松江市

城の能力

項目	点数
堀・石垣	7
規模	6
縄張	5
城主	6
天守・櫓	8
総合点	32

ビジュアルで再現!

②二の丸櫓群
南櫓・中櫓・太鼓櫓は2001年に復元された。

折塀
敵の側面を撃てるように塀を折り曲げている

北の丸

①天守

二の丸上の段

本丸

二の丸下の段

②太鼓櫓

②中櫓

大手櫓門

西三の丸

三の丸

②南櫓

▲松江城の復元図 三の丸、二の丸、本丸と階段状に曲輪が段になる構造になっている。周囲に折塀が張りめぐらされ、大手櫓門の枡形は多くの敵を誘いこめるよう、広くつくられている。

心に響くお城秘話

美しい娘の悲劇が盆踊りを中止させた!?

松江城を築くとき、天守台の石垣が何度も崩れ落ちた。そこで堀尾吉晴は盆踊りの輪の中から最も美しい娘をさらって生き埋めにしたという。城は完成したが、吉晴や後継者が次々亡くなり、堀尾家は断絶。人々は娘の祟りだと恐れ、現在でも盆踊りをしない地区があるそうだ。

築城主

堀尾吉晴(1543～1611)

豊臣秀吉に仕えた武将。関ケ原の戦いのとき徳川家康に味方し、出雲(現在の島根県)を与えられ、松江城の築城を開始。松江城の完成直後、死去した。

第19位

竹田城

山頂に石垣が残る天空の城！

CGで復元した竹田城

現在は石垣しか残っていないが、当時は三層の天守をはじめ、約20基の櫓が築かれていたと考えられている。竹田城の石垣は、1585年に竹田城主となった赤松広秀が築いたとされる。

現在の竹田城全景

秋の早朝、気象条件によって竹田城は雲海に浮かんで見える。

赤松広秀の大改修で総石垣の山城が誕生

竹田城は、標高約354mの古城山の山頂に築かれた山城。室町時代中期に、山名宗全が築いたのが始まりとされる。以後、山名氏の家臣・太田垣氏が城主をつとめた。築城から約130年後、織田信長の命令で羽柴秀吉が中国地方に侵攻したとき、羽柴秀長(秀吉の弟)が竹田城を攻め落とし、配下の武将を竹田城主にした。

その後、竹田城は秀吉の家臣・赤松広秀に与えられた。秀吉に命じられた広秀は竹田城を大改修し、現在のような大規模な総石垣の城にした。

しかし関ケ原の戦い後、広秀は徳川家康に切腹させられ、その後、竹田城は城として使われなくなった。

DATA

- 別称　虎臥城
- 築城年　1431年
- 築城者　山名宗全
- おもな城主　太田垣氏、豊臣秀長、赤松広秀
- 構造　山城
- 所在地　兵庫県朝来市

城の能力

- 堀・石垣 8
- 規模 5
- 縄張 6
- 城主 5
- 天守・櫓 7
- 総合点 31

ビジュアルで再現！

竹田城の復元図

標高約354mの山頂に本丸、二の丸、三の丸、南二の丸などの曲輪が連なり、深い竪堀が何本も掘られていた。

北千畳
三の丸
❶天守
二の丸
❷本丸
花屋敷
竪堀
竪堀
竪堀
南二の丸
南千畳

❷本丸
本丸の跡地には地形に沿う形で折れ曲がった石垣が残る。

おもしろお城エピソード

秀吉が最新技術で石垣を築かせた!?

竹田城の石垣は自然石を積み上げた野面積（→P58）。秀吉の指揮のもと、当時の最新技術で築かれた。関ケ原の戦い以前の石垣はほとんど残っていないが、竹田城の石垣は築城当時の良好な状態で残っている。

竹田城の石垣。

城主

赤松広秀(1562〜1600)

豊臣秀吉に仕えた武将。小牧・長久手の戦いなどに参加して手柄を立て、竹田城を与えられ、総石垣の城に改築した。関ケ原の戦いで、徳川家康の味方になったが、鳥取城下に放火した罪を問われ、自害した。

❶障子堀

西の丸の周囲には、障子の木枠のような形の「障子堀」が設けられている。障子堀に落ちた敵は、ねらい撃ちにされる。

第20位

山中城

北条氏の防衛拠点だった山城！

東海道を進んでくる敵を撃退する山城

山中城は、戦国時代に関東を支配していた北条氏康が、本拠地の小田原城の西方面を守るための支城（本城を支える補助的な城）として築いた山城。箱根山の山中にあり、東海道（東海地方の主要道路）を取り囲む縄張なので、東海道を進む敵を撃退できた。北条氏独特の優れた築城技術によって、山中城の周囲には畝堀や障子堀などが設けられている。

氏康の子・北条氏政が豊臣秀吉と対立すると、山中城の防御力を高めるために改修されたが、1590年、豊臣秀次（秀吉の甥）の率いる約7万人の大軍に攻められ、わずか半日で落城してしまった（→P148）。

DATA

別称　なし

築城年　1560年頃

築城者　北条氏康

おもな城主　松田氏

構造　山城

所在地　静岡県三島市

城の能力

堀・石垣 8

規模 6

縄張 8

城主 5

天守・櫓 3

総合点 30

ビジュアルで再現！

本丸
二の丸
❸堀切
西の丸
三の丸
元西櫓
北条丸（二の丸）
❶障子堀
岱崎出丸
❷畝堀
東海道

▲山中城の復元図　本丸、二の丸、三の丸などの曲輪が連なり、西の丸や岱崎出丸の周囲には障子堀や畝堀が築かれていた。

❸堀切
西の丸・元西櫓・北条丸の間には堀切（尾根を断ち切る堀）があり、敵が近づくと橋を落として侵入を防いだ。

❷畝堀
岱崎出丸の畝堀。畝堀に入った敵は畝（土壁）があるため横に移動することができない。

築城者
北条氏康
（1515～1571）
北条早雲の孫で、小田原城（→P76）を拠点に関東全域に勢力を広げた。武田信玄が駿河（現在の静岡県）に侵攻すると、信玄の攻撃に備えて山中城を築いた。

【山中城】空想城合戦！
今回の山中城は豪華な天守はないが強固な山城だ！
ビッ
え〜〜〜
天守がないのですか？つまんな〜い
はぁ〜イヤだぁ
しかも山城ってことは坂道…
文句をいうな！行くぞ！
ザッザッザッ
！
はー山ツライ
何だこの堀は！
パンッ
パンッ
パンッ
パンッ
パンッ
早くここを抜けるぞ！
土塁の上の塀から攻撃が！
わっ

ズルッ

うわぁあ！

わわわわ！

んがっ

早く上れ〜〜！

殿お〜〜！すべって上れません〜

誰か助けてくれ〜！

城のキホン 6

堀

敵の侵入を防ぐために城の周囲に掘られた溝

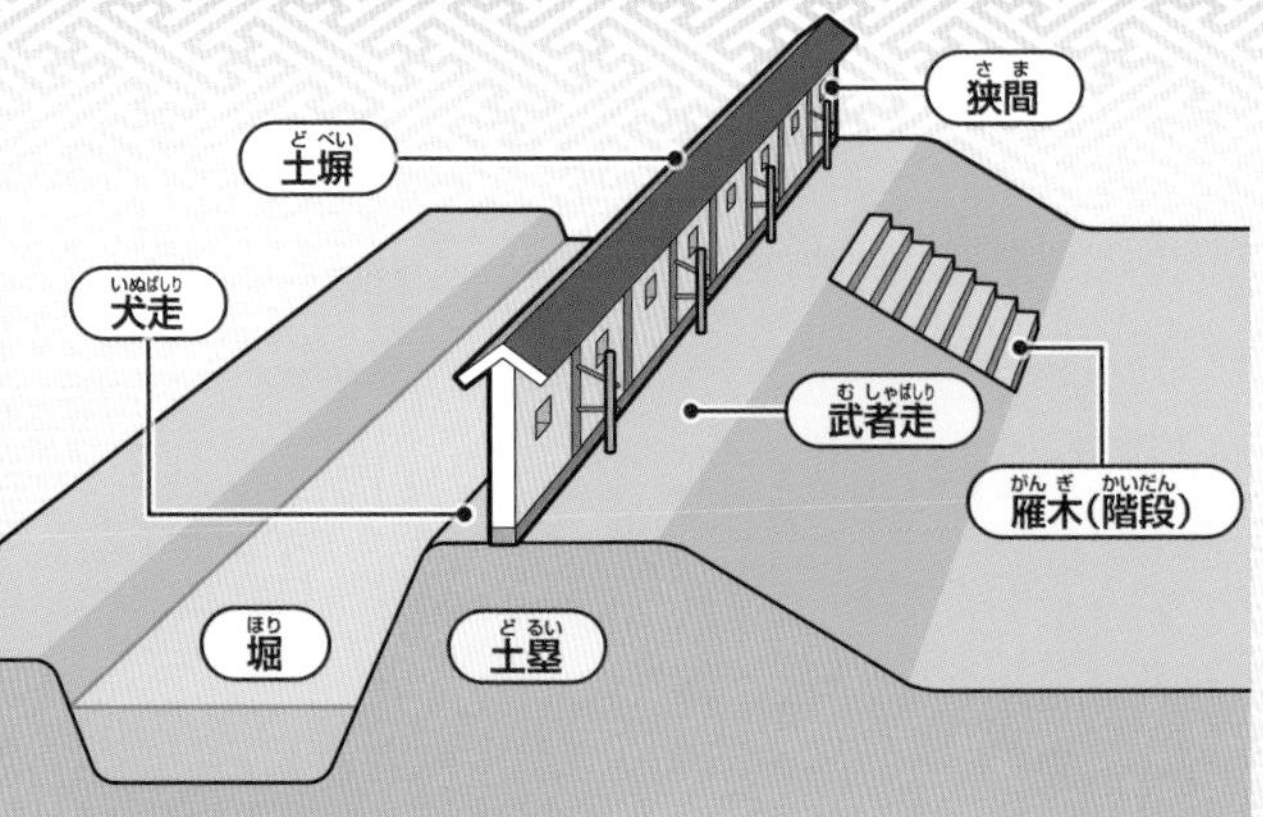

堀と土塁

堀をつくるために掘った土は、そのまま積み上げて土塁を築いた。さらに土塁の上に土塀（土製の壁）を築いた。土塀の内側には城兵が行き来するための「武者走」が設けられ、敵が来る堀側のスペースの「犬走」は狭かった。

横堀での戦い方

曲輪と曲輪の間には、横堀が築かれた。横堀の底に誘いこまれた敵は、土塁の上から長槍や弓矢などで攻撃された。

竪堀での戦い方

山城では斜面に沿って竪堀がつくられた。竪堀を連続で並べた「畝状竪堀」では、敵は一列になって接近するしかなく、鉄砲や弓でねらい撃ちにされた。

水堀での戦い方

鉄砲や大砲による攻撃が広まると、弾が届かないように、堀の幅は広くなり、水堀が多く築かれた。

城の周囲の堀と土塁は基本的な防御施設

堀（巨大な溝）と土塁（土の堤防）は、城の基本的な防御施設だ。土塁は堀を掘ったときの土を盛り上げて固めたもので、土塁の上に土塀などが築かれた。堀は「空堀」と「水堀」の2種類があり、戦国時代の山城に築かれた堀は、ほとんどが空堀だった。山城の空堀には、敵の横移動を防ぐ「竪堀」や、曲輪の周囲に築く「横堀」、尾根からの敵の侵入を防ぐ「堀切」（→P8）のほか、障子の桟のような形に畝（土壁）を残した「障子堀」などがある。

平城・平山城では鉄砲や大砲の弾が届かないよう、幅広の水堀が築かれた。

障子堀での戦い方

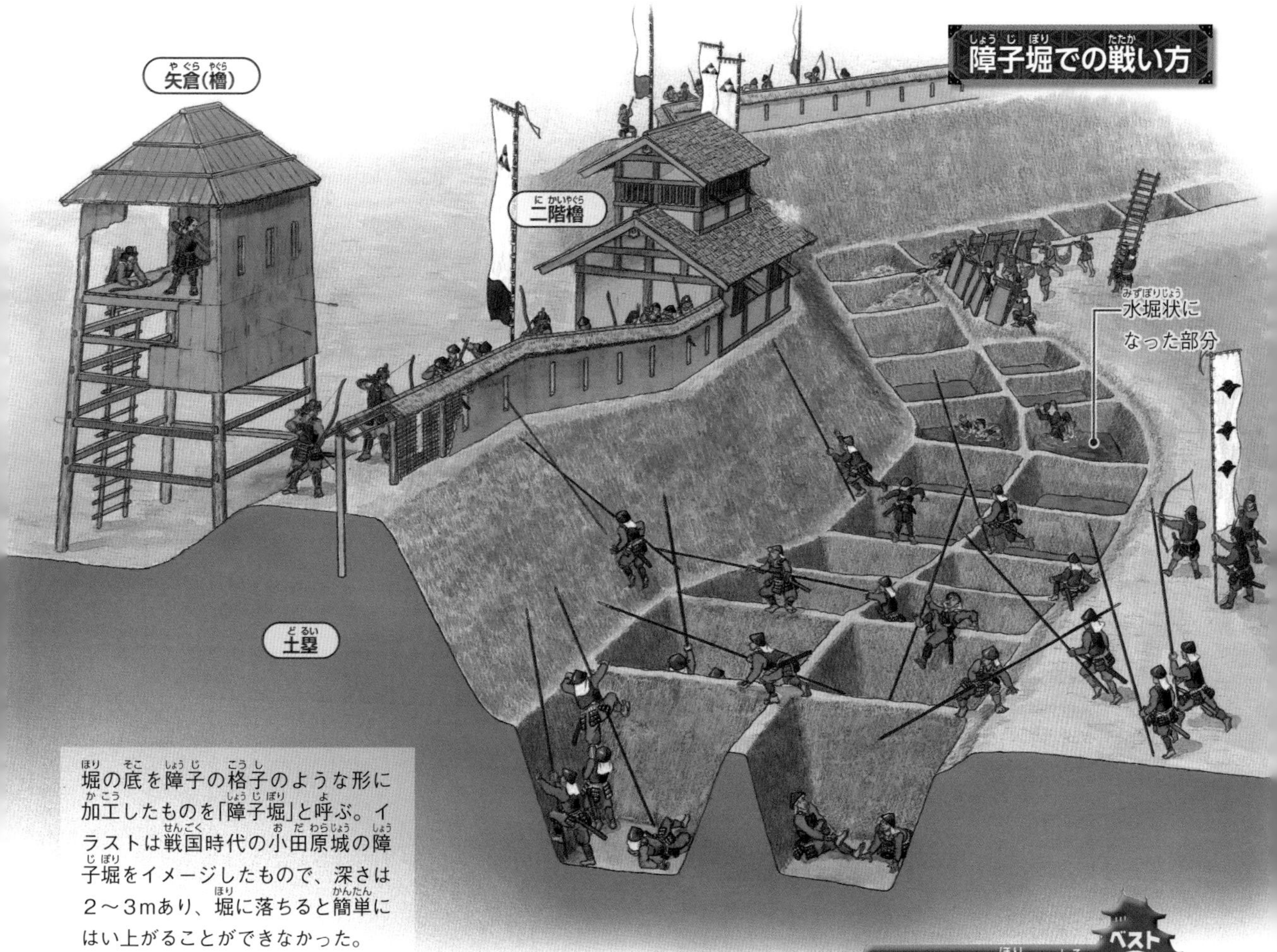

矢倉(櫓)

二階櫓

水堀状になった部分

土塁

堀の底を障子の格子のような形に加工したものを「障子堀」と呼ぶ。イラストは戦国時代の小田原城の障子堀をイメージしたもので、深さは2～3mあり、堀に落ちると簡単にはい上がることができなかった。

すごい堀の城 ベスト3

3位 山中城(→P94)

北条氏の高い築城技術によってつくられた山城で、障子堀や堀切、横堀、土塁などが復元されている。

2位 佐賀城(→P114)

もともと湿地で水はけが悪い場所に築城されたため、堀幅約80mの広大な水堀を築いて、余分な水を排水した。

1位 大坂城(→P36)

城を取り囲む二重の堀幅は、最大で約100mにも及ぶ。石垣は高く何度も折れ曲がり、側面攻撃が可能だった。

城の歴史コラム

飛鳥時代の城は城壁を重視!?

基肄城（福岡県）の復元図

山全体の取り巻くように城壁が築かれている。城壁は土塁（土の堤防）が基本だったが、城門の部分には石垣が使われた。

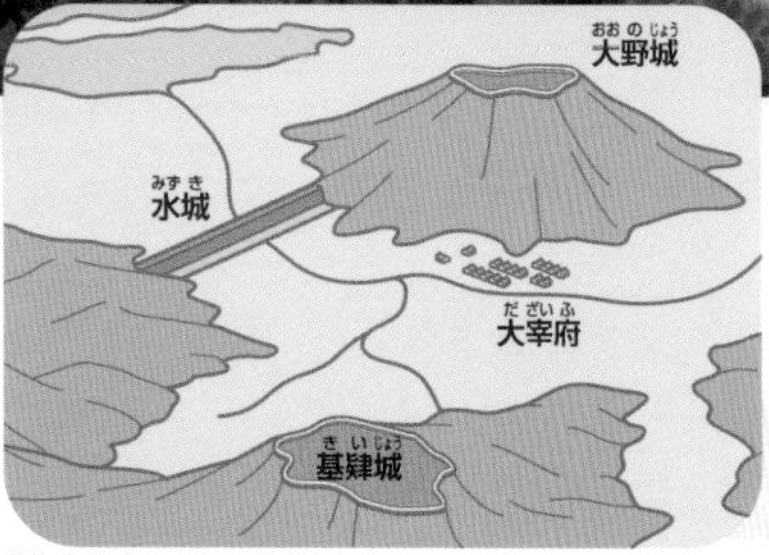

北帝門
東北門
城壁
南西門
南門

大野城
水城
大宰府
基肄城

大野城と基肄城

ふたつの山城と水城は大宰府を守るための防衛拠点だった。

鬼ノ城（岡山県）

標高約397mの鬼城山に築かれた最大規模の古代山城。高さ約6m、長さ約2.8kmの城壁で囲まれている。

唐・新羅の侵攻に備えて古代山城が築かれる

飛鳥時代の663年、日本は唐（中国の王朝）と新羅（朝鮮半島の国）の連合軍と朝鮮半島で戦ったが、大敗北した（白村江の戦い）。唐と新羅の侵略を恐れた日本は、九州北部の行政機関「大宰府」を内陸に移し、大宰府を守るためにふたつの山城「大野城」「基肄城」と、「水城」と呼ばれる堤防・堀を設けた。さらに都を守るため西日本各地に山城を築いた。これらの山城は「古代山城」と呼ばれる。

古代山城には本丸や曲輪がなく、山頂部を城壁で大きく取り囲んでいるのが特徴。百済（朝鮮半島の国）の技術者の指導で築かれた。その後、古代山城は実戦で使われることなく、奈良時代に姿を消していった。

2章 日本の城合戦

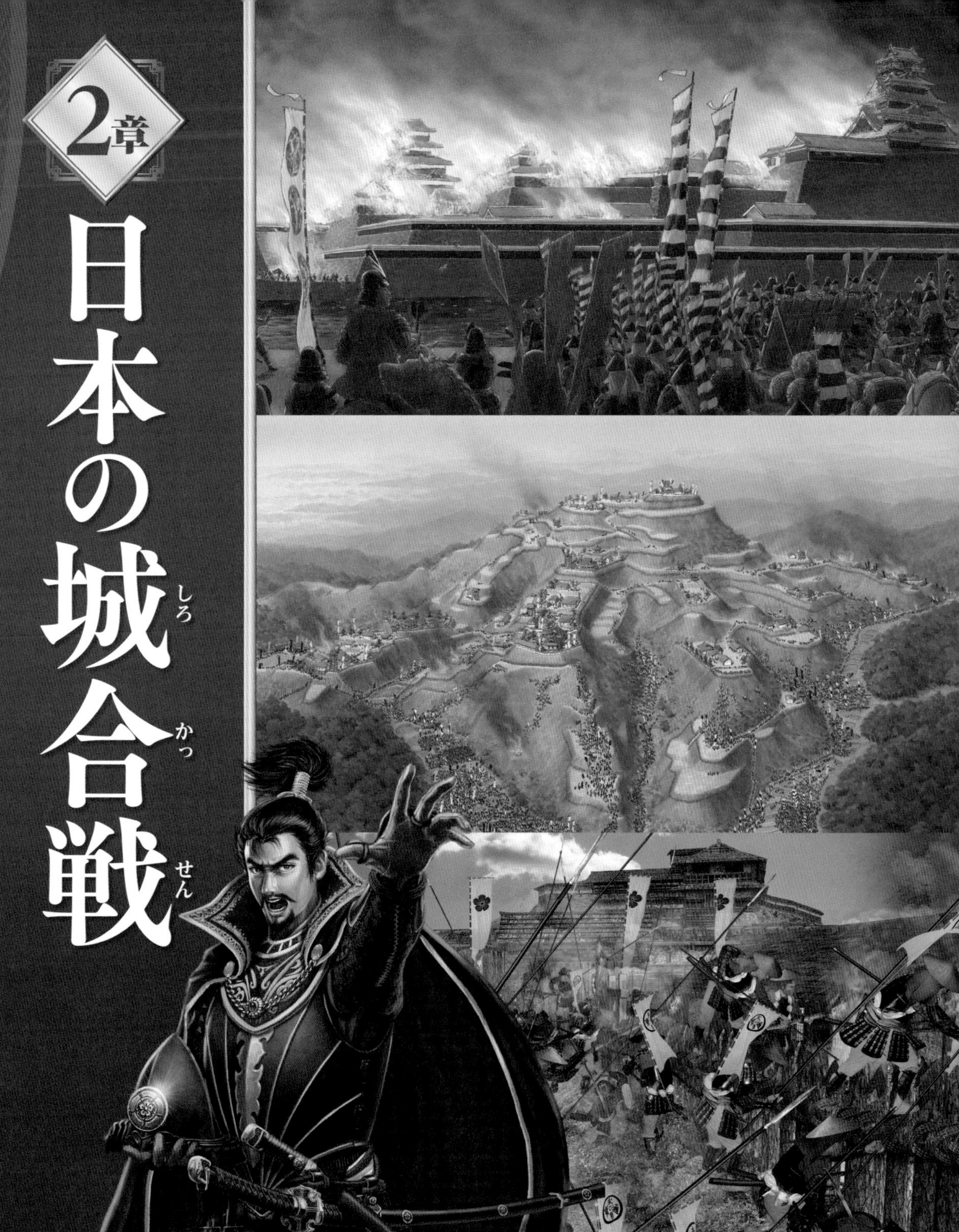

城の攻め方と守り方！

一般的に、城を舞台にした合戦では、城を攻める側は、城を守る側の約3倍の兵力が必要とされたため、大軍で攻めることが多い。攻められた城は、敵の大軍と城外で戦うのは不利なので、城に立てこもる「籠城」作戦を取った。また、攻城側は力攻め（→P103）をすれば多くの犠牲者が出るため、城を包囲して敵の食料を断つ兵糧攻め（→P103）がおもな作戦となった。

城合戦の用語

籠城
城に立てこもって敵を防ぐこと。

兵糧
合戦のときの兵士たちの食料。

籠城戦の基本の流れ

城を包囲された側は籠城戦にもちこみ、援軍が到着するまで耐えるのが基本的な作戦だ。

❶ 城の包囲

攻城側は大軍を用意して、自分の勢力と敵の勢力が接する境目にある敵側の城を落とすために包囲する。

包囲された城は籠城作戦を取り、味方に援軍（後詰）を求める

❷ 援軍の出撃

包囲された城を救出するため、味方が援軍を出撃させる。籠城側は援軍の到着まで城を守り抜く。

援軍の到着まで耐える

援軍（後詰）

❸ 包囲軍VS援軍

援軍が近づくと、攻城軍は包囲をやめて野外で迎え撃つ。背後から襲われないよう、包囲軍を残すこともある。

援軍を迎え撃つ

包囲軍を一部残す

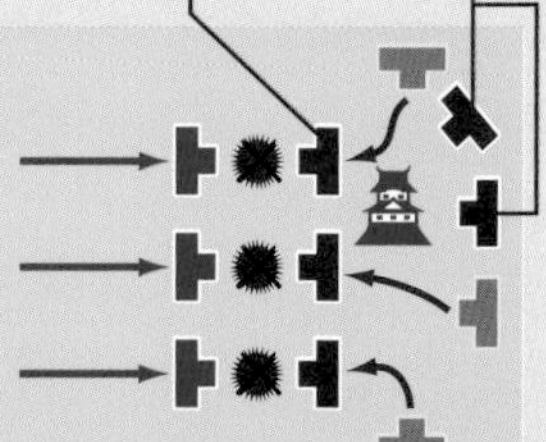

城の攻め方の基本

城の攻め方にはおもに３つのパターンがある。

1 力攻め

武力によって一気に城を攻め落とす作戦。短期間で決着がつくが、敵・味方に多くの犠牲者が出る。

代表例

山中城の戦い(→P148)

2 兵糧攻め

城を包囲して食料の補給路を断ち、敵兵を弱らせる作戦。味方の犠牲者は少ないが、落城までに時間がかかる。

代表例

三木城の戦い(→P126)

3 調略攻め

内通者に城内を混乱させたり、説得によって敵の武将を裏切らせるなど、調略(策略・計略)を使う作戦。

代表例

七尾城の戦い(→P122)

城合戦のポイント!

城攻めの常識を変えた豊臣秀吉

戦国時代、戦国大名の兵士たちは領内の農民が多く、農作業が忙しい時期には田畑に戻らなければならなかった。このため、長期間、城を包囲するのは難しかった。しかし織田信長や豊臣秀吉は、農民と武士を明確に分ける政策を進め、長期間の包囲を可能にした。また秀吉は、城攻めに大規模な土木工事を取り入れた。

巨大な堤防を建造!

備中高松城の戦い(→P134)

城攻め用の城を築城!

小田原城の戦い(→P150)

城攻めに本格的な土木工事を取り入れたのはわしじゃ!

豊臣秀吉

吉田郡山城の戦い

大内軍の到着後に元就は総攻撃を開始

戦国時代、各地で武将たちは領地を広げるために争っていた。安芸（現在の広島県）の吉田郡山城主・毛利元就は、山陰地方を支配する尼子氏に従っていたが、1537年、周防（現在の山口県）を支配する大内義隆の味方になった。元就に裏切られて激怒した尼子晴久は、1540年、約3万人の大軍を率いて出撃し、吉田郡山城の北に位置する風越山に本陣を構えた。元就軍の兵力は、わずか2400人だったが、5000人以上の領民を城内に引き入れ、多くの兵がいるように見せかけた。

晴久軍は吉田郡山城下に押し寄せて城下町を焼き払うなど、元就が城を出るように挑発したが、元就は防御力の高い吉田郡山城で籠城を続けた。また、籠城するだけではなく、山中や林に精鋭部隊をひそませて反撃するなど、晴久軍への抵抗を続けた。

元就が晴久軍に降伏せずに戦

元就は吉田郡山城から出撃して晴久軍に損害を与えた。また、援軍の陶晴賢軍は吉田郡山城の南に布陣し、晴久軍を攻撃した。

元就が城から出撃して晴久軍に攻撃を開始すると、晴賢軍は背後から晴久軍を攻撃した。

本丸
三の丸
二の丸
勢溜の壇
妙寿寺曲輪
尾崎丸
洞春寺

吉田郡山城に迫る尼子晴久軍

尼子晴久は、大軍で押し寄せれば降伏すると考えていたが、元就は防衛力が高い吉田郡山城に立てこもり、援軍の大内軍が来るまで徹底的に戦った。

山の斜面に数多くの曲輪を築いた吉田郡山城

い続けていることを知った大内義隆は、援軍を送ることを決意。包囲から約3か月後、陶晴賢を大将とする大内軍約1万人が到着し、吉田郡山城の南に陣を構えた。すると元就は城から出撃して総攻撃を開始。大内軍も晴久軍の背後から奇襲攻撃をしかけた。

有力武将を討ち取られた晴久軍は出雲へ撤退した。勝利した元就の武名は天下にとどろいた。

絶対に降伏しないと決意して戦ったので援軍を呼べたのだ。

勝者 毛利元就

合戦の結果

中国地方の多くの武将が、尼子氏の勢力が衰えたと判断し、尼子氏に味方することをやめた。

戦国 1561年

唐沢山城の戦い

唐沢山城 基本情報

築城年 927年頃　築城者 藤原秀郷
構造 山城　所在地 栃木県佐野市

本丸周辺の石垣で、高さは10m近くある。

籠城
佐野昌綱
(1529〜1574)
佐野家15代当主。唐沢山城主。謙信や北条氏と争う。
戦力 約2000人

攻城
上杉謙信
(1530〜1578)
越後(現在の新潟県)の戦国武将。関東への侵攻をくり返す。
戦力 約1万5000人

合戦場所
下野(栃木県)
唐沢山城

城を守るため降伏と裏切りをくり返す

戦国時代、越後(現在の新潟県)を支配する上杉謙信は、関東を支配する北条氏康と勢力を争っていた。1561年、謙信は氏康の小田原城(→P76)を約10万人で包囲した。このとき、下野(現在の栃木県)の唐沢山城主・佐野昌綱は謙信軍に参加していたが、謙信が小田原城を落とせずに越後に帰ると、氏康から唐沢山城を攻められて降伏した。謙信は武田信玄と川中島(長野県)で戦っていたため援軍を送れなかった。

川中島の戦いを終えた謙信は、昌綱を従わせるため唐沢山城を包囲したが、冬になったため撤退。翌年、謙信は再び唐沢山城を攻めたが、攻略できずに撤退した。その翌年、謙信が唐沢山城を攻撃すると昌綱は降伏したが、謙信が越後に帰ると、昌綱は裏切った。

1564年、謙信は大軍で唐沢山城を総攻撃し、三の丸・二の丸を落とし、本丸に迫った。つい

唐沢山城の戦い関連地図

唐沢山城は、北条氏康の勢力圏の端にあった。謙信が関東に進出するためには、唐沢山城を支配下に置く必要があった。

自らの軍勢に大きな損害が出ることを恐れた謙信は、唐沢山城を総攻撃によって落城させることをあきらめた。

本丸
二の丸
三の丸
南城
謙信軍

唐沢山城を攻める謙信軍

標高247mの山頂に本丸を構える唐沢山城は、周囲を崖で囲まれた難攻不落の山城だった。このCGは、1564年2月に謙信が大軍で唐沢山城に攻めこんだ場面を再現したもの。

に昌綱は降伏し、謙信に従ったが、謙信が越後に去ると、氏康から唐沢山城を攻撃されて降伏し、またもや謙信を裏切った。その後も昌綱は唐沢山城を守るため、謙信に攻められると降伏し、謙信が去ると裏切ることをくり返した。

1574年に昌綱が亡くなると、子の宗綱が抵抗を続けた。謙信はついに、唐沢山城を落とすことができなかった。

昌綱を何度も降伏させたが、そのたびに北条方へ寝返ってしまう…

上杉謙信

合戦の結果

唐沢山城の攻略をあきらめた謙信は、病に倒れて亡くなり、上杉氏は関東への影響力を失った。

月山富田城の戦い

山中御殿から見上げた月山富田城の本丸。

総攻撃の失敗後に兵糧攻めを開始する

月山富田城は、山陰地方を支配する尼子氏の本拠地で、難攻不落の山城だった。吉田郡山城の戦い(→P104)で毛利元就に援軍を送って尼子氏に勝利した周防(現在の山口県)の大内義隆は、1542年、尼子晴久が守る月山富田城を攻撃したが失敗。その後、大内氏が滅亡すると、元就は勢力を拡大し、尼子氏と対立した。

尼子氏打倒を決意した元就は、月山富田城の支城(本城を支えるための補助的な城)を次々と攻略し、補給路を断っていった。そして1565年、約3万人の大軍を率いて、尼子義久(晴久の子)が守る月山富田城を包囲した。

元就は次男・吉川元春と、三男・小早川隆景とともに3方向から総攻撃をしかけたが失敗。力攻めで落城させるのは無理だと判断した元就は、いったん撤退した後、再び月山富田城を包囲し、兵糧攻めを開始した。

月山富田城の戦い布陣図

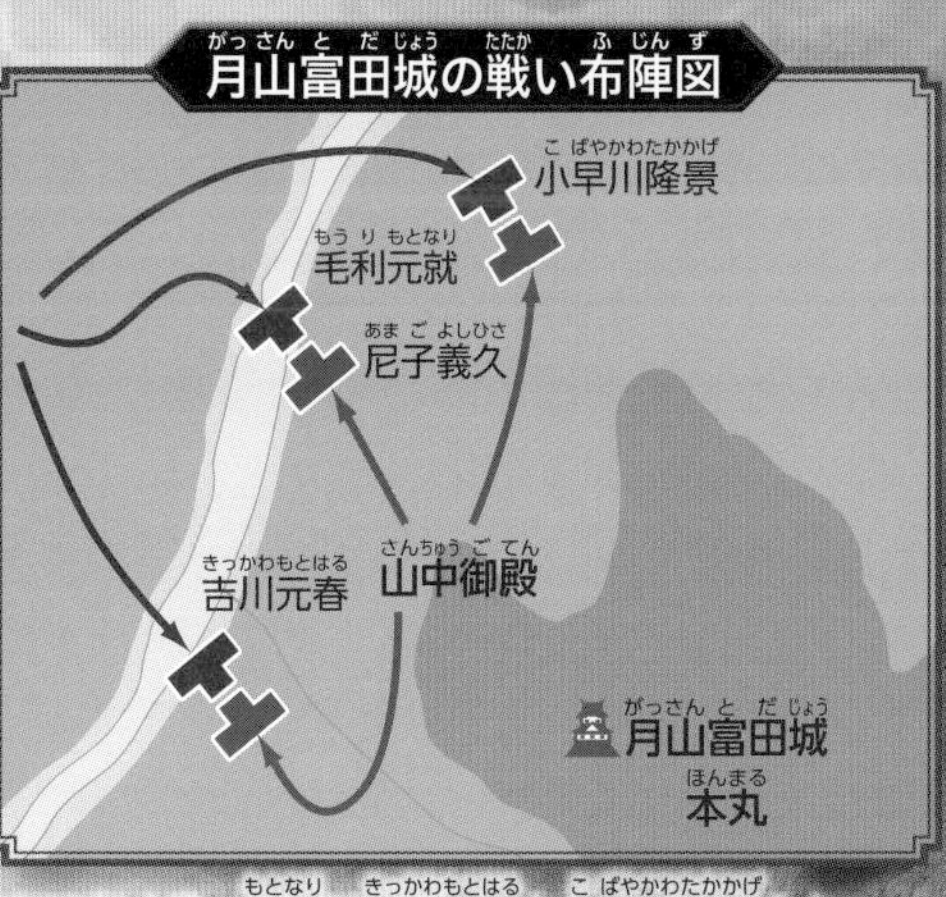

1565年４月、元就は吉川元春と小早川隆景とともに総攻撃をしかけたが、このときは尼子義久軍が防ぎ切った。

月山富田城の補給路を断った元就は、義久が降伏するまで包囲を続けた。

毛利軍の総攻撃

1565年４月、元就は、息子の吉川元春と小早川隆景とともに、３方向から月山富田城に総攻撃をしかけたが、落城させられなかった。元就はその後も包囲を続け、翌年、義久を降伏させた。

元就は籠城している義久軍の城兵に「降伏は許さない」と伝えた後、包囲をさらに厳重にした。その後、城内で兵糧が尽きかけているのを確認すると、今度は「降伏を許す」と伝えた。これにより、「助かるかもしれない」と感じた城兵は次々と逃げ出した。１年にわたる籠城戦の末、義久は降伏し、月山富田城を元就に明け渡した。元就は義久や家臣たちの命を助けた。

勝者
毛利元就
力攻めでは落とせないと早く判断したので勝てたのだ。

合戦の結果

尼子氏をほろぼした元就は、中国地方で最大の戦国大名になり、さらに勢力を拡大していった。

箕輪城の支城を時間をかけて攻略

戦国時代前期、上野（現在の群馬県）は、関東管領（関東を治める室町幕府の役職）の上杉氏が支配していたが、上杉氏は小田原城（→P76）の北条氏康に敗れ、上杉謙信のもとに逃れた。その後、上野は小規模な領主たちがそれぞれ治めることになったが、箕輪城主・長野業政は、周辺の小領主たちと同盟を結んで協力関係を築き、防御力を高めた。

甲斐（現在の山梨県）を支配する武田信玄は、1557年から本格的に上野への侵攻を開始し、箕輪城を6回も攻撃したが、業政はそのつど撃退した。信玄は「業政がいる限り、上野を攻め取ることはできない」と嘆いたといわれる。

1561年に業政が病死し、子の業盛が後継者となると、信玄は再び上野への侵攻を開始した。信玄は箕輪城に協力する和田城を策略によって味方につけ、同じく協力関係にあった倉賀野城・安中

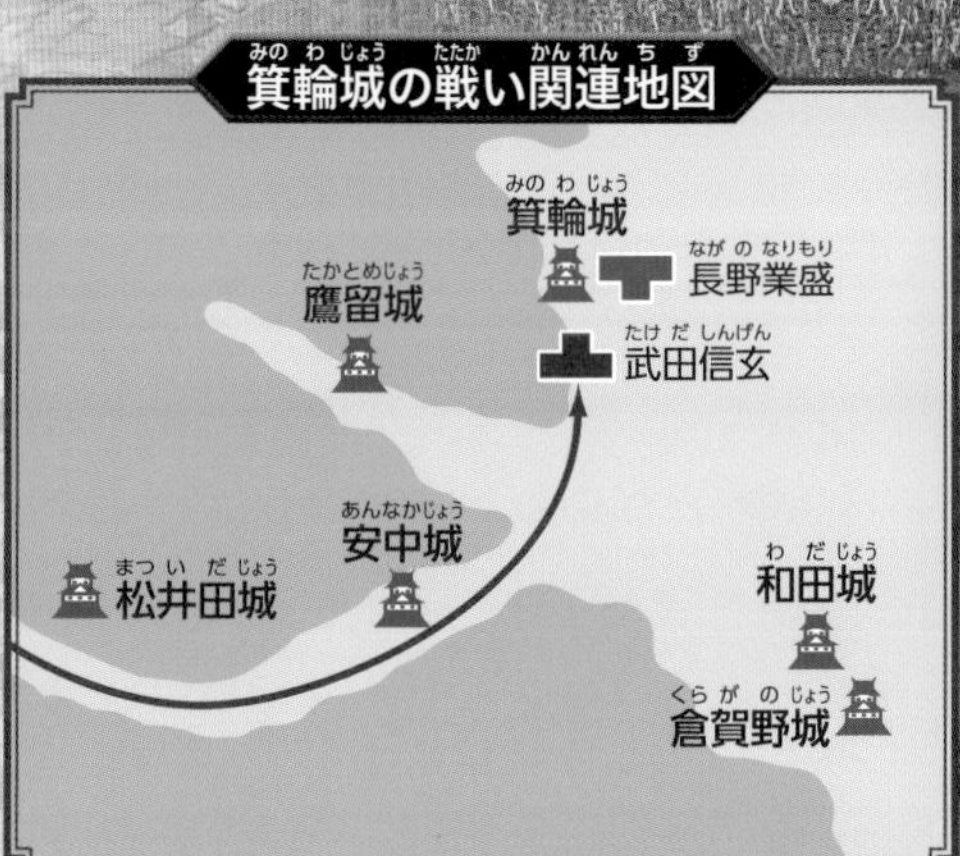

信玄は箕輪城と連携する和田城、倉賀野城、安中城、松井田城などを落城させ、さらに支城の鷹留城を落城させ、箕輪城を完全に孤立させた。

巨大な堀と土塁で防御を固めた箕輪城

郭馬出
二の丸
三の丸
本丸
業盛軍
信玄軍

完全に勝利できる状況をつくり出した信玄は、箕輪城への総攻撃を命じた。

箕輪城を攻める信玄軍

榛名白川を天然の堀にする箕輪城の防御力は高かったが、信玄は箕輪城を孤立させ、兵力や配置などの情報をつかみ、確実に勝てると判断した後、総攻撃を開始した。

城・松井田城も攻略した。そして1566年、約2万人の大軍を率いて出撃すると、箕輪城の支城（補助的な城）だった鷹留城を落城させ、箕輪城を完全に孤立させた。

業盛は約1500人の兵と箕輪城に籠城したが、戦国最強といわれる信玄軍の総攻撃に耐えることはできなかった。箕輪城は落城し、敗北を覚悟した業盛は自害。こうして長野氏は滅亡した。

箕輪城を孤立させるため、連携する城をひとつずつ落としたのだ。

勝者 武田信玄

合戦の結果

信玄は箕輪城を拠点として上野西部を征服。関東を支配する北条氏との関係は絶たれていった。

稲葉山城の戦い

稲葉山城 基本情報（→P200）

築城年 1201年　築城者 二階堂行政
構造 山城　所在地 岐阜県岐阜市

金華山の山頂に建つ稲葉山城（岐阜城）天守。

稲葉山城本丸での攻防

稲葉山城に攻め寄せた信長は、城下町を焼き払った後、別働隊に稲葉山城の背後から奇襲させた。稲葉山城は落城し、斎藤龍興は城から逃げ出した。

籠城	攻城
斎藤龍興 (1548～1573)	織田信長 (1534～1582)
斎藤義龍の子。義龍の死後、14歳で稲葉山城主となる。	尾張（現在の愛知県）の戦国武将。今川義元を倒した。
戦力 不明	戦力 不明

合戦場所

稲葉山城
美濃（岐阜県）
小牧山城

裏切り工作後に電光石火の快進撃

稲葉山城は、戦国時代、美濃（現在の岐阜県）を治める斎藤道三の本拠地だった。尾張（現在の愛知県）を支配する織田信長は、道三と同盟関係にあり、道三の娘・帰蝶（濃姫）と結婚していた。

しかし、1556年、道三は子の義龍に攻められて戦死した。死の直前、道三は信長に「美濃をゆずる」という遺言状を残していた。その思いに応えるため、信長は美濃に侵攻したが、義龍軍に敗れた。

ところが1561年、義龍は急死し、子の龍興が後を継いだ。美濃攻略の好機だと考えた信長は、稲葉山城の近くに小牧山城（↓P205）を築くと、1567年、北方城主・安藤守就、曽根城主・稲葉一鉄、大垣城主（↓P201）・氏家卜全など、斎藤家の有力家臣を味方につけた。そして、大軍を率いて稲葉山城に向かった。信長軍を見た龍興軍が「これは敵か、味方か」と迷っているうちに、

合戦ハイライト!

信長は斎藤氏の家臣だった北方城主・安藤守就、曽根城主・稲葉一鉄、大垣城主・氏家卜全らを味方につけて、稲葉山城への攻撃を開始した。

信長は稲葉山城の城下町を焼き払い、救援が来られないように大軍で完全に包囲した。

信長は城下町を焼き払い、城の周囲に柵を築いて完全に包囲し、援軍が来られないようにした。

さらに信長は別働隊を組織し、稲葉山城の背後から奇襲攻撃をしかけ、信長軍の本隊に正面から攻撃させた。はさみ撃ちにされた龍興軍は敗北し、稲葉山城は落城。龍興はひそかに城から逃げ出した。こうして信長は、念願だった美濃を手に入れた。

勝者 織田信長

「龍興の有力家臣を裏切らせて孤立させた時点で勝利は確実だった。」

合戦の結果

信長は手に入れた稲葉山城を「岐阜城」と改名し、「天下布武」（天下の平定）の拠点とした。

戦国 1570年

今山の戦い

合戦ハイライト!

絶体絶命の状況で、鍋島直茂隊が夜襲をしかける!

城から出撃する鍋島直茂隊

約3万3000人の大友宗麟軍は、龍造寺隆信が立てこもる佐賀城を包囲した。宗麟軍による総攻撃の前日、隆信の家臣・鍋島直茂は奇襲部隊を率いて、城攻めの大将が布陣する今山に夜襲をしかけた。

佐賀城 基本情報

築城年 鎌倉時代　築城者 不明
構造 平城　所在地 佐賀県佐賀市

現在の佐賀城の鯱の門・続櫓。

籠城	攻城
龍造寺隆信(1529～1584)	**大友宗麟**(1530～1587)
肥前(現在の佐賀県)の戦国武将。九州西部に勢力を拡大。	九州北部を支配した戦国武将。キリスト教を信仰した。
戦力 約5000人	戦力 約3万3000人

合戦場所

総攻撃の前日に油断する敵を急襲

豊後(現在の大分県)の戦国大名・大友宗麟は、肥前(現在の佐賀県)で勢力を拡大する龍造寺隆信を危険視し、倒すことを決意。1570年、宗麟は約6万人の大軍を率いて出撃し、高良山(福岡県)に本陣を構えると、配下の武将たちを肥前に攻めこませた。

野外で戦うのは不利だと考えた隆信は佐賀城に籠城した。佐賀城は周囲を川や沼地に囲まれていたため、防御力が高かった。このため宗麟軍は、包囲した佐賀城をなかなか攻め落とせなかった。隆信は宗麟軍のすきを見て佐賀城から出撃して反撃することもあったが、援軍は期待できない状況だった。

5か月が経っても佐賀城を落とせない状況にいらだった宗麟は、大友貞親(宗麟の弟)を総大将に任命し、総攻撃を命じた。貞親は佐賀城の北の今山に陣を構えると、宗麟軍の武将たちに総攻撃の決行を伝えた。総攻撃の前日、貞親は

今山の戦い布陣図

大友貞親
今山
大友宗麟軍
大友宗麟軍
龍造寺隆信
佐賀城
鍋島直茂

宗麟軍は大軍で佐賀城を包囲したが、宗麟軍の武将は、城から離れた位置に陣を構えた。宗麟軍の大将・大友貞親は、今山に本陣を構えた。

直茂隊は、酔いつぶれていた宗麟軍に夜襲をしかけ、大友貞親を討ち取った。

大友宗麟軍
川上川
水堀

城内に網の目のように細い川が流れる佐賀城

勝利の前祝いとして宴会を開いた。この情報をつかんだ隆信軍の鍋島直茂は、夜襲攻撃を提案した。

隆信が夜襲案を受け入れると、直茂は500人ほどの奇襲部隊を組織して今山に向かい、酔いつぶれている宗麟軍におそいかかった。宗麟軍は大混乱におちいり、貞親をはじめ、約2000人が討ち取られた。この敗戦をきっかけに、宗麟軍は佐賀城から撤退した。

敵が宴会を開くという情報をつかんで、夜襲を成功させたのだ。

合戦の結果

勝者 隆信軍 鍋島直茂

今山の戦い後も宗麟が優位な状況は変わらなかったが、隆信は勢力を拡大し、肥前を統一した。

城の攻め方 1

付城・仕寄り

付城による包囲

羽柴秀吉は、鳥取城の戦い(→P128)のとき、兵糧攻めを行うため、数多くの付城を築いて鳥取城を完全に包囲した。

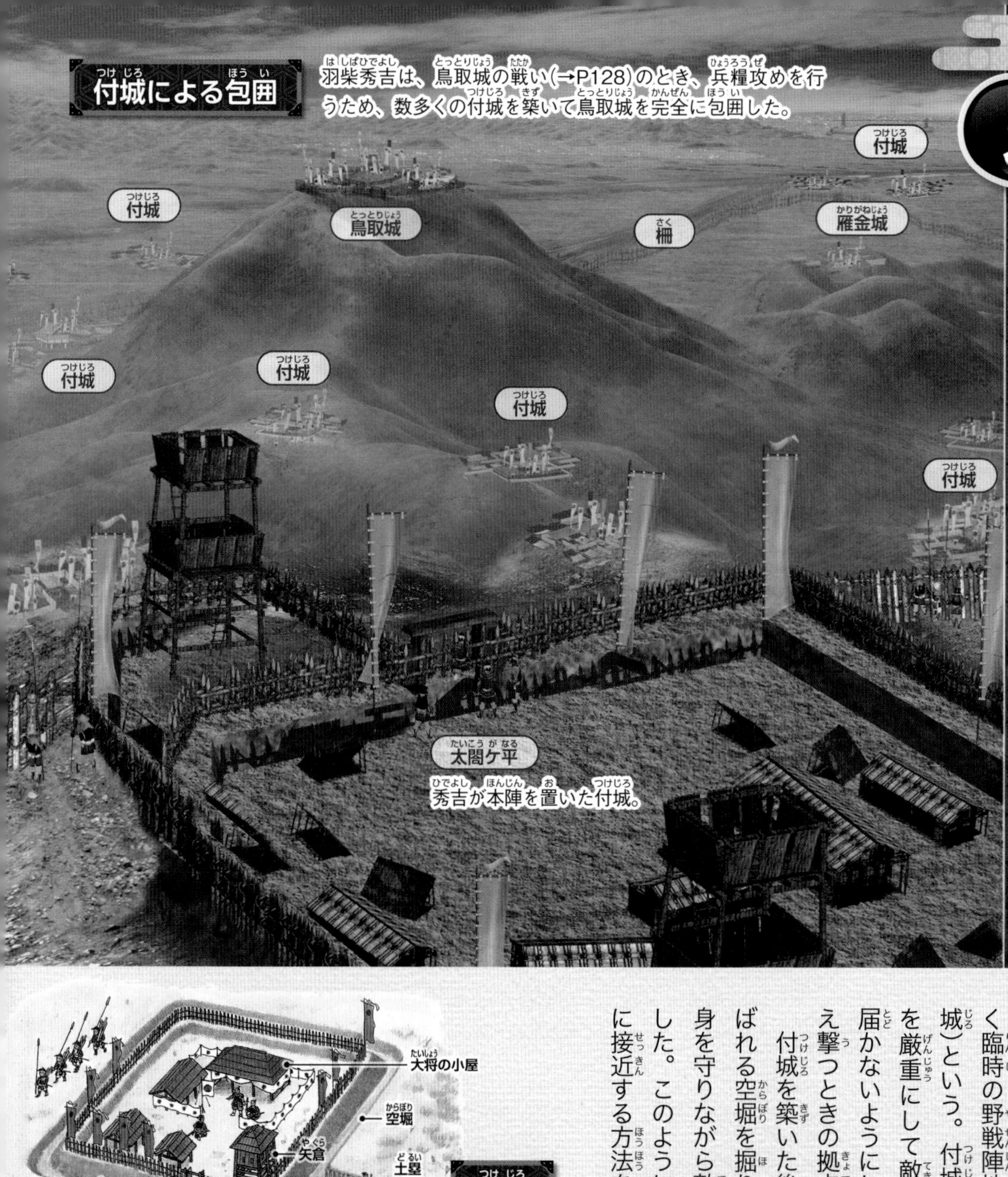

付城
付城
鳥取城
柵
雁金城
付城
付城
付城
付城
太閤ケ平
秀吉が本陣を置いた付城。

付城を築いて包囲し仕寄りで敵の城に近づく

城攻めのとき、敵の城の周囲に築く臨時の野戦陣地のことを「付城」(陣城)という。付城を築く目的は、包囲を厳重にして敵の城に兵糧や武器が届かないようにしたり、敵の援軍を迎え撃つときの拠点にするためである。

付城を築いた後は、「仕寄り道」と呼ばれる空堀を掘り進め、竹束や土塁で身を守りながら敵の城に近づいて攻撃した。このように被害を抑えながら城に接近する方法を「仕寄り」という。

大将の小屋
空堀
矢倉
土塁
柵
兵たちの小屋

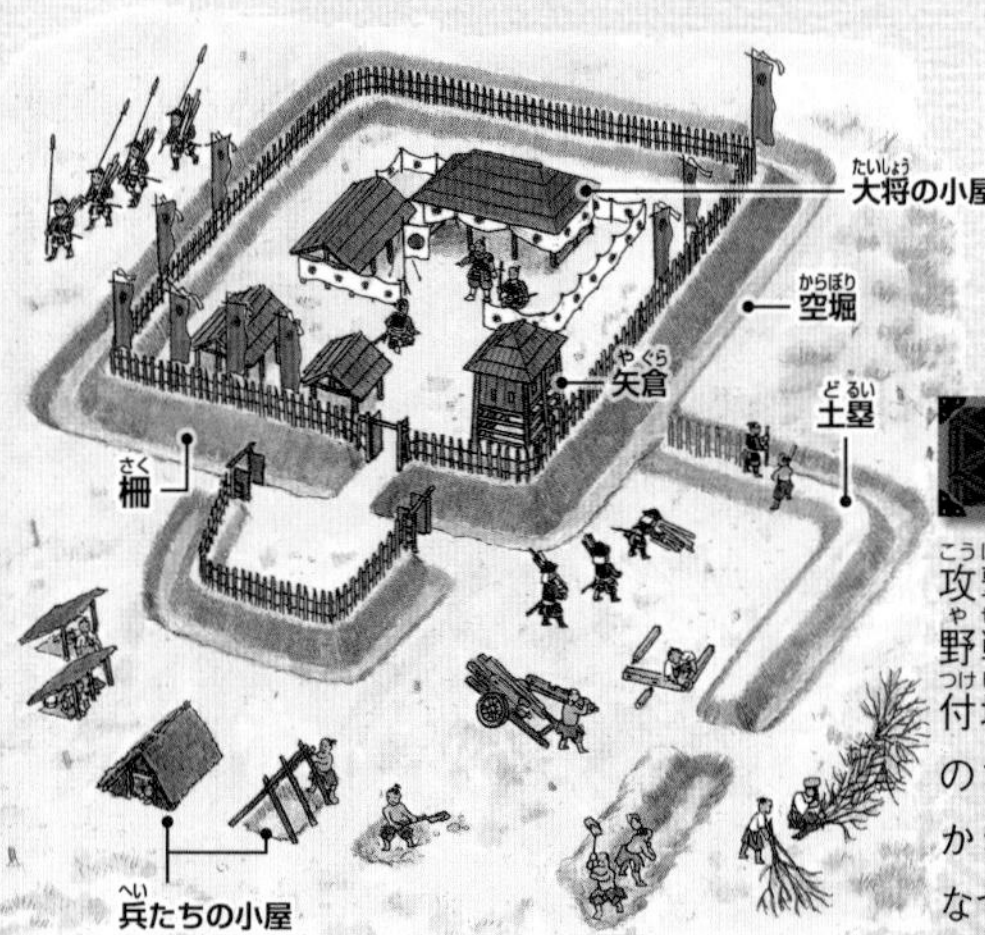

付城

攻撃用の臨時の野戦陣地である付城は、敵の城のすぐ近くに築かれ、シンプルなつくりだった。

仕寄りの方法

敵の城に近づくときは、竹束や土塁で城からの銃弾を防ぎながら、ジグザグの仕寄り道を掘り進めた。仕寄り道の先端には築山と呼ばれる攻撃用の小山や、矢倉などを築いた。

矢倉

築山

土塁

竹束

仕寄り道

虎落

竹製の柵で、城兵の奇襲攻撃を防ぐために築かれた。

仕寄りに使う兵器

攻城側は、籠城側からの銃弾を防ぎながら少しずつ近づき、攻撃を加えるのが基本だった。

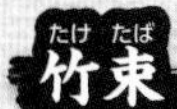

銃弾を防ぐための竹製の盾。竹は集めやすく、組み立てやすいので便利だった。束ねた竹は柵などに結びつけて、衝撃に耐えられるようにした。

人工的に築いた攻撃用の小山。土俵(土をつめた俵)や丸太などで銃弾を防ぎながら、高い位置から敵を攻撃した。大砲を設置することもあった。

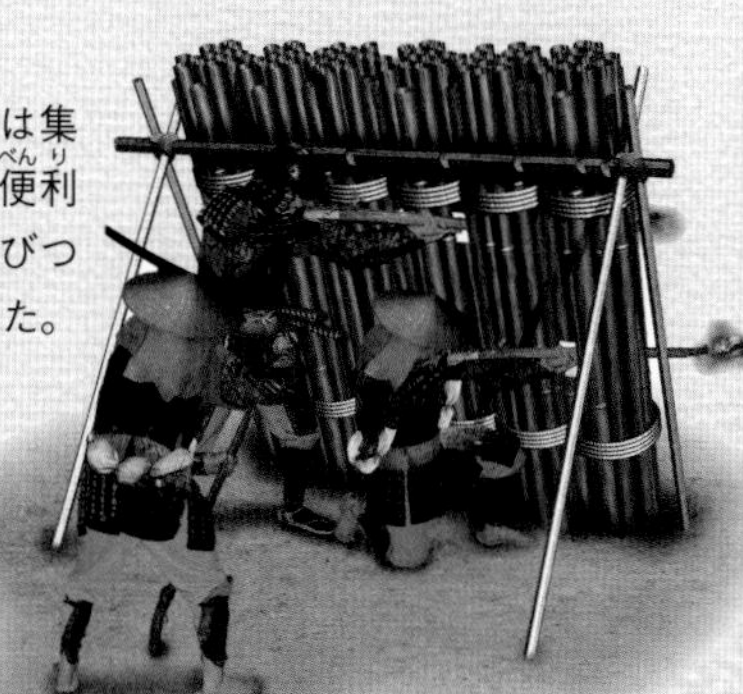

野田城の戦い

野田城 基本情報

築城年 1505年　築城者 菅沼定則
構造 平山城　所在地 愛知県新城市

現在の野田城本丸跡。

VS

籠城
菅沼定盈
(1542〜1604)
野田城主で、徳川家康に仕えた武将。家康から信頼された。
戦力 約500人

攻城
武田信玄
(1521〜1573)
甲斐(現在の山梨県)の戦国武将。1572年に遠征を開始した。
戦力 約3万人

合戦場所
三河(愛知県)
野田城

最強武将・信玄の生涯で最後の戦い

1572年、織田信長を倒すことを決意した甲斐(現在の山梨県)の武田信玄は、約2万7000人の大軍を率いて、信長の同盟者・徳川家康が支配する駿河(現在の静岡県)に攻めこんだ。この遠征は「西上作戦」と呼ばれる。

一言坂(静岡県)で家康軍を破った信玄は、家康方の二俣城を落城させた。そして、三方ケ原に家康軍を誘い出して撃破した。敗れた家康は本拠地の浜松城(↓P208)へ逃げ帰ったが、信玄は浜松城を攻撃せず、家康の本拠地である三河(現在の愛知県)に向かった。そして翌年、家康方の野田城を包囲した。野田城は小規模な城で、兵力も約500人しかいなかったが、野田城主・菅沼定盈は降伏せずに激しく抵抗した。

野田城は周囲を崖に囲まれていたので防御力は高かった。信玄は力攻めによって味方に被害が出るのを防ぐため、金堀人足に地下道

合戦ハイライト! 信玄は土木工事で野田城の井戸の水を抜く!

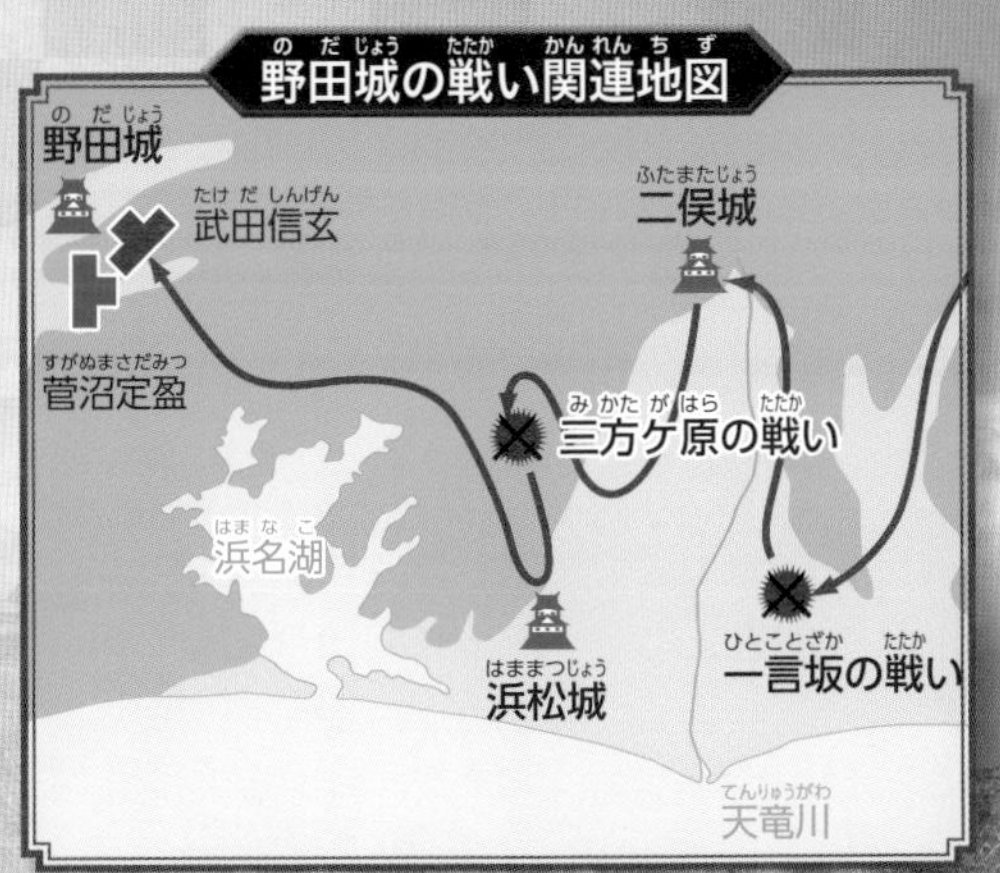

信玄は一言坂の戦いで家康を破り、家康方の二俣城を落とし、三方ケ原の戦いで家康に大勝利した。快進撃を続ける信玄は、野田城の攻略を開始した。

信玄は野田城の戦いの最中に病気が悪化した。このため、落城させた後に撤退を開始した。

野田城を攻める信玄軍
野田城は断崖の上に築かれ、沼に周囲を囲まれていたので、攻めにくい城だった。信玄は甲斐から金堀人足を呼び寄せて地下道を掘らせ、野田城内で使う井戸の水を抜き、落城に追いこんだ。

を掘らせ、城の井戸を破壊させた。これに対し、家康は約5000人の援軍を送ったが、信玄軍に防がれて野田城に近づけなかった。籠城から約1か月後、定盈は城兵の命を救うことを条件に降伏。信玄は定盈の命を助け、捕虜にした。
戦国最強といわれた信玄軍が野田城を落城させるのに1か月もかかったのは、信玄の持病が悪化したためだと考えられている。

合戦の結果

信玄の病状は回復せず、野田城から甲斐に撤退する途中、駒場(長野県)で息を引き取った。

小谷城の戦い

朝倉義景を撃退後に小谷城を総攻撃する

織田信長は、妹・お市の方を近江（現在の滋賀県）の戦国武将・浅井長政と結婚させ、同盟を結んでいた。その後、信長と長政は対立し、争いが続いていた。１５７３年、室町幕府をほろぼした信長は、長政の家臣・阿閉貞征（山本山城主）を寝返らせることに成功する。長政を倒す好機だと考えた信長は、約３万人の大軍を率いて出撃し、長政の本拠地・小谷城近くの虎御前山に本陣を構えた。

長政が小谷城に籠城すると、長政の同盟者・朝倉義景は越前（現在の福井県）から約２万人の援軍を率いて小谷城の北に布陣した。すると信長は、義景軍が小谷城に近づけないように山田山に陣を構え、夜襲をしかけて義景軍を撃破した。敗れた義景は越前の一乗谷城（→P207）へ逃げ帰ったが、信長軍の追撃を受けて自害した。

朝倉氏をほろぼした信長は、虎御前山にもどると、小谷城への総

信長は長政方だった山本山城を味方にし、援軍・朝倉義景を撃退。小谷城を完全に孤立させて攻撃を開始した。

敗北を覚悟した長政は、妻・お市の方と３人の娘を脱出させた後、自害した。

小丸
山王丸
京極丸
中丸

曲輪どうしが連携して防御を固める小谷城

小谷城の全景

小谷城は、標高495mの小谷山の尾根に沿って多くの曲輪が連なる巨大な山城だった。斜面には小さな曲輪や竪堀が設けられ、敵の侵入に備えていたが、信長軍の羽柴秀吉は斜面をのぼって京極丸を奇襲で攻め落とし、長政が守る本丸を孤立させた。

攻撃を開始。小谷城は曲輪どうしで連絡を取り合って敵を防ぐ構造だったが、信長の家臣・羽柴秀吉（後の豊臣秀吉）は、決死の覚悟で山の斜面を上り、京極丸に夜襲をしかけて占領した。これにより、長政が守る本丸は孤立し、敗北は決定的となった。長政は、妻と3人の娘たちを逃した後、最期まで戦い抜いて自害した。小谷城は落城し、浅井氏は滅亡した。

合戦の結果

勝者 織田信長

朝倉義景を倒して小谷城を孤立無援に追いこんだのだ。

信長は浅井氏の領地だった近江北部を手に入れ、戦いで大手柄をあげた羽柴秀吉に与えた。

城内の混乱を見極め裏切り工作を進める

七尾城は能登（現在の石川県）を支配する畠山氏の本拠地で、難攻不落の巨大な山城だった。しかし畠山氏内部では権力争いがくり返され、畠山氏当主の権力は弱まっていた。そうした状況のなか、1576年、家臣の長続連は幼児だった畠山春王丸を後継者にして実権を握った。越後（現在の新潟県）の上杉謙信は、畠山氏の混乱を利用して勢力を広げようと考え、能登に侵攻。七尾城の支城（補助的な城）を次々と落としていったが、七尾城の守りは固く、攻め落とせなかった。謙信は七尾城攻めの拠点にするため石動山城を築いた後、ひとまず本拠地の春日山城（→P184）に帰った。

翌年、謙信は約2万人の大軍を率いて石動山城に入ると、再び七尾城を包囲した。これに対し続連は、城兵のほか領民たちも強制的に籠城させたため、城内は約1万5000人の大人数であふ

七尾城の戦い布陣図

長続連
七尾城
上杉謙信軍
上杉謙信
石動山城

1576年、謙信は七尾城から撤退するとき石動山城を築いた。翌年、謙信は石動山城に本陣を構え、七尾城を包囲した。

謙信は、畠山家の重臣の勢力争いを利用し、戦うことなく七尾城を落城させた。

七つの山の尾根にまたがる巨大な七尾城

畠山軍

れ、衛生状態が悪くなった。このため城内で伝染病が広がって多くの人が亡くなり、畠山春王丸まで病死してしまう。そこで謙信は、以前から親しかった畠山氏の家臣たちに手紙を送り、寝返るように説得した。勝ち目はないと考えた家臣たちは反乱を起こし、城を包囲する謙信軍を引き入れた。城内は大混乱におちいり、続連は殺され、七尾城はついに落城した。

勝者 上杉謙信

畠山氏重臣に寝返るように説得したのがうまくいった。

合戦の結果

南下した謙信は、七尾城の救援に向かっていた信長軍の柴田勝家を手取川（石川県）で撃破した。

久秀は信長の説得を拒否して戦いを挑む

戦国時代、京都を中心とする近畿地方は三好氏が支配していたが、1568年、京都に入った織田信長にほろぼされた。その後、信長は室町幕府や浅井氏・朝倉氏をほろぼした。長篠の戦い（→P204）で武田勝頼（信玄の子）に勝利した信長は勢力を大きく広げたが、浄土真宗（一向宗）の中心寺院である石山本願寺（大阪市）は、信長にしぶとく抵抗を続けていた。

三好氏の家臣だった松永久秀は、信長が京都に入ると降伏し、家臣となっていた。ところが1577年、石山本願寺の攻撃に参加していた久秀は、突然、信長軍を離れ、本拠地の信貴山城に立てこもった。信長は久秀に使者を送り、「思うことがあるなら説明せよ。許してやろう」と説得したが、久秀は説明を拒否した。怒った信長は、明智光秀・筒井順慶・細川幽斎らを出陣させ、信貴山城の支城（補助的な城）だった片岡城を攻撃させ

信貴山城の戦い関連地図

信長軍の明智光秀らが信貴山城の支城・片岡城を攻め落とすと、織田信忠らは信貴山城へ向かった。光秀らも片岡城から信貴山城に向かった。

久秀は自害するとき、信長がほしがっていた茶釜「平蜘蛛」を叩き壊したという。

合戦ハイライト！ 信長軍は圧倒的な兵力で信貴山城を攻め落とす！

落城する信貴山城

信貴山城は大規模な山城で防御力は高かったため、信長軍約４万人は総攻撃を開始したが、苦戦が続いた。しかし、久秀の家臣・森好久が鉄砲隊200人を率いて反乱を起こすと、城内から火の手が上がり、敗北を悟った久秀は自害した。

た。そして、長男の織田信忠を総大将とする軍勢を信貴山城に送りこんだ。片岡城を落城させた光秀らが信忠に合流すると、信長軍は総勢約４万人の大軍になった。

しかし、信貴山城は防御力が高い山城だったので、大軍の信長軍でも苦戦が続いた。しかし、城内で久秀を裏切った武将が反乱を起こすと、信長軍の勝利は決定的となり、久秀は自害した。

勝者

寝返った武将がいたおかげで早く勝負がついた。

織田信忠

合戦の結果

自軍の結束力を高めた信長は、羽柴秀吉を中国地方に派遣し、毛利氏との戦いを本格化させた。

城合戦11

安土桃山 1578年

三木城の戦い

三木城 基本情報

築城年 1492年頃　築城者 別所則治
構造 平山城　所在地 兵庫県三木市

現在の三木城本丸跡。別所長治像が建つ。

合戦場所
播磨(兵庫県)
三木城

多くの付城を築いて三木城を厳重に包囲

近畿地方の支配を固めた織田信長は、1577年、中国地方の毛利氏を倒すため、羽柴(豊臣)秀吉を総大将として播磨(現在の兵庫県)に侵攻させた。このとき、姫路城(→P24)の城主だった黒田官兵衛は、「中国攻めに使ってほしい」と姫路城を秀吉に提供し、軍師となった。官兵衛の説得によって、播磨の大名は信長に従っていった。

しかし翌年、播磨最大の勢力を誇る別所長治は反乱を起こして毛利方に寝返り、約7500人の兵とともに三木城に立てこもった。秀吉は軍師・竹中半兵衛の提案に従って三木城を包囲し、兵糧攻めを開始した。このとき秀吉軍は5000人程度だったといわれ、長治軍との兵力差はほとんどなかった。このため、織田信忠(信長の子)が援軍として派遣され、三木城に兵糧を補給する支城(補助的な城)を攻撃した。秀吉は信忠の助けを借りて攻撃用の臨時の城「付

合戦ハイライト!

秀吉は三木城を包囲して兵糧攻めにする!

三木城の戦い布陣図

秀吉は三木城を包囲した後、三木城に食料を届けていた周辺の城を攻撃し、補給路を絶った。三木城は完全に孤立した。

1580年1月、秀吉は三木城へ攻撃を開始した。飢えに苦しんでいた城兵は、戦うことができなかった。

柵

秀吉は三木城全体を柵で囲んで、長治の援軍が食料を届けられないようにした。

羽柴秀吉

三木城を見下ろす秀吉

1578年3月、秀吉は別所長治が立てこもる三木城を包囲し、三木城を見下ろせる場所に本陣を構えると、兵糧攻めの作戦を取った。長治は2年近く持ちこたえたが、食料が尽きて降伏した。

城」(→P116)を数多く築き、兵糧攻めの最中、有岡城(→P222)の荒木村重が信長に反乱を起こし、三木城へ新たな補給路がつくられたが、秀吉はこれもつぶした。

有岡城が落城し、兵糧が完全に尽きると、城兵たちは飢えて戦うことはできなくなった。長治は2年近く持ちこたえたが、城兵の命を救う条件で降伏し、切腹した。

ねばり強く兵糧攻めを続けたのが勝利につながった。

勝者 羽柴秀吉

合戦の結果

播磨の最大勢力であった別所長治を倒したことで、播磨のほかの武将たちも秀吉に降伏した。

鳥取城の戦い

米を高値で買い占め農民を城に追いこむ

三木城の戦いから半年後、羽柴(豊臣)秀吉は、山名豊国が城主をつとめる因幡(現在の鳥取県)の鳥取城を包囲した。包囲から3か月後、豊国は降伏して信長に従ったが、徹底抗戦を主張する豊国の家臣たちは城内に残り、毛利氏を率いる吉川元春(毛利元就の次男)の一族・吉川経家を新しい城主に迎えた。

鳥取城は標高約２６３ｍの久松山に築かれた山城で、防御力が高かった。約2万人の大軍で鳥取城を包囲した秀吉は、作戦を兵糧攻めに決定し、周辺の田畑を荒らしただけでなく、米を通常の数倍の値段で買い占めた。さらに、兵糧を早く消費させるため、周辺の農民ら約２０００人を鳥取城に追いこんだ。

鳥取城は、支城(補助的な城)の雁金城と丸山城を補給基地にして兵糧を補給していたが、秀吉は鳥取城を取り囲むように数多くの付

鳥取城の戦い布陣図

丸山城
雁金城
羽柴秀吉
鳥取城
吉川経家
黒田官兵衛

秀吉が付城によって築いた鳥取城包囲網は、全長12kmにも及んだ。毛利軍は海から兵糧を運ぼうとしたが撃退された。

経家は「切腹する代わりに城兵の命を救ってほしい」という条件で降伏した。

合戦ハイライト！ 秀吉は鳥取城を孤立させて兵糧攻めにする！

城（→P116）を築き、全長12kmに及ぶ包囲網をつくり上げた。そして、雁金城を攻撃し、鳥取城への補給路を断った。

鳥取城内では兵糧が尽き、飢え死にする者が続出した。経家は約4か月間持ちこたえたが、敗北を認めると、城兵の命を救うことを条件に降伏した。経家に命を助けると伝えたが、秀吉は経家はそれを拒否して切腹した。

多くの付城を築いて鳥取城を完全に包囲できた。

勝者 羽柴秀吉

合戦の結果

鳥取城を落として因幡を制圧した秀吉は、翌年、備中（現在の岡山県）に侵攻を開始した。

安土桃山 1581年

高天神城の戦い

包囲された高天神城

家康は高天神城の補給路を完全に絶った後、城の周囲に堀と柵を築いて完全に包囲し、兵糧攻めを開始した。

高天神城 基本情報

築城年 1416年頃　築城者 今川氏
構造 山城　所在地 静岡県掛川市

現在の高天神城に残る堀切跡。

籠城	攻城
岡部元信 (?～1581)	徳川家康 (1542～1616)
武田氏に仕えた戦国武将で、高天神城主に任命された。	織田信長と同盟を結んで、東海地方に勢力を拡大した。
戦力 約1000人	戦力 約5000人

合戦場所
遠江(静岡県)
高天神城

6つの砦を築いて補給路を遮断する

1574年、甲斐(現在の山梨県)の武田勝頼(信玄の子)は、徳川家康の支配下にあった遠江(現在の静岡県)の高天神城を約2万5000人の大軍で包囲した。険しい崖に囲まれた高天神城は、防御力の高い山城だった。

勝頼軍に対抗する兵力がなかった家康は、織田信長に助けを求めた。信長は援軍を率いて出撃したが間に合わず、高天神城は落城した(第一次高天神城の戦い)。

翌年、長篠の戦い(→P204)で勝頼を撃破した家康は、高天神城への補給路に攻撃を加えていき、さらに高天神城を取り囲むように6つの砦を築いた。補給路を完全に断たれた高天神城は孤立し、兵糧が手に入らなくなった。

1580年、家康は約5000人の兵で高天神城を包囲すると、周囲に柵と堀を築いて兵糧攻めを開始した。城兵たちが飢えに苦しむなか、高天神城主・岡部元

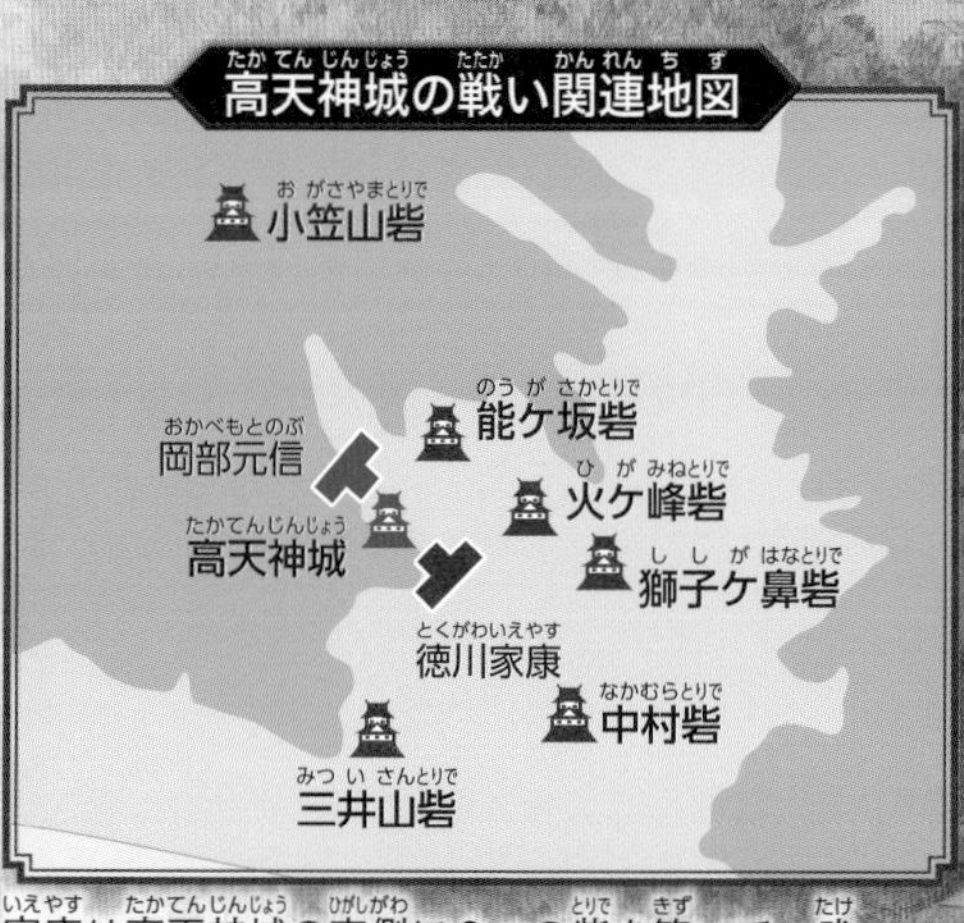

高天神城の戦い関連地図
小笠山砦
能ケ坂砦
岡部元信
火ケ峰砦
高天神城
獅子ケ鼻砦
徳川家康
中村砦
三井山砦

家康は高天神城の東側に６つの砦を築いて、武田軍から兵糧や物資が届けられないようにした。

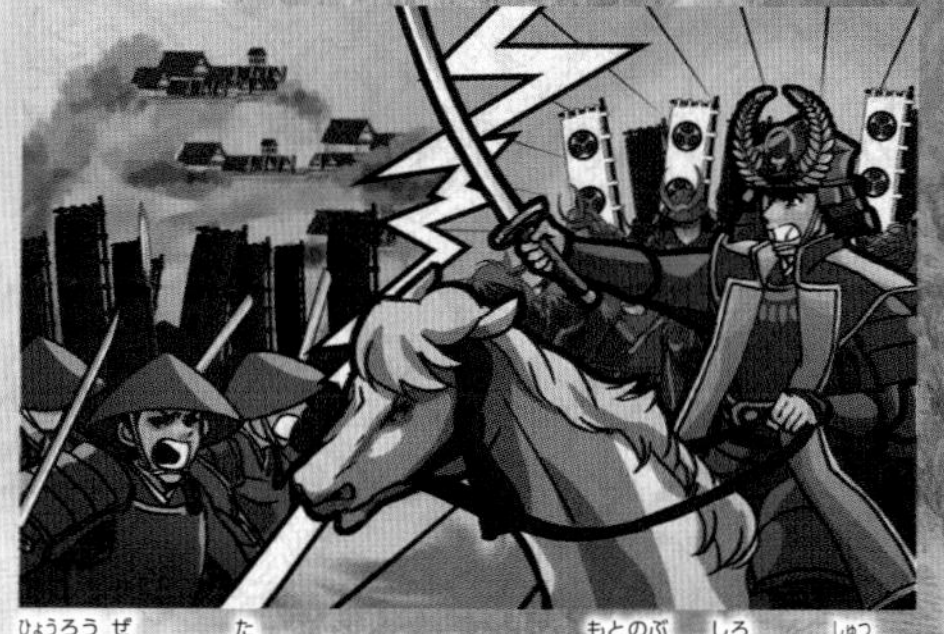

兵糧攻めに耐えきれなくなった元信は城から出撃したが、家康に撃破された。

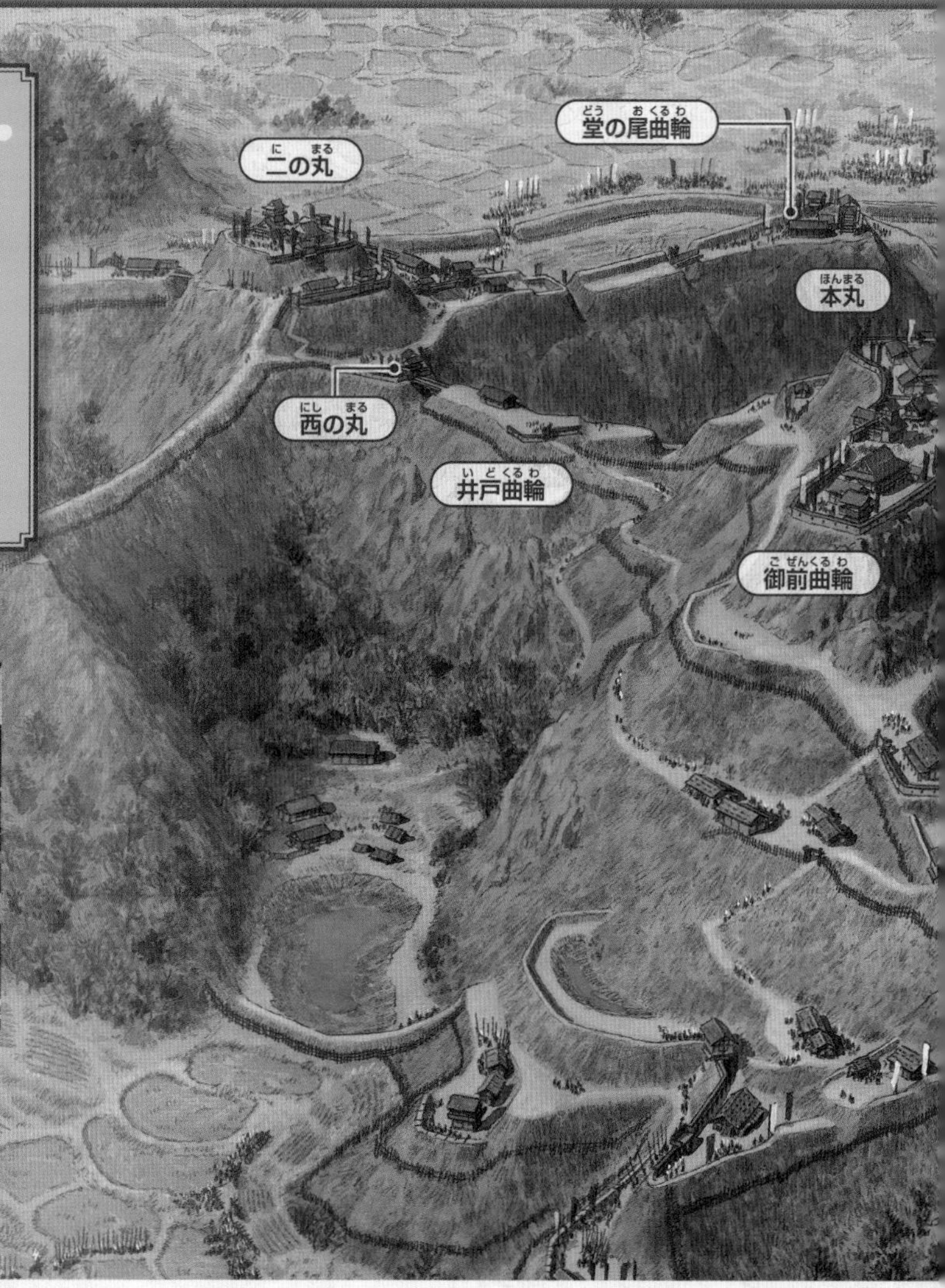

二の丸
堂の尾曲輪
本丸
西の丸
井戸曲輪
御前曲輪

信は勝頼に何度も援軍を求めたが、勝頼は関東の北条氏から攻撃を受けていたため援軍を送れなかった。城兵の命を救いたいと考えた元信は、降伏したいと家康に伝えたが、家康は降伏を許さなかった。追いこまれた元信は、生き残った兵たちを率いて出撃し、決死の突撃をしかけたが、次々と討ち取られていき、高天神城は落城した(第二次高天神城の戦い)。

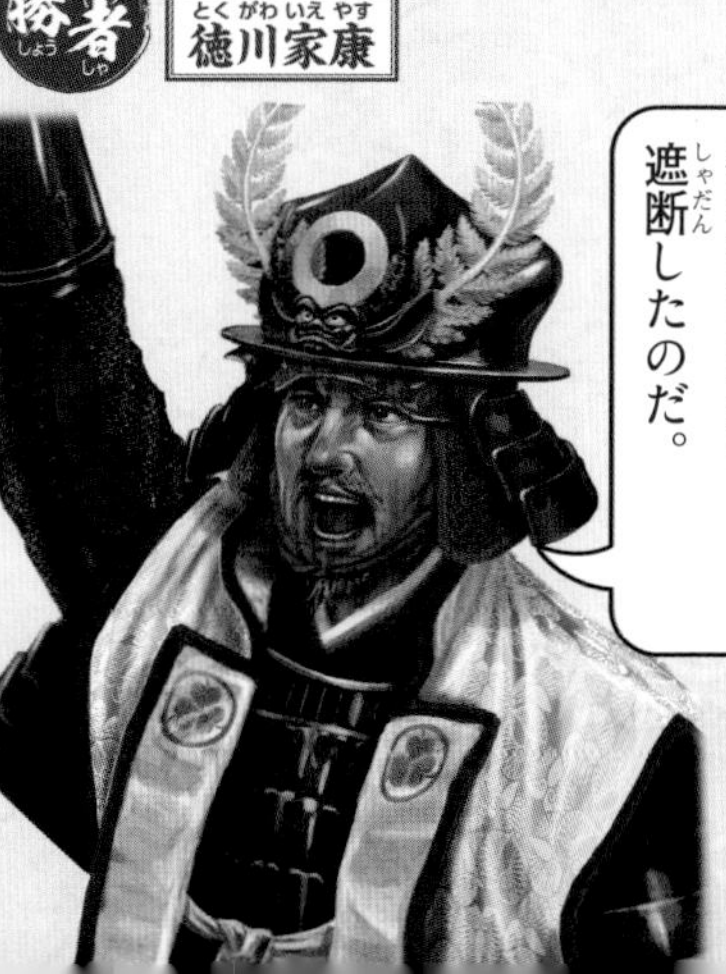

勝者
徳川家康
砦を築いて高天神城の補給路を完全に遮断したのだ。

合戦の結果

兵糧攻めで苦しむ高天神城に援軍を送らなかった武田勝頼は、家臣からの信頼を完全に失った。

高遠城の戦い

高遠城 基本情報

築城年	不明	築城者	不明
構造	平山城	所在地	長野県伊那市

高遠城本丸の空堀をまたぐ桜雲橋。

籠城	攻城
仁科盛信 (1557〜1582)	**織田信忠** (1557〜1582)
武田信玄の五男。仁科家を継いで高遠城主になった。	織田信長の長男。甲州攻めの総大将を任された。
戦力 約500人	戦力 約3万人

高遠城の仁科盛信は敗北覚悟で奮戦する

1581年、甲斐(現在の山梨県)の武田勝頼は、新しい本拠地として新府城(→P188)を築き始めた。その3か月後、高天神城が落城し、援軍を送らなかった勝頼は家臣の信頼を失っていった。

こうした状況のなか、新府城の築城で負担が増えたことに不満を高めた木曽(長野県)の領主・木曽義昌は、勝頼を裏切り、織田信長についた。武田氏をほろぼす絶好の機会だと考えた信長は、長男の信忠を総大将とする約3万人の大軍を武田領に侵攻させ、徳川家康にも攻撃に参加させた。

勝頼は義昌を倒すために軍勢を送ったが敗北。信忠軍は飯田城(長野県)に侵攻したが、飯田城主・保科正直は戦うことなく逃亡した。これを知った勝頼軍の武将は次々と降伏していき、抵抗するのは高遠城主・仁科盛信だけになった。

高遠城の兵力は約500人しかおらず、盛信に勝ち目はなかった。

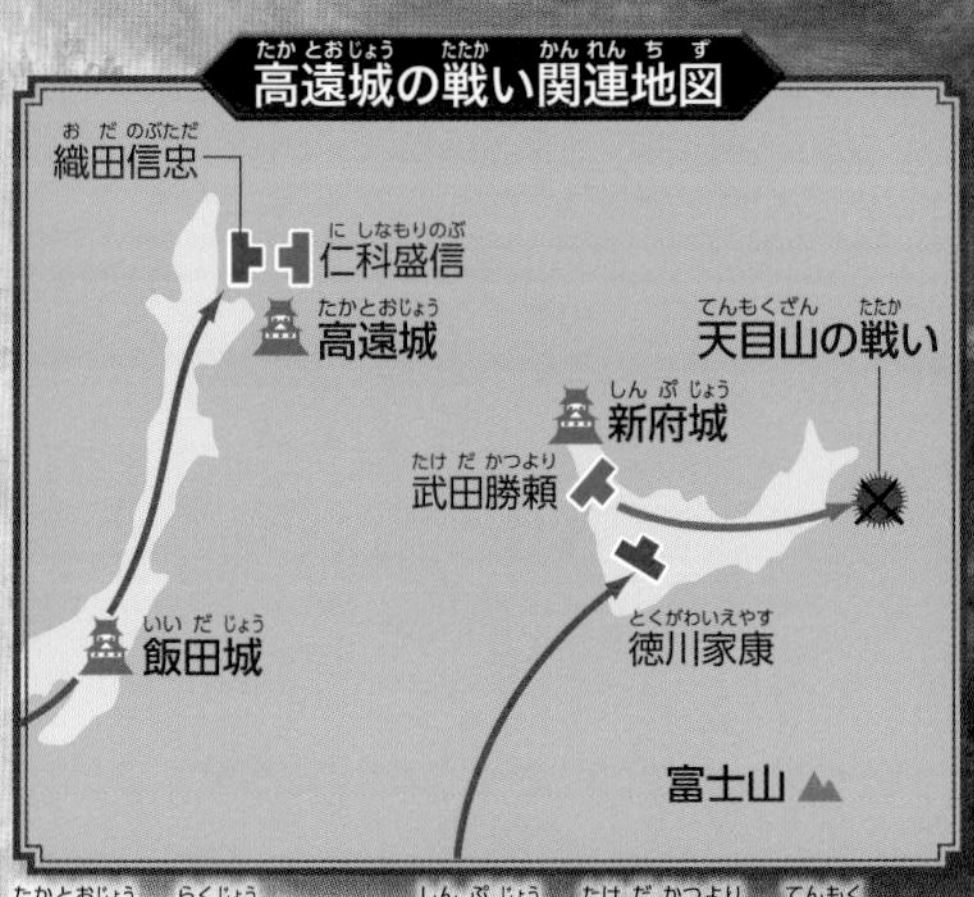

高遠城が落城すると、新府城の武田勝頼は天目山を目指して逃げたが、織田軍に追いつかれて自害した。

盛信軍の諏訪勝右衛門の妻・はなは、刀を抜いて勇猛に戦ったが、落城とともに戦死した。

高遠城への総攻撃

約3万人の織田信忠軍は、500人ほどの仁科盛信軍がたてこもる高遠城に総攻撃をかけた。わずか1日で本丸まで攻めこまれた盛信は自害し、城兵もことごとく戦死した。

信忠は降伏するように伝えたが、盛信が拒否したため、総攻撃を開始した。盛信軍は決死の覚悟で戦い、信忠軍に大きな被害を与えたが、圧倒的な兵力差の前に力尽き、盛信は自害した。

高遠城の落城を知った勝頼は新府城から逃亡したが、家臣に裏切られて天目山(山梨県)に追いつめられた。織田軍に追いつかれた勝頼は自害し、武田氏は滅亡した。

勝者

降伏をすすめたのだが…盛信は見事な戦いぶりだった。

織田信忠

合戦の結果

武田氏をほろぼした信長は、広大な中部地方を手に入れ、さらに精力を強めた。

備中高松城の戦い

備中高松城 基本情報

築城年 1570年頃　築城者 石川氏
構造 平城　所在地 岡山県岡山市

備中高松城の本丸跡。

水攻めにされた備中高松城

秀吉は備中高松城の東側に数多くの付城(攻撃用の臨時の城)を築くと、城の南側に全長約3kmにおよぶ堤防を築き、足守川の水を流しこんだ。備中高松城の周囲は湖のようになって孤立した。

籠城	攻城
清水宗治 (1537〜1582)	羽柴秀吉 (1537〜1598)
備中高松城主。小早川隆景の配下として毛利氏に味方した。	後の豊臣秀吉。中国攻めの司令官として毛利氏と戦った。
戦力 約5000人	戦力 約3万人

本能寺の変が起こり秀吉は和解を急いだ

鳥取城を落とした羽柴(豊臣)秀吉は、約3万人の兵力で毛利領の備中(現在の岡山県)に侵攻を開始した。備中高松城主・清水宗治は約5000人の兵とともに籠城し、秀吉軍に抵抗した。備中高松城の背後は険しい山で、周囲は沼地に囲まれ、足守川が天然の水堀になっていた。

力攻めでは味方に大きな被害が出ると感じた秀吉は、軍師・黒田官兵衛の提案を取り入れ、高松城の周囲に全長約3kmの堤防を築いて足守川の水を流しこんだ。このため、高松城の周囲は水がたまって湖のようになり、完全に孤立した。また、もし援軍が近づいても、秀吉軍は堤防を防壁として利用しながら戦えるので圧倒的に有利だった。毛利方から援軍を率いて到着した吉川元春(毛利元就の次男)と小早川隆景(毛利元就の三男)は、高松城に近づくことができなかった。

備中高松城の戦い布陣図

堤防
備中高松城
清水宗治
羽柴秀吉
吉川元春
黒田官兵衛
足守川
小早川隆景

秀吉が備中高松城を水攻めにしたため、救援に来た毛利軍の小早川隆景や吉川元春らは手を出せなかった。

城兵の命を救うため、清水宗治は、秀吉らが見守るなか、小舟の上で切腹した。

合戦ハイライト! 秀吉は備中高松城を水攻めにする！

吉川元春

堤防
秀吉は近くの村人に大金を渡して工事に参加させ、わずか12日間で堤防を完成させた

足守川

小早川隆景

高松城内の兵糧が尽き、降伏は時間の問題となった頃、秀吉のもとに、主君・織田信長が本能寺で明智光秀に倒されたという知らせが届いた(本能寺の変)。光秀を一刻も早く討つため、秀吉は「宗治が切腹すれば城兵の命は救う」という条件で和解を申し入れた。毛利方がこれを受け入れたので、宗治は小舟の上で、両軍兵士が見守るなかで切腹した。

水攻めは備中高松城からの攻撃を防ぐためなのだ。

勝者
羽柴秀吉

合戦の結果

和解を成立させた秀吉は、いち早く京都に向かい、山崎(京都府)で明智光秀を倒した。

力攻め・突入

城への突入

城門から突入する様子をCGで再現したもの。丸太も使って城門をこじ開けようとたり、はしごを使って土塀を上ろうとするが、籠城側の激しい抵抗によって多くの犠牲者が出ている。

味方に多大な被害が想定される力攻め

城を攻める側が、付城を築いて包囲し、仕寄りによって敵の城に接近したとき、力攻め（総攻撃）を決行する。城に突入する方法は、虎口の城門を丸太などで破壊するのが基本。堀・石垣・土塀などを乗り越えて城に侵入する場合は、水堀であれば埋めて石垣に接近し、味方の鉄砲や長槍の援護を受けながら、はしごや投げ橋をかけた。

城は堀・石垣・櫓などに守られているため、力攻めは失敗する可能性が高く、落城できても味方に大きな被害が出る。このため、力攻めが可能なのは、兵糧攻めなどで敵兵が弱っていたり、攻城側に圧倒的な兵力・武器が備わっている場合などに限られていた。

力攻めが可能な条件

- 兵糧攻めなどによって籠城側が弱っている。
- 籠城側に後詰（援軍）が助けに来ない。
- 攻城側の兵力や武器が十分にある。

城への突入方法

城へ突入するには、門を破壊するか、堀と塀を乗り越えるしかなかった。水堀の場合は、堀を埋めて塀を乗り越えて城に突入した。

城内での攻防

城内に突入した攻城側の兵は、城主が立てこもる本丸を目指して突き進む。本丸の天守や櫓は防御力が高く、激しい戦闘となる。本丸御殿にいる城主の妻や子どもたちは、捕えられたり、殺されたり、自害することもあった。城主は敗北を覚悟すると、天守に火を放ち、自害することがほとんどだった。

女性や子どもまで政宗は皆殺しにする

戦国時代、奥州（現在の東北地方）の戦国大名たちは血縁関係を結び、激しい対立をさけていた。こうした状況のなか、1584年に18歳で伊達家を継ぎ、米沢城（→P181）の城主となった伊達政宗は、奥州統一を目指した。

小浜城（福島県）の城主・大内定綱は、伊達家の新しい当主になった政宗に従うこと約束したが、翌年、その約束を破った。怒った政宗は約5000人の兵を率いて定綱が立てこもる小手森城を包囲した。小手森城は、標高約464mの小規模な山城で、防御力はそれほど高くはなかった。危機を感じた定綱はひそかに城から脱出し、小浜城へ向かった。すると政宗は最前線に立って指揮を取り、城を火攻めにすると、大量の鉄砲を使用して総攻撃を開始。4時間ほどで落城させた。

通常、城を力攻めするときは、籠城兵が城から脱出できるように

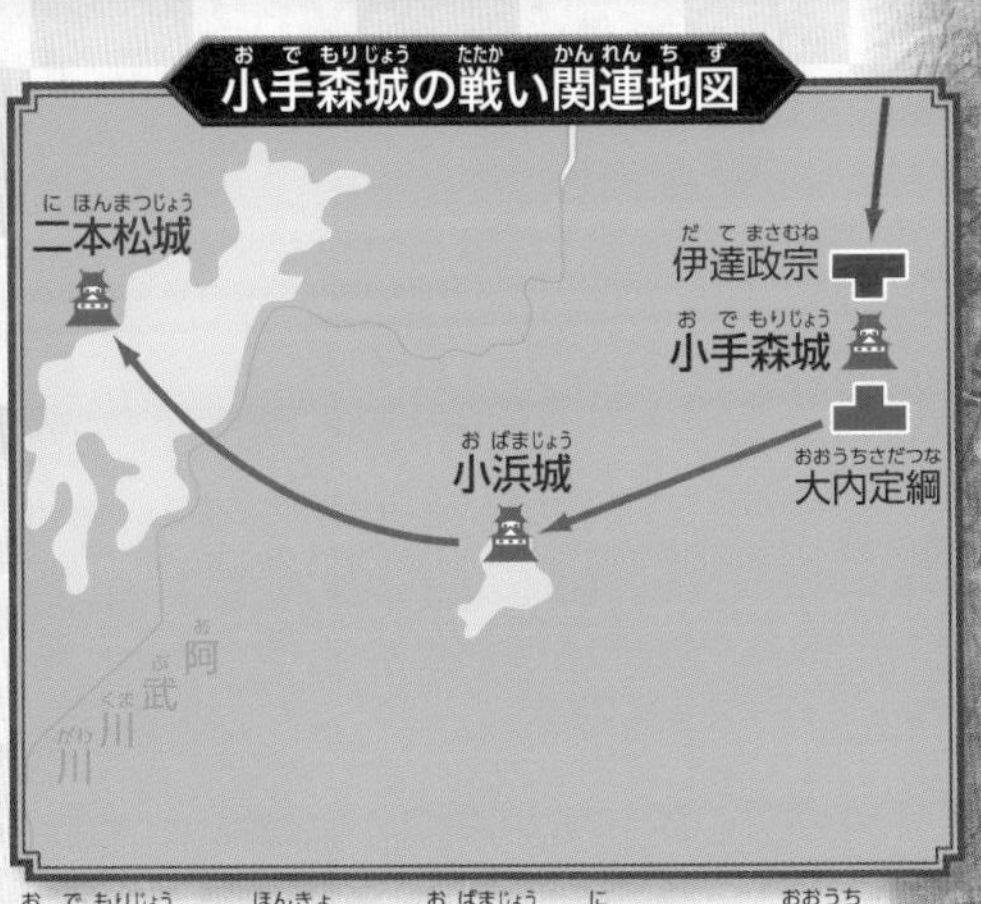

小手森城から本拠地の小浜城に逃げこんだ大内定綱は、小浜城を放棄して畠山氏の二本松城に逃れた。

政宗は小手森城の攻撃に、当時の最新兵器だった鉄砲を大量に使用した。

大内定綱軍

落城する小手森城

大内定綱が小手森城から脱出したことを知った政宗は、小手森城に総攻撃をしかけ、火攻めにして落城させると、城内に残っていた約800人を皆殺しにした。そのなかには、女性や子どもも多く含まれていた。

逃げ道を用意した。逃げ道がないと籠城兵が命がけで戦うため、味方に大きな被害が出るためである。しかし政宗は、城に残っていた兵士だけでなく、女性・子どもを含めた農民まで約800人を皆殺しにした。政宗は、自分に逆らう者は容赦せずにほろぼすことを行動で示したのである。虐殺を知った定綱は小浜城を捨てて、畠山氏の二本松城（→P181）へ逃走した。

合戦の結果

小手森城での残虐行為は、政宗のねらいどおり、奥州の武将たちを恐怖させた。

わしに逆らった者は誰であろうと許さないことを示した。

勝者 伊達政宗

安土桃山 1585年

上田合戦

合戦ハイライト!

昌幸は上田城に徳川軍を誘いこんで撃破する!

上田城 基本情報(→P193)

築城年	1583年	築城者	真田昌幸
構造	平城	所在地	長野県上田市

上田城本丸東虎口に復元された櫓門。

上田城に攻めこむ徳川軍
徳川軍は、昌幸のおとり部隊を追撃して上田城に突入するが、城内の伏兵に石や丸太、鉄砲などでいっせいに攻撃をされ、大混乱におちいった。CGで再現した上田城は想像図。

籠城
真田昌幸
(1547〜1611)
上田城主。沼田城の支配をめぐって家康と対立した。
戦力 約2000人

攻城
鳥居元忠
(1539〜1600)
徳川家康の家臣。家康から上田城攻めの大将を任された。
戦力 約7000人

合戦場所

上田城内の伏兵が徳川軍を撃破する

上田(長野県)を支配していた真田昌幸は武田氏の家臣だったが、1582年、武田氏は織田信長に攻めほろぼされた。そのため、昌幸は信長に従ったが、信長は本能寺の変で倒されてしまう。その後、徳川家康に従った昌幸は、家康の命令で上田城を築城した。

1585年、昌幸と対立した家康は、上田城を攻撃するため、家臣の鳥居元忠を大将に任命して、約7000人の徳川軍を出撃させた。対する昌幸の軍勢は2000人ほどだった。昌幸は本隊を上田城に配備すると、長男の真田信之に別働隊を与え、上田城近くの戸石城に送りこんだ。

徳川軍が神川を渡って上田城に近づくと、昌幸軍はおとり部隊を出撃させ、上田城に誘いこむため、わざと負けさせた。罠にはまった徳川軍はおとり部隊を追撃し、上田城の二の丸まで突入すると、待ち構えていた昌幸軍の伏

上田合戦の布陣図

罠にはまった徳川軍が上田城から脱出すると、戸石城から出撃した真田信之隊に攻撃され、神川に追いこまれた。

徳川軍が神川を渡ると、昌幸は上流の堤防を決壊させ、多くの兵士をおぼれさせた。

おとり部隊は昌幸自身が率いたともいわれる。

兵に大打撃を加えられた。徳川軍はあわてて城外に脱出したが、戸石城から出撃して待ち構えていた信之の別働隊から攻撃を受けた。徳川軍を神川に追いこんだ昌幸は、上流で水をせき止めていた堤防を破壊し、神川の水を一気に増水させた。これより、多くの徳川兵がおぼれ死んだ。戦死者が1300人以上に及んだ徳川軍は、上田城から撤退した。

徳川軍はわしの考えた罠にみごとにはまった。
勝者
真田昌幸

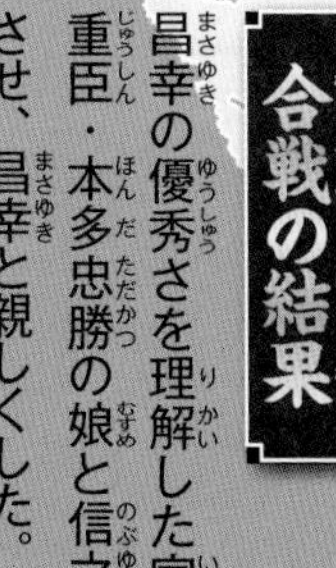

合戦の結果

昌幸の優秀さを理解した家康は、重臣・本多忠勝の娘と信之を結婚させ、昌幸と親しくした。

安土桃山 1586年

岩屋城の戦い

岩屋城 基本情報

築城年 1550年頃　築城者 高橋鑑種

構造 山城　所在地 福岡県太宰府市

岩屋城本丸跡。将兵をしのぶ石碑が建つ。

籠城

高橋紹運
(1548～1586)

岩屋城主。立花宗茂の父。大友宗麟の家臣で勇かんな武将。

戦力 763人

攻城

島津忠長
(1551～1610)

島津家当主・島津義久のいとこ。岩屋城攻めの大将となる。

戦力 約3万人

岩屋城への総攻撃

岩屋城内の兵763人は、約5万人の島津軍を約2週間足止めしたが、総攻撃を受けるとついに落城した。高橋紹運以下、すべての城兵は戦死・自害した。

約800人の城兵が決死の覚悟で戦う

薩摩(現在の鹿児島県)を治める島津氏は、1584年、沖田畷の戦いで龍造寺隆信(→P114)を倒し、九州の大半を支配下に置いた。抵抗を続けるのは九州北部を治める大友宗麟だけだった。

1586年、九州統一を目指す島津義久は、島津忠長を総大将とする約5万人の軍勢を出撃させた。忠長は、大友軍の名将・高橋紹運が守る岩屋城を包囲した。

岩屋城に籠城する紹運軍の兵力は800人足らず。このため忠長は降伏するように伝えたが、紹運はこれを拒否。このため忠長は岩屋城への攻撃を開始したが、忠長軍は寄せ集めの兵が多く、士気は低かった。これに対し、決死の覚悟で戦う紹運軍は、城に近づく忠長軍の兵士を鉄砲で攻撃し、岩や大木を落として撃退した。

苦戦が続く忠長だったが、攻撃開始から約2週間後、岩屋城への総攻撃を決行した。忠長軍は多く

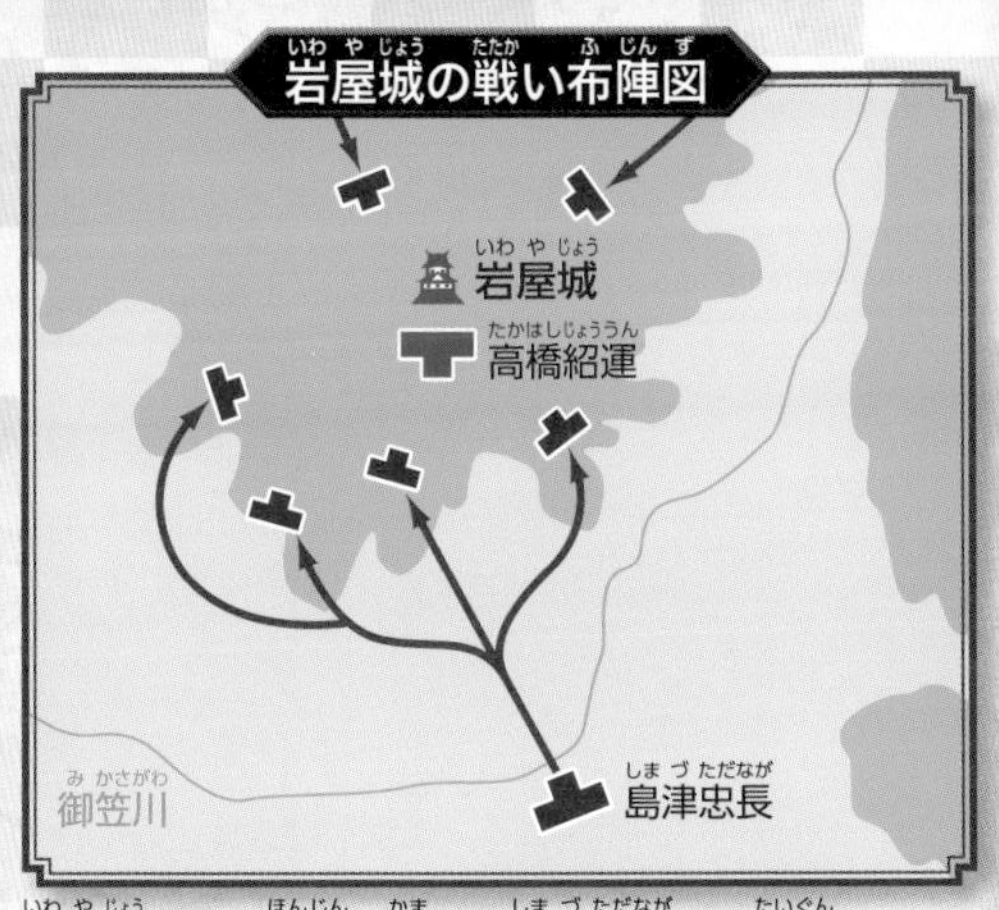

岩屋城の南に本陣を構えた島津忠長は、大軍で城を包囲し、全方向から総攻撃をしかけた。

高橋紹運は最期まで勇かんに戦ったが、敗北を悟ると櫓に上って自害した。

の戦死者を出しながら城内への侵入に成功する。追いつめられた紹運が自害すると、残った城兵もすべて戦死または自害した。紹運の死を確認した忠長は、「味方であれば、最高の友になれただろう」と、涙を流して悲しんだという。

こうして忠長軍は岩屋城を落城させたが、3000人以上の戦死者を出し、軍の立て直しに時間がかかることになった。

勝つには勝ったが、我が軍の損害は大きい…

勝者 島津忠長

合戦の結果

大損害を出した島津軍は侵攻速度がにぶり、その間に豊臣秀吉軍20万人の上陸を許してしまった。

安土桃山 1586年

臼杵城の戦い

合戦ハイライト！

臼杵湾に浮かぶ海城から大砲で島津軍を撃退！

現在の臼杵城内に展示されている国崩しの複製。

臼杵城 基本情報

築城年	1562年	築城者	大友宗麟
構造	平山城	所在地	大分県臼杵市

現在の臼杵城古橋口から見た二の丸。

籠城	攻城
大友宗麟（1530〜1587）	**島津家久**（1547〜1587）
九州北部を支配していたが、島津氏に負け続けていた。	島津家当主・島津義久の末弟。作戦能力に優れた武将。
戦力 不明	戦力 約2000人

追いこまれた宗麟が大砲で反撃する

九州で勢力を拡大する薩摩（現在の鹿児島県）の島津氏に対し、豊後（現在の大分県）の大友宗麟は対抗できなかった。1586年、宗麟は、全国統一を進める豊臣秀吉の家臣となり、助けを求めた。秀吉はこれを受け入れ、宗麟に援軍を送ることを約束した。

同じ年、島津氏を率いる島津義久は、弟の家久と義弘に大軍をあずけ、豊後に侵攻させた。秀吉は仙石久秀や長宗我部元親らを指揮官とする援軍を豊後に送ったが、戸次川の戦いで家久軍に大敗した。勢いに乗る家久は、義弘とともに大友氏の本拠地・府内（大分市）に侵攻する一方、宗麟の居城である臼杵城を攻撃させるために、約2000人を派遣した。

宗麟は、わずかな兵と城下の庶民とともに臼杵城に籠城した。臼杵城は、臼杵湾に浮かぶ丹生島に築いた天然の要塞で、周囲は断崖絶壁に囲まれていた。このため、

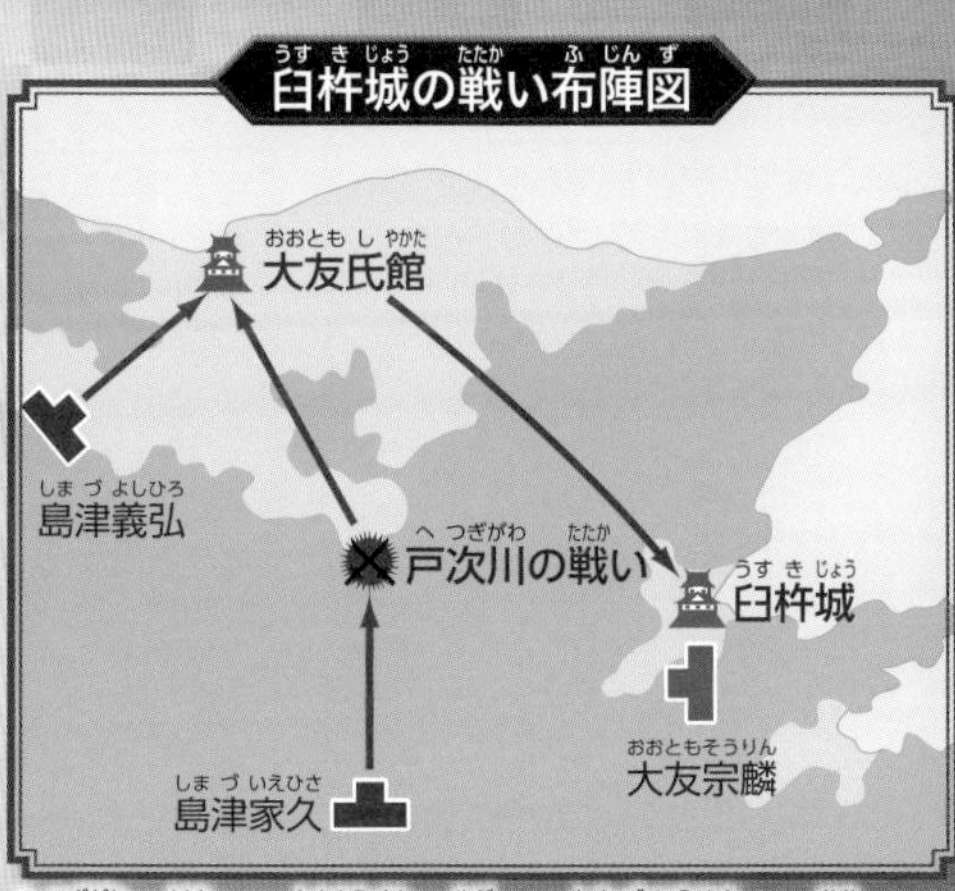

戸次川の戦いで豊臣軍を破った島津家久は、大友氏館を目指す一方、別働隊2000人を臼杵城に向かわせた。

宗麟は最新式の大砲「国崩し」による攻撃で、島津軍を撤退に追いこんだ。

島津軍への反撃

島津軍が臼杵城に迫ると、宗麟は「国崩し」と名づけたポルトガル伝来の大砲を城内から撃ち放った。弾が命中すると、島津軍は大混乱におちいった。

家久軍は城に攻めこむことができなかった。さらに宗麟は、ポルトガルから輸入した「国崩し」と呼ばれる大砲を、家久軍の陣地に向けて撃ちこんだ。砲弾が直撃した家久軍が大混乱におちいると、宗麟は城から兵を出撃させて、家久軍にさらなる打撃を与えた。

臼杵城を落とすのは無理だと考えた家久軍は臼杵城から撤退し、宗麟は勝利した。

臼杵城の防御力と国崩しのおかげで命拾いしたわ。

大友宗麟

合戦の結果

臼杵城の戦いの直後、豊臣秀吉軍が九州に上陸したため、大友氏は滅亡をまぬがれた。

安土桃山 1587年

高城の戦い

高城 基本情報

築城年 1335年　築城者 島津時久
構造 平山城　所在地 宮崎県児湯郡

高城の本丸跡に建つ時計台。

籠城
島津義久
(1533〜1611)
島津家当主。弟の義弘、家久らと協力して豊臣軍と戦う。
戦力 約3万5000人

攻城
豊臣秀長
(1540〜1591)
豊臣秀吉の弟。九州攻めでは日向方面の総大将となる。
戦力 約8万人

合戦場所
日向(宮崎県)
高城

高城の救援に向かう島津軍を撃破する

1587年、薩摩(現在の鹿児島県)の島津義久を倒す決意をした豊臣秀吉は、約20万人の大軍で九州の小倉城(→P236)に乗りこんだ。そして、秀吉は九州の西側から、弟の豊臣秀長は九州の東側から薩摩に向けて侵攻を開始した。圧倒的な兵力差で戦うのは不利だと考えた義久は、九州南部に島津軍を撤退させた。

約8万人の秀長軍は日向(現在の宮崎県)まで侵攻すると、島津軍の重要拠点だった高城を包囲した。高城は標高約60mの台地に築かれた山城で、周囲は絶壁に囲まれ、防御力が高かった。このため秀長は、高城を取り囲むように51もの付城(→P116)を築いて完全に包囲し、兵糧攻めを開始した。さらに、島津軍が高城を救援するときに必ず通らなければならない根白坂に砦を築いた。

島津義弘と島津家久は、約3万5000人の大軍で根白坂砦に

高城の戦い布陣図

島津義弘・家久軍は、秀長軍に包囲されている高城を救うために根白坂砦に夜襲をしかけた。

高城を包囲する秀長軍

高城は、島津家の家臣・山田有信が約1300人の城兵とともに守っていた。豊臣秀長は高城の周辺に、51もの付城を築き、兵糧攻めにした。さらに島津軍の援軍に備えて、根白坂砦を築いた。

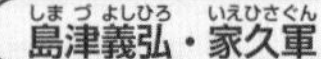

根白坂砦の危機を知った藤堂高虎は500人の兵を率いて救援に向かい、島津軍を撃破した。

夜襲をしかけたが、根白坂砦の防御は固く、攻め落とせなかった。根白坂砦の危機を知った秀長軍の藤堂高虎が約500人の兵を率いて救援に向かうと、黒田官兵衛や小早川隆景らも加わり、島津軍をはさみ撃ちにして撃退した（根白坂の戦い）。

根白坂での敗戦後も、高城は持ちこたえたが、義久が秀吉に降伏すると、ついに落城した。

根白坂砦で島津軍をはさみ撃ちにできたのが勝利につながった。

勝者
秀長軍
藤堂高虎

合戦の結果

島津義久は、秀吉本隊が薩摩への侵攻を開始すると降伏。秀吉は九州を平定した。

安土桃山 1590年

山中城の戦い

合戦ハイライト!

豊臣軍は山中城を大軍で力攻めにする!

山中城を攻める豊臣軍

山中城は優れた築城技術を駆使した防御力の高い山城だったが、豊臣軍の圧倒的な兵力には対抗できず、半日で落城してしまった。

山中城 基本情報(→P94)

築城年 1560年頃　築城者 北条氏康
構造 山城　所在地 静岡県三島市

山中城西の丸にある障子堀。

籠城	攻城
北条氏勝 (1559～1611)	**豊臣秀次** (1568～1595)
北条氏の一族。山中城に籠城して豊臣軍を迎え討った。	豊臣秀吉の姉の子。山中城の戦いでは総大将に任命された。
戦力 約4000人	戦力 約6万8000人

合戦場所

小田原城　山中城　伊豆(静岡県)

犠牲者が出るのを覚悟して力攻めする

九州を制圧した豊臣秀吉は、全国の大部分を支配下に置いたが、小田原城(→P76)を拠点に関東を治める北条氏政は、秀吉に逆らい続けた。北条氏打倒を決意した秀吉は、全国の大名に出撃を命じた。氏政は支城(補助的な城)だった山中城の改修を進め、新たに岱崎出丸を建造して待ち構えた。

1590年、約20万人の秀吉軍が小田原城に向けて進撃を開始した。秀吉は甥の秀次を総大将に任命し、約7万人の大軍をあずけると、山中城を力攻めするように命じた。秀吉は城攻めのとき、味方に戦死者が出ないように兵糧攻めや水攻めにすることが多かったが、山中城攻めでは、氏政に秀吉軍の軍事力を見せつけるため、あえて力攻めを選んだ。

一方、山中城守備隊約4000人の指揮は山中城主・松田康長や、北条一族の北条氏勝がつとめた。戦いは、先陣を任された徳川

山中城の戦い布陣図

松田康長
三の丸
本丸
北条氏勝
西の丸
徳川家康
岱崎出丸
一柳直末
山内一豊
中村一氏

先陣を任された徳川家康が西の丸を攻撃すると、中村一氏・山内一豊・一柳直末らの部隊は岱崎出丸に攻撃をしかけた。

岱崎出丸を攻撃した一柳直末は鉄砲で胸を撃たれて戦死した。直末の死を知った秀吉は、涙を流して悲しんだ。

本丸
三の丸
一柳直末軍
畝堀
一定の間隔で土壁がある堀
山内一豊軍

家康の西の丸への攻撃から始まった。それと同時に、中村一氏・山内一豊・一柳直末らは岱崎出丸に攻めこんだ。山中城の周囲には敵の侵入を防ぐ畝堀や障子堀が築かれていたため、秀吉軍には多くの戦死者が出たが、大量の鉄砲で援護射撃を加えることで侵入を成功させた。この結果、わずか半日で山中城は落城した。

北条を勢いづかせないために大軍で一気に攻め落としたのだ。
勝者
秀次軍
徳川家康

合戦の結果

山中城の落城は土の城の限界を示すことになり、以後、石垣の城が主流になっていった。

小田原城の戦い

小田原城から見た石垣山城

小田原城は約20万人ともいわれる豊臣軍に包囲された。その約3か月後、小田原城を見下ろせる石垣山に突然、総石垣の城が出現した。

小田原城 基本情報(→P76)

築城年	1417年	築城者	大森頼春
構造	平山城	所在地	神奈川県小田原市

江戸時代の姿を復元した小田原城の天守。

北条氏政（1538〜1590）

北条氏康の子。北条家を子に継がせたが実権は握り続けた。

戦力 約5万6000人

豊臣秀吉（1537〜1598）

織田信長の後継者として全国統一目前に迫った。

戦力 約20万人

合戦場所

相模(神奈川県)

小田原城

支城を次々と落とし完全に孤立させる

1590年、豊臣秀吉は約20万人の大軍を率いて、北条氏政の小田原城に向けて進軍を開始した。その途中、山中城の戦い(→P148)に勝利した秀吉軍は、その後、小田原城を包囲した。

関東の北側からは前田利家・真田昌幸らが率いる別働隊が、八王子城(→P192)など、小田原城の支城(補助的な城)を次々と落城させて包囲軍に加わった。さらに秀吉が派遣した別働隊は、江戸城や川越城(→P191)など、小田原城の東側の支城を次々と落としていった。秀吉軍の石田三成は、北条方の支城・忍城(→P152)への攻撃を開始した。

氏政は籠城戦に備えて、大量の兵糧や武器を小田原城内に貯めこんでいた。小田原城は上杉謙信や武田信玄でさえ攻め落とすことができなかった難攻不落の名城だった。そこで秀吉は、包囲開始とともに、小田原城を見下ろせる石垣

小田原城の戦い布陣図

徳川家康
北条氏政
小田原城
石垣山城
相模湾
豊臣秀吉

秀吉は徳川家康など、配下の武将たちに小田原城を完全に包囲させる一方、別働隊に小田原城の支城を攻め落とさせた。

秀吉は石垣山城を約80日かけて築城し、周囲の木々を一夜のうちに切り倒し、まるで一夜にして城が出現したように見せかけた。

石垣山城
関東で最初に築かれた総石垣の城だった

二の丸

北条軍
石垣山城を見て戦意を失ったといわれる。

山に城（石垣山城→P193）を築き始め、約80日後、完成と同時に周囲の木々を切り倒し、まるで一夜にして突然、巨大な城が出現したように見せた。秀吉軍が落城まで撤退するつもりがないことを感じた小田原城の城兵たちは戦意を失っていった。

敗北を覚悟した氏政は、城兵の命を助けることを条件に降伏して切腹し、北条氏は滅亡した。

石垣山城を築いて何年でも包囲すると見せかけて戦意を失わせたのだ。

勝者
豊臣秀吉

合戦の結果

秀吉は小田原城を落とした後、奥州（現在の東北地方）の大名も従わせ、全国を統一した。

忍城の戦い

中途半端な水攻めで攻略に失敗する

1590年、小田原城の戦い（→P150）が始まると、豊臣秀吉から派遣された別働隊は小田原城の支城（補助的な城）を次々と落城させていった。石田三成が率いる約2万6000人の別働隊は小田原城の支城・忍城を包囲した。

忍城主・成田氏長は小田原城に出陣したため、忍城は城代（城主の代理）の成田泰季が守っていた。城兵は約500人で、周辺の農民約2500人も城に入った。

三成軍は忍城への攻撃を開始したが、忍城の周囲は沼や水堀などに囲まれていたため攻めあぐねた。一方、忍城内では、城代の泰季が急死したため、泰季の子・長親が籠城戦の指揮を取った。

秀吉から「忍城を水攻めにせよ」と命じられた三成は、忍城の周囲に全長約28kmの堤防を築き、利根川の水を流しこんだ。しかし、忍城の本丸は沈まず、まるで城が水に浮かぶように見えたという。

忍城は、もともと水堀や湿地に囲まれていた。三成は忍城の周囲に堤防を築き、川の水を流しこんだ。

水攻めにしても忍城の本丸は沈まず、水に浮いているように見えた。

三成軍の堤防の決壊

豪雨によって本丸が沈みそうになると、成田長親は家臣に堤防を破壊するように命じた。堤防が決壊すると、水があふれ出て石田軍の兵士約270人がおぼれ死んだ。

その後、豪雨によって本丸が沈みそうになると、長親は忍城から兵を出撃させ、堤防を破壊した。これにより、三成軍の兵士約270人が流されて死亡した。苦戦が続く三成軍に援軍が加わったが、それでも忍城を落とせなかった。

そのうち小田原城が落城したため、しかたなく長親は降伏した。小田原城の落城まで持ちこたえた支城は、忍城だけだった。

勝者

小田原城が落ちたので
忍城も降伏したが…
勝った気がしない。

石田三成

合戦の結果

忍城を攻め落とすことができなかった三成は、「合戦が下手」だという評判が広まった。

安土桃山 1600年

長谷堂城の戦い

1000人の城兵で兼続の猛攻を防ぐ

1600年、天下をねらう徳川家康は反抗を続ける会津(福島県)の上杉景勝を倒すために大坂城から出撃した。すると石田三成は挙兵し、家康方の伏見城(↓P214)を攻め落とした。家康は東軍(徳川軍)を組織して引き返し、三成の西軍(反徳川軍)と関ケ原(岐阜県)で戦うことになった。

家康が引き返したことを知った景勝の参謀・直江兼続は、約2万人の上杉軍を率いて、東軍の最上義光の領地に攻めこんだ。兼続は義光の拠点・山形城(↓P177)の支城(補助的な城)だった長谷堂城を包囲し、総攻撃をしかけた。しかし長谷堂城は周囲を堀で囲まれ、曲輪や土塁が効果的に配置された山城で、防御力が極めて高かった。また、城主の志村光安は約1000人の城兵とともに必死に抵抗したため、兼続は長谷堂城を落とせなかった。激しい戦闘が続くなか、義光は

合戦ハイライト！

名将・直江兼続は長谷堂城を攻撃するが、落とせなかった！

長谷堂城の戦い布陣図

直江兼続は関ケ原の戦いで東軍（徳川軍）の勝利を知ると撤退を開始。最上・伊達連合軍は兼続を激しく追撃した。

兼続は最上・伊達連合軍の追撃を鉄砲隊で防ぎながら、無事、米沢城に帰り着いた。

長谷堂城を攻める兼続軍

直江兼続は長谷堂城の西に本陣を構えて激しく攻撃したが、攻め落とすことができなかった。最上義光は長谷堂城を救うために山形城から出撃し、伊達政宗も援軍を送った。

援軍を率いて長谷堂城の東に陣を構えると、義光の求めに応じて伊達政宗が送った援軍も到着した。するとそこに、関ケ原の戦いで東軍が勝利したという知らせが届けられた。兼続は撤退を開始。それを見た最上・伊達連合軍は激しく追撃した。義光の兜には銃弾が当たるほどの激戦になったが、兼続は無事に上杉軍を米沢城（→P181）に連れて帰った。

兼続を討ち取れる好機であったのに…くやしい！

勝者
最上・伊達連合軍
最上義光

合戦の結果

関ケ原で勝った家康により、上杉家の領地は会津120万石から米沢30万石に減らされた。

家康は大砲攻撃で和解に持ちこむ

関ケ原の戦いに勝利した徳川家康は、1603年、江戸幕府を開き、徳川家が全国の大名を支配する体制を固めていった。しかし、表面的には家康に従っていても、本心では大坂城(→P225)の豊臣秀頼(秀吉の子)に忠誠を誓う大名もいた。幕府を守るには豊臣家を倒すしかないと考えた家康は、秀頼との最終決戦を想定して、名古屋城(→P44)などを築いた。そして1614年、秀頼が徳川家に従うことを拒否すると、全国の大名に出撃を命じ、約20万人の大軍で大坂城を包囲した。

一方の秀頼は、約10万人の兵力を集めて守りを固めた。深い堀と高い石垣で囲まれた大坂城は難攻不落の名城だったが、秀頼軍の武将・真田幸村(真田昌幸の子)は、大坂城の南側に弱点を見つけ、そこに「真田丸」と呼ばれる出城をつくった。幸村は家康軍を挑発して真田丸に誘き寄せると、鉄砲

家康は全国の大名を引き連れて、約20万人で大坂城を包囲した。真田丸は大坂城の南に築かれた。

徳川軍が真田丸にぎりぎりまで近づいた瞬間、真田幸村は鉄砲隊に射撃させた。

大坂城の総構から突き出すように築かれた真田丸

総構

徳川軍

真田丸

徳川軍

築山
土を盛り上げて築いた人工の山で、高い位置から鉄砲で敵を攻撃できる

仕寄り道
鉄砲の弾を防ぎながら城に近づくための空堀の道

隊で攻撃して大打撃を与えた。

力攻めで大坂城を落とすのは無理だと考えた家康は、大坂城の周囲に最新式の大砲を配置し、連日連夜、砲撃を加えた。このうち本丸に届いた砲弾によって、淀殿（秀頼の母）の世話役の女性が死亡すると、淀殿は恐怖を感じて和解交渉を開始した。家康は大坂城の外堀を埋めることを条件に和解に応じた。

大坂城は力攻めして落とせない。和解にもちこむのは最初からの計画じゃ…

徳川家康

合戦の結果

家康は「外堀を埋める」という和解の条件を無視し、内堀まで埋めて大坂城の防御力を失わせた。

内堀のない大坂城は防御力を完全に失う

大坂冬の陣（→Ｐ１５６）の和解の条件は大坂城（→Ｐ２２５）の外堀だけを埋めることだった。しかし、徳川家康は約束を破って内堀まで埋めたため、大坂城の防御力は完全に失われた。

冬の陣の翌年、家康は豊臣秀頼に大坂城を出るように要求した。秀頼がこれを断ると、家康は再び全国の大名に命じて約15万人の大軍を組織し、大坂城へ向かった。

約5万人の秀頼軍は、籠城戦では勝てないと判断し、大坂城を出て戦う作戦を立てた。こうして大坂城の南で最終決戦が行われることになった。5月7日の正午頃、両軍の戦いが始まると、真田幸村は、甲冑や軍旗などを真っ赤に染め上げた約３０００人の兵を率いて、家康の本陣に捨て身の突撃をしかけた。幸村のすさまじい攻撃に、家康は本陣を捨てて逃げ出し、切腹を覚悟したといわれるが、圧倒的な大軍を前に幸村は力尽き、

大坂夏の陣布陣図

豊臣秀頼
大坂城
平野川
真田幸村
徳川家康

大坂城の外堀・内堀は埋められて防御力を失っていたので、真田幸村ら秀頼軍の武将は大坂城を出て戦うしか道はなかった。

落城する大坂城

1615年5月7日の正午頃、大坂城の南で豊臣軍と徳川軍の最後の決戦が始まった。午後3時頃には徳川軍の勝利が決まり、夕方には大坂城は炎に包まれて落城した。

真田幸村は決死の突撃で家康を追いつめたが、圧倒的な大軍の前に力尽きて戦死した。

ついに討ち取られた。

午後3時頃、総崩れとなった秀頼軍が大坂城の本丸に退却すると、家康軍は追撃して大坂城に乱入した。大坂城には火が放たれ、夕方には天守が焼け落ちて落城した。秀頼は妻の千姫（家康の孫娘）を脱出させ（→P27）、家康に命を助けてほしいと訴えたが、拒絶されると、母・淀殿とともに自害し、豊臣氏は滅亡した。

合戦の結果

豊臣氏が滅亡したことで徳川家を脅かす存在はいなくなり、江戸幕府の支配体制が確立した。

島原・天草一揆

包囲される原城

幕府軍の総指揮官となった松平信綱は、原城を兵糧攻めにするため、周囲に付城（攻撃用の臨時の城）を築いて完全に包囲した。

原城 基本情報

築城年 1496年　築城者 有馬貴純
構造 平山城　所在地 長崎県南島原市

現在の原城本丸跡に残る石垣。

籠城
天草四郎
(1621?～1638)
本名は益田時貞。キリスト教の信者で、一揆軍の指導者。
戦力 約3万7000人

VS

攻城
松平信綱
(1596～1662)
江戸幕府の老中（最高職）。幕府軍の総指揮官となった。
戦力 約12万人

合戦場所
肥前（長崎県）
原城

幕府軍は原城の一揆軍に苦戦する

島原地方（長崎県）は、キリシタン（キリスト教の信者）の大名・有馬晴信の支配が長かったので、キリシタンが多い地域だった。

1612年、江戸幕府がキリスト教を禁止し、2年後、有馬氏に代わって松倉重政が島原の領主となった。重政はキリシタンを厳しく取りしまり、領地に不釣り合いな規模の島原城（→P242）を築城し、その費用を払うため、農民から重い税を取り立てた。

不満を爆発させた島原の農民たちは、1637年、天草四郎を指導者に立てて一揆を起こした。この動きが伝わった天草地方（熊本県）でも一揆が起こり、島原と天草の一揆軍は合流。約3万7000人の大軍になった一揆軍は、原城に立てこもった。

幕府から一揆軍を倒すように命じられた九州の大名たちは、原城を包囲し、総攻撃をしかけた。しかし原城は三方を断崖に囲ま

断崖絶壁の上に築かれた原城の防御力はとても高かった。松平信綱は作戦を兵糧攻めに切り替えて包囲を続けた。

籠城から3か月後、食料が尽きた一揆軍に対して、幕府軍は総攻撃をしかけて勝利した。

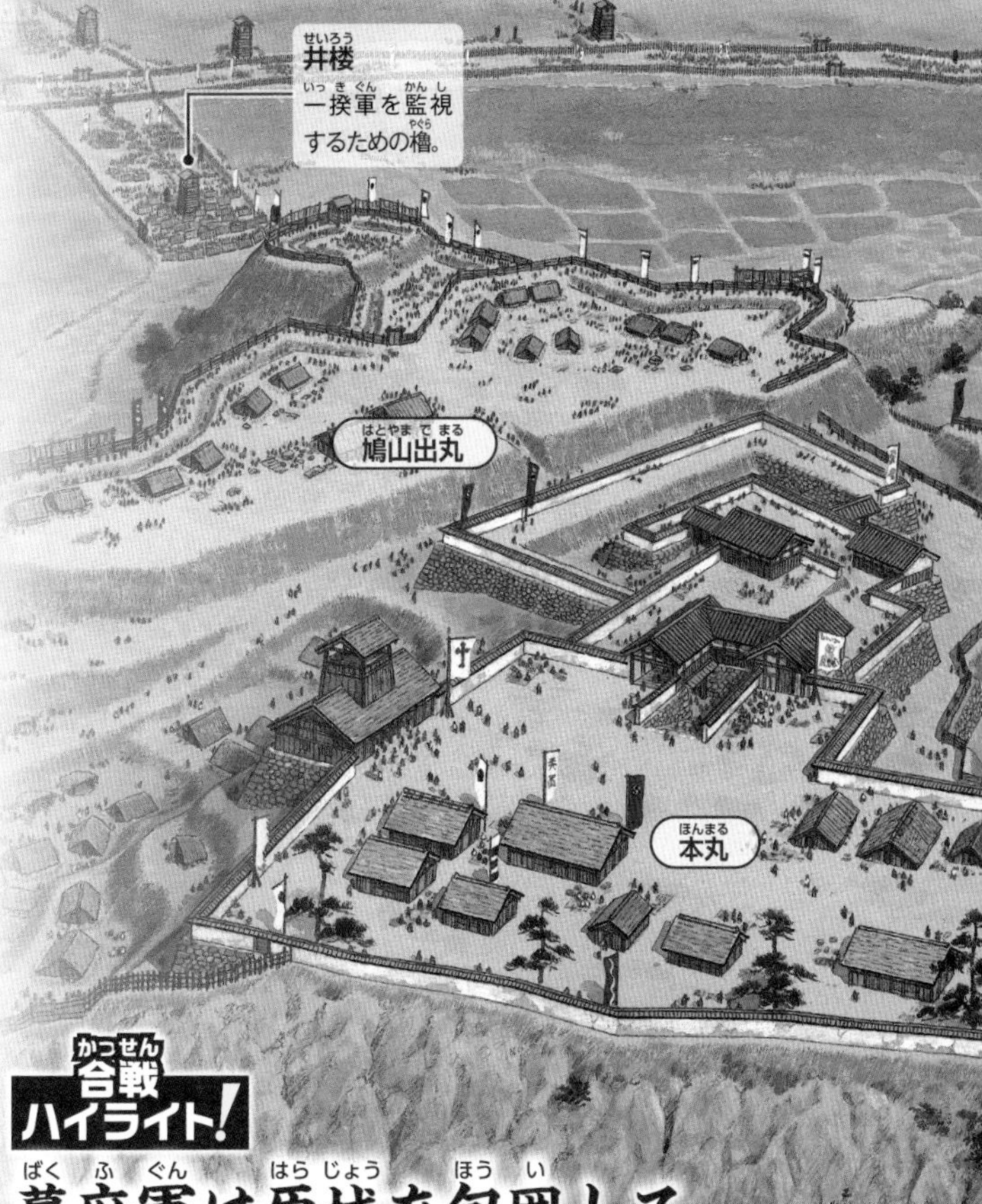

合戦ハイライト!

幕府軍は原城を包囲して兵糧攻めにする!

れていたため防御力は高く、一揆軍も必死に抵抗したので攻め落とすことができず、苦戦が続いた。

そこで幕府は、老中(幕府の最高職)の松平信綱を総大将に任命した。信綱は作戦を兵糧攻めに変更し、厳重な包囲を続けた。約3か月後、原城の兵糧が尽きたのを確認した信綱は、約12万人の大軍に総攻撃を命じた。一揆軍に抵抗する力はなく、皆殺しにされた。

勝者
松平信綱

一揆軍に降参するように呼びかけたのだが、厳しい結果になってしまった…

合戦の結果

キリシタンの反乱を恐れた幕府は、キリスト教を徹底的に禁止し、海外との貿易も制限した。

明治 1868年

会津戦争

砲撃を受ける会津若松城
新政府軍は小田山に陣を置いて、最新式の大砲「アームストロング砲」などを使って1日に約2000発の砲弾を会津若松城に撃ちこんだ。会津軍は約1か月の籠城の末、降伏した。

会津若松城 基本情報(→P74)

築城年 1384年　築城者 蘆名直盛
構造 平山城　所在地 福島県会津若松市

会津戦争で破壊された会津若松城天守。

籠城	攻城
松平容保(1835〜1893)	**板垣退助**(1837〜1919)
会津藩(福島県)の藩主。幕末に京都守護職をつとめた。	土佐藩(高知県)の兵を率いて新政府軍を率いて戦った。
戦力 約9000人	戦力 約7万5000人

合戦場所

城下の藩士たちが籠城して抵抗する

1867年10月、15代将軍・徳川慶喜は京都の二条城(→P212)で政権を朝廷に返す「大政奉還」を表明し、江戸幕府は滅亡した。薩摩藩(鹿児島県)や長州藩(山口県)などの有力藩士は、天皇を中心とした新政府を成立させ、慶喜の官位と領地を取り上げた。このため新政府と旧幕府勢力との対立が深まり、1868年1月、両軍は京都南部の鳥羽・伏見で激突した。こうして「戊辰戦争」と呼ばれる内乱が始まった。

鳥羽・伏見の戦いに敗れた慶喜は、江戸に逃走後、新政府軍に降伏し、江戸城を明け渡した。幕末に京都守護職として反幕府勢力を取りしまっていた会津藩主・松平容保は新政府軍に降伏したが許されず、戦うことを決意した。

新政府軍は会津方の白河小峰城(→P179)や二本松城(→P181)を攻め落とし、容保の会津若松城に迫った。城下町の藩士とそ

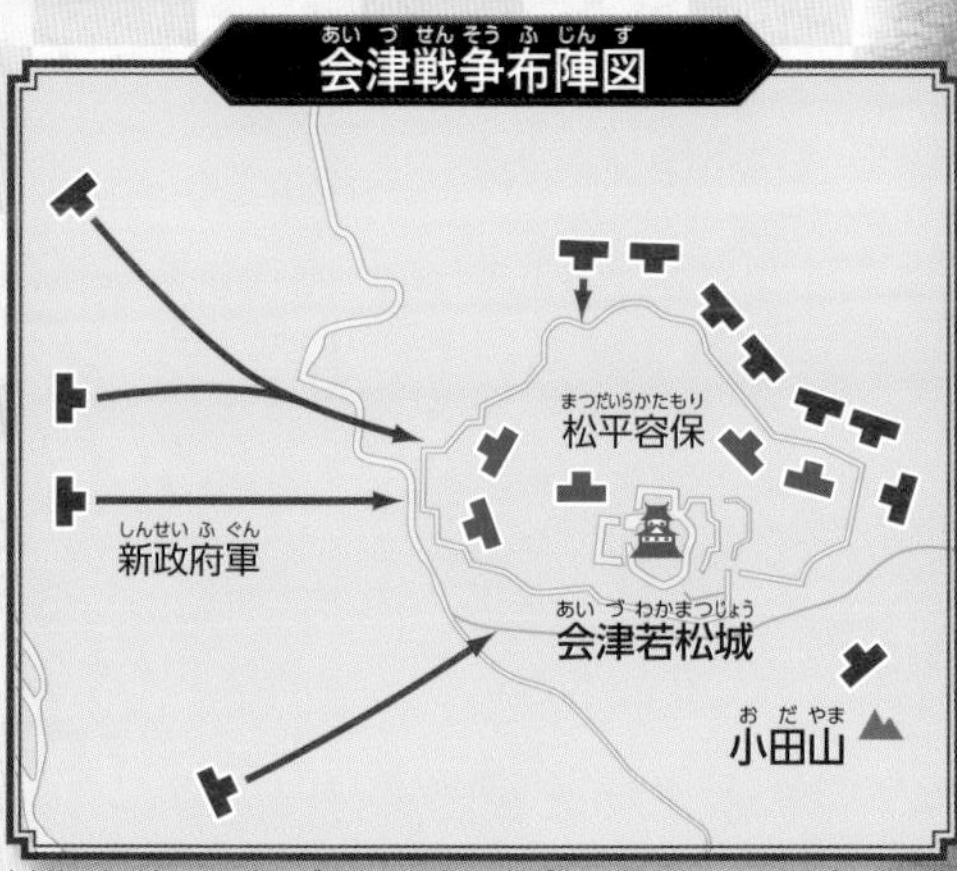

会津戦争布陣図

松平容保
新政府軍
会津若松城
小田山

新政府軍は、会津若松城を完全に包囲し、城外から援軍が入れないようにすると、小田山から激しい砲撃を加えた。

「白虎隊」の少年兵士たちは、炎に包まれた城下町を見て「城が燃えている」とかんちがいして敗北を覚悟し、次々と自害していった。

合戦ハイライト!

新政府軍は会津若松城に大砲を撃ちこむ!

三の丸
二の丸
天守
本丸
水堀

の家族は会津若松城に入って新政府軍に抵抗を続け、少年部隊「白虎隊」まで決死の覚悟で戦った。

新政府軍は会津若松城を完全に包囲すると、城の東南に位置する小田山から最新式の大砲で激しく砲撃した。戦闘開始から約1か月後、城内の兵糧や武器が尽き、援軍を期待していた米沢藩(山形県)が降伏すると、容保は降伏し、会津若松城は落城した。

勝者
板垣退助

城を包囲して、最新式の大砲で攻撃したのが効果的だった。

合戦の結果

東北地方で新政府に逆らう藩はなくなり、抵抗を続ける旧幕府軍は蝦夷地(北海道)へ向かった。

遠距離砲撃によって五稜郭が陥落する

1868年1月に戊辰戦争が始まり、江戸城が新政府軍に明け渡されると、江戸幕府の海軍副総裁だった榎本武揚は、旧幕府艦隊を率いて江戸を脱出した。仙台(宮城県)でかつて新選組(幕府の治安部隊)だった土方歳三と合流した武揚は、蝦夷地(北海道)に上陸し、箱館の五稜郭を占領。蝦夷地を拠点にする松前藩は武揚らに抵抗したが、歳三は松前城(→P180)を攻め落とし、蝦夷地を平定。武揚は蝦夷共和国を建国した。

翌年、新政府軍が蝦夷共和国を倒すために艦隊を送りこむと、歳三らは宮古湾(岩手県)で迎え撃とうとしたが敗北した。新政府軍は乙部(北海道)に上陸して箱館に向けて進軍を開始。その一方、新政府艦隊は箱館湾に向かい、旧幕府艦隊を撃破し、箱館湾を制圧した(箱館湾海戦)。

新政府軍の総攻撃が始まると、歳三は危機におちいった弁天岬台

箱館戦争布陣図

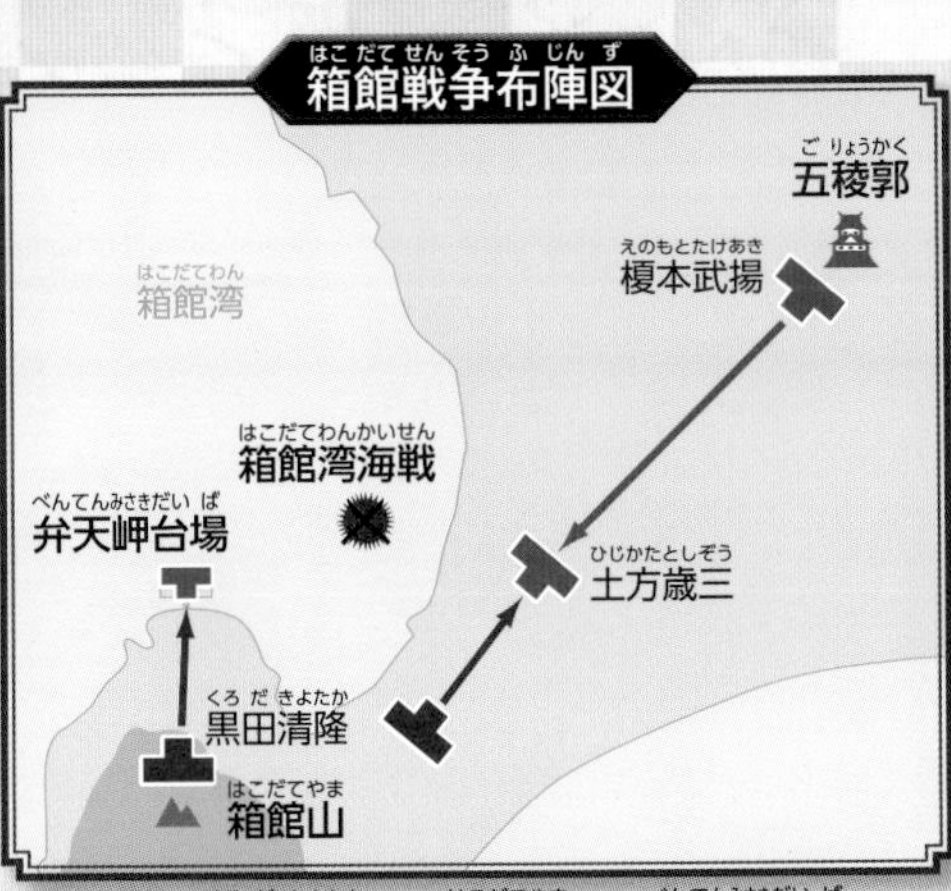

新政府軍の黒田清隆は、箱館山から弁天岬台場を攻撃した。旧幕府軍の土方歳三は、弁天岬台場の救出に向かった。

弁天岬台場を救うために出撃した土方歳三は、新政府軍の銃弾を受けて戦死した。

戊辰戦争時の五稜郭

榎本武揚ら旧幕府軍は五稜郭や弁天岬台場を占領し、新政府軍を待ち構えていた。しかし、新政府軍の軍艦は弁天岬台場を砲撃し、箱館湾を制圧。さらに、砲弾が4km以上も届く高性能の大砲で五稜郭を砲撃した。

千代ケ岱陣屋
仙台藩(宮城県)が築いた蝦夷地防衛の拠点。旧幕府軍が陣地として利用した

五稜郭

箱館奉行所
蝦夷地を治める幕府の役所だったが、旧幕府軍が占領した

稜堡
稜堡とは城壁から突き出す形で築かれた陣地。どの角度から攻撃されても反撃できる構造になっている

場(砲台)を救うために五稜郭から出撃するが戦死した。さらに、箱館湾の新政府艦隊からの遠距離砲撃によって五稜郭の建物は破壊され、大きな被害が出た。反撃しようにも、五稜郭の大砲は箱館湾まで届かなかった。

弁天岬台場や千代ケ岱陣屋など、旧幕府軍の拠点が次々と陥落すると武揚は降伏し、7か月に及んだ箱館戦争は終わった。

新政府軍の軍艦の砲弾が箱館湾から五稜郭に届いたことで勝負は決まった。

黒田清隆　勝者

合戦の結果

榎本武揚の降伏によって箱館戦争は新政府軍の勝利で終わり、1年半に及ぶ戊辰戦争が終わった。

西南戦争

隆盛軍は熊本城の攻略に失敗する

江戸幕府が倒れ、新政府が成立すると、士族(旧武士)は給与がなくなり、特権も失われた。不満を高めた士族たちは、全国各地で反乱を起こすようになったが、すべて新政府軍に制圧された。

新政府の高官だった西郷隆盛は、辞職して故郷の鹿児島に戻っていたが、反乱を起こすつもりはなかった。しかし、1877年、鹿児島の士族が新政府の火薬庫を襲うと、やむなく挙兵した。

鹿児島を出発した約1万3000人の隆盛軍は、熊本鎮台(九州の陸軍部隊)が置かれた熊本城を攻撃目標に定めた。それを知った熊本鎮台の司令官・谷干城は、籠城戦を決意。その準備が整ったところで熊本城の天守をはじめ、多くの建物が原因不明の出火によって焼失した。

熊本城を包囲した隆盛軍は、水攻めにして激しく攻撃したが、新政府軍の必死の防戦により攻め

熊本城の包囲が困難だと判断した隆盛軍は、周囲の川の水を引きこんで水攻めを行ったが、効果は小さかった。

熊本城の救出に向かう新政府軍と、それを阻止したい隆盛軍は田原坂で激突した。２週間後、隆盛軍は敗れて撤退した。

合戦ハイライト！ 熊本城の天守が火災で焼失する！

炎上する大天守・小天守

隆盛軍が鹿児島を出発して熊本に向かうと、新政府軍の熊本鎮台（九州の陸軍部隊）を率いる谷干城は熊本城に籠城することを決定。その直後、火災によって天守が焼失した。火災の原因は今も不明である。

落とせなかった。新政府軍の援軍が熊本城に近づくと、隆盛軍は田原坂（熊本県）で迎え撃とうとしたが、激闘の末、敗れて退却した。援軍が熊本城に入ると、包囲を続けていた隆盛軍は撤退した。

その後、隆盛軍は九州各地を転戦するが敗北を重ねた。隆盛は鹿児島に戻って約５００人の兵と城山に立てこもったが、新政府軍の総攻撃を受けると自害した。

勝者
谷干城
難攻不落の熊本城だったので籠城戦を耐え抜けた。

合戦の結果

西南戦争は最後の士族の反乱となり、以後、日本で内戦は起きることはなかった。

中世の山城は合戦専用だった!?

騎馬の大軍と戦うには山城が効果的だった

平安時代末期（12世紀末）に源氏と平氏などの武士たちが激しく争った時期、合戦のとき臨時の山城が築かれることがあった。山城は短期間に小規模な土木工事で築ける軍事拠点だった。

また、当時の武士は馬に乗って戦うのが基本だったので、馬で上れない山城は少数の兵で大軍を迎え撃つときに効果的だった。内乱が続いた南北朝時代（14世紀後半）には、こうした臨時の山城が全国に広がった。

15世紀後半に戦国時代が始まると、地方の領主は山のふもとに堀をめぐらせた居館（屋敷）を築いて住み、合戦になれば山城（詰城）に籠城して戦った。やがて、毛利元就や上杉謙信のように、巨大な山城に住む戦国大名が現れた。

狼煙
合図や警報のために高く上げる煙

矢倉
高所から敵に矢を射る建物

堀切
尾根から侵入する敵を防ぐ堀

独鈷山城（栃木県）の復元図
標高約305mの独鈷山に築かれた山城で、傾斜がゆるやかな斜面に曲輪が築かれている。中世に数多く築かれた小規模な臨時の山城のひとつ。

居館と詰城
武田信玄の躑躅ケ崎館（→P187）は、日常生活用の居館で、要害山城は籠城用の詰城である。

3章 地域別日本の名城

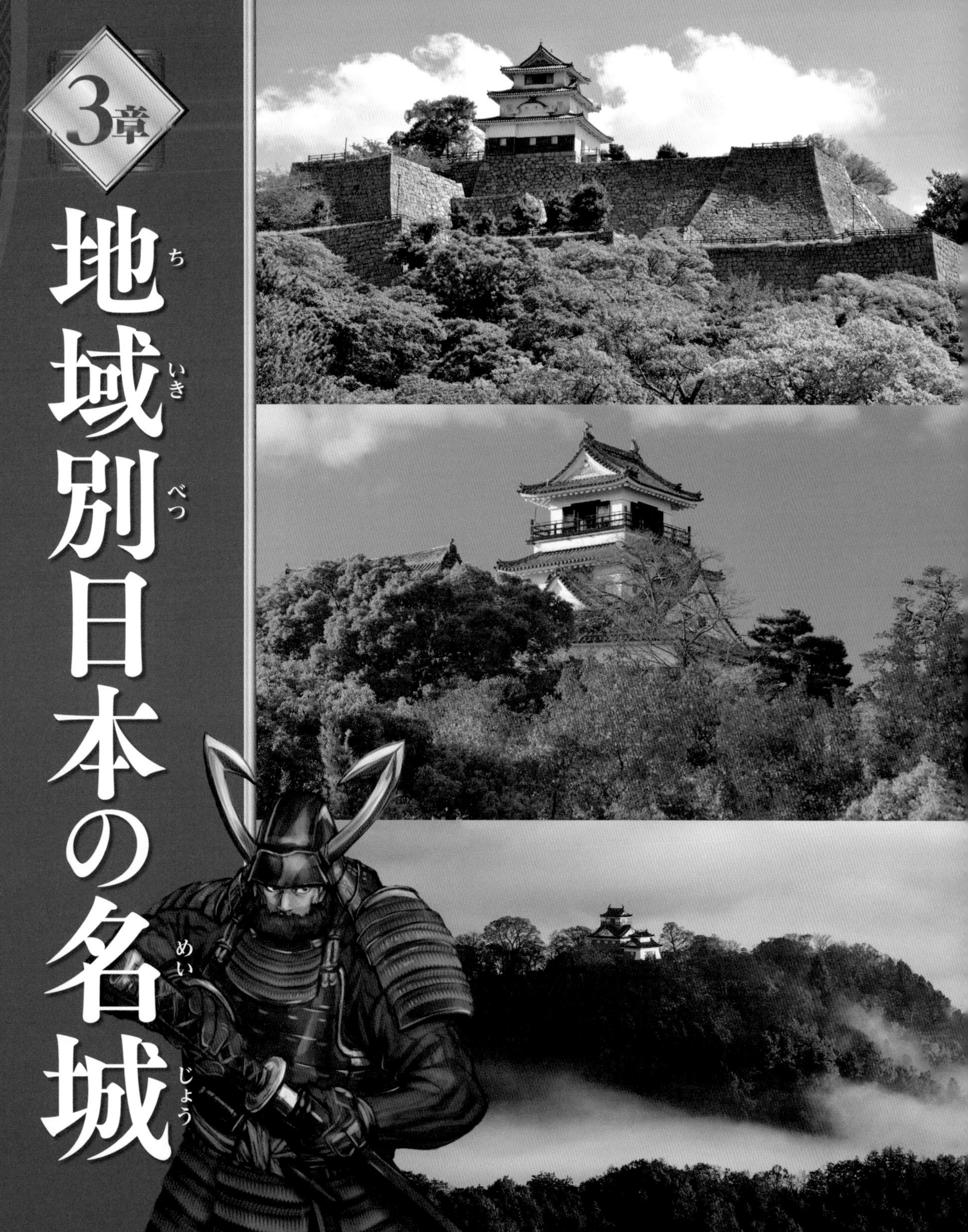

江戸時代以前から残る天守

現存十二天守

江戸時代までに建てられて、現在まで残っている天守は、全国で12基しかない。とても貴重な天守なのだ。

1606年建造
彦根城
(→P60)
国宝

1601年建造
犬山城
(→P202)
国宝

1594年建造
松本城
(→P78)
国宝

1624年頃建造
丸岡城
(→P197)

1611年建造
松江城
(→P90)
国宝

1609年建造
姫路城
(→P24)
国宝

1683年建造
備中松山城
(→P228)

1666年頃建造
宇和島城
(→P233)

1660年建造
丸亀城
(→P232)

1853年建造
伊予松山城
(→P66)

1811年建造
弘前城
(→P172)

1749年建造
高知城
(→P226)

※天守の建造年については諸説あります。

現存三重櫓

江戸時代以前に建てられ、現在まで残っている三重櫓（三層櫓）は、天守と同じく、全国で12基しか残っていない。

江戸城 （→P48）

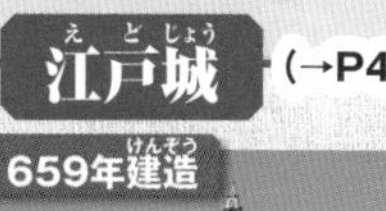

1659年建造

富士見櫓

弘前城 （→P172）

1611年建造

丑寅櫓

1611年建造

未申櫓

1611年建造

辰巳櫓

明石城 （→P223）

1620年建造

巽櫓

1620年建造

坤櫓

彦根城 （→P60）

1604年頃建造

西の丸三重櫓

名古屋城 （→P44）

1619年建造

西北隅櫓

熊本城 （→P52）

1601年頃建造

宇土櫓

高松城 （→P88）

1677年建造

艮櫓

1676年建造

着見櫓

福山城 （→P235）

1622年建造

伏見櫓

※三重櫓の建造年については諸説あります。

青森県

弘前城

東北地方で現存する唯一の天守を備える

天守
当初は五層の天守が備えられていたが、1627年に落雷で焼失。現在の三層三階の天守は、1811年、本丸の隅櫓を改築して建てられた。

DATA

別称	高岡城
築城年	1610年
築城者	津軽信枚
おもな城主	津軽氏
構造	平城
所在地	青森県弘前市

南部氏から独立した津軽氏が築いた居城

戦国時代、津軽地方（青森県）は南部氏が治めていたが、南部氏の家臣だった津軽為信が独立して領地にした。1603年に江戸幕府が成立すると、為信は弘前城築城の計画を立てた。

しかし、工事がほとんど進まないうちに為信は病死。このため、為信の子・信枚が弘前城を完成させた。津軽藩（青森県）の石高（米の生産高）は、当時4万7000石だったが、弘前城は30万石の大名が築くような大規模な城だった。天守は江戸時代後期に再建されたものが現在まで残っている。辰巳櫓・丑寅櫓・未申櫓も江戸時代から残る三重櫓で、二の丸東門をはじめとする5つの城門も現存している。

関連人物

津軽為信（1550～1607）
弘前藩の初代藩主。南部氏の家臣だったが、独立して津軽地方を統一した。

ビジュアルで再現！

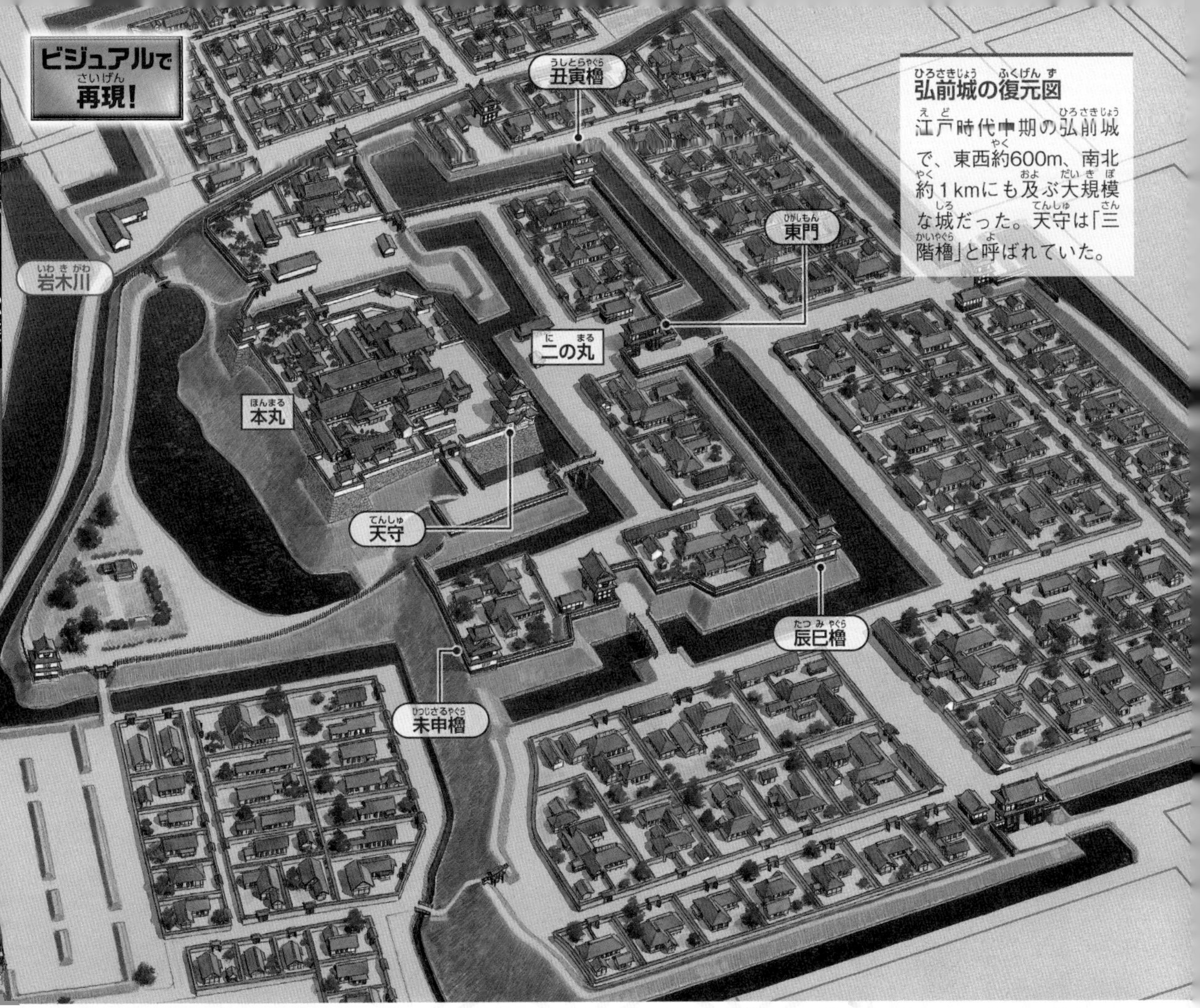
丑寅櫓
東門
岩木川
二の丸
本丸
天守
辰巳櫓
未申櫓

弘前城の復元図

江戸時代中期の弘前城で、東西約600m、南北約1kmにも及ぶ大規模な城だった。天守は「三階櫓」と呼ばれていた。

おもしろお城エピソード

弘前城の天守は〝引っ越し〟した!?

2015年、天守下の石垣を修理するため曳屋が行われた。曳屋とは建物を解体せずに移動させること。ジャッキで持ち上げられレールに乗せられた天守は、約2か月をかけて70m移動した。

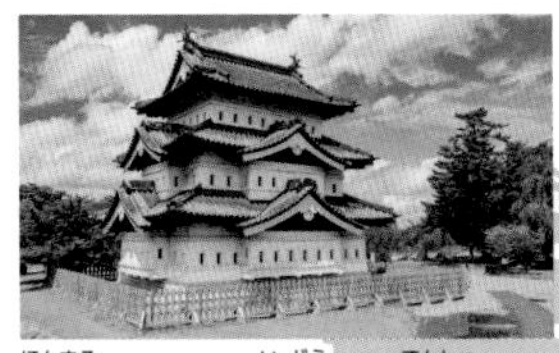

本丸の中心に移動した天守。

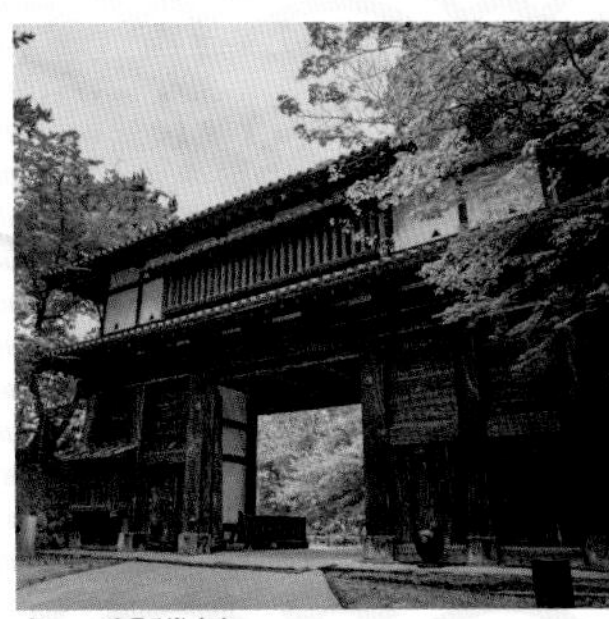

二の丸東門

三の丸から二の丸に通じる門で、江戸時代の初期に建造されたと考えられる。

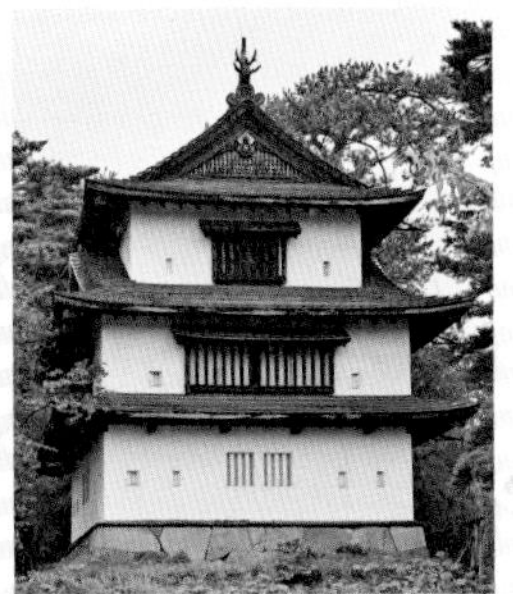

二の丸辰巳櫓

敵を監視し、攻撃するための櫓。防弾・防火のために土蔵造りになっている。

宮城県

仙台城

伊達政宗が築いた実戦的な山城

大手門脇櫓

大手門や脇櫓は1945（昭和20）年の空襲によって焼失したが、現在、脇櫓だけが復元されている。

DATA

別称 青葉城
築城年 1600年
築城者 伊達政宗
おもな城主 伊達氏
構造 山城
所在地 宮城県仙台市

関ケ原の戦い後に築かれた険しい山城

1600年の関ケ原の戦いのとき、東軍（徳川軍）に味方して上杉景勝軍と戦った伊達政宗は、徳川家康から領地を増やしてもらい、合計62万石の大名になった。さらに、家康から城を築く許可をもらった政宗は、青葉山（宮城県）に仙台城を築き始めた。

仙台城は、この時期に建造された城としては珍しい山城で、実戦を想定しているのが特徴。本丸と西の丸は崖の上に築かれ、周囲は高い石垣で囲まれていた。天守は建てられなかったが、本丸には豪華な御殿が建ち並び、政宗はこの御殿で暮らしていた。

その後、2代藩主・伊達忠宗によって、二の丸と三の丸が設けられた。

築城者

伊達政宗（1567～1636）

仙台藩の初代藩主。仙台城を築いて城下町を整備。仙台藩の発展に尽くした。

ビジュアルで再現！

二の丸
大手門
本丸御殿
西の丸
東の丸
本丸

懸造
崖に張り出すように築かれた建物で、城下町を眺めることができた

広瀬川

仙台城の復元図
青葉山に築かれた仙台城は、高さ60m以上の断崖の下を広瀬川が流れ、城の西側には深い森が広がっていた。敵は北側から攻めるしかなかった。

おもしろお城エピソード

天下をねらって仙台城を築いた!?

政宗は幕府から警戒されないように仙台城に天守を築かなかったが、実際は戦うための城で、政宗は天下をねらっていたという。政宗は死ぬ直前、「この城は平和な世にふさわしくないので改修せよ」と言い残したそうだ。

本丸の石垣

四角く切った石を積み上げる切込接（→P59）による石垣。この石垣の中から政宗時代の野面積の石垣が見つかっている。

岩手県

盛岡城

東北随一の総石垣の堅城

盛岡を治める南部氏が築いた総石垣の城

戦国時代、陸奥(現在の東北地方)北部は南部氏が支配していた。豊臣秀吉が全国を統一すると、南部信直は秀吉に従い、これまでの領地の支配を認められた。信直は盛岡城を築き始めたが、完成前に病死してしまう。その後、子の利直が盛岡城を完成させた。

盛岡城は本丸・二の丸・三の丸・腰曲輪を高い石垣で囲んだ総石垣の城。天守の代わりに御三階櫓が建てられていたが、江戸時代に焼失した。

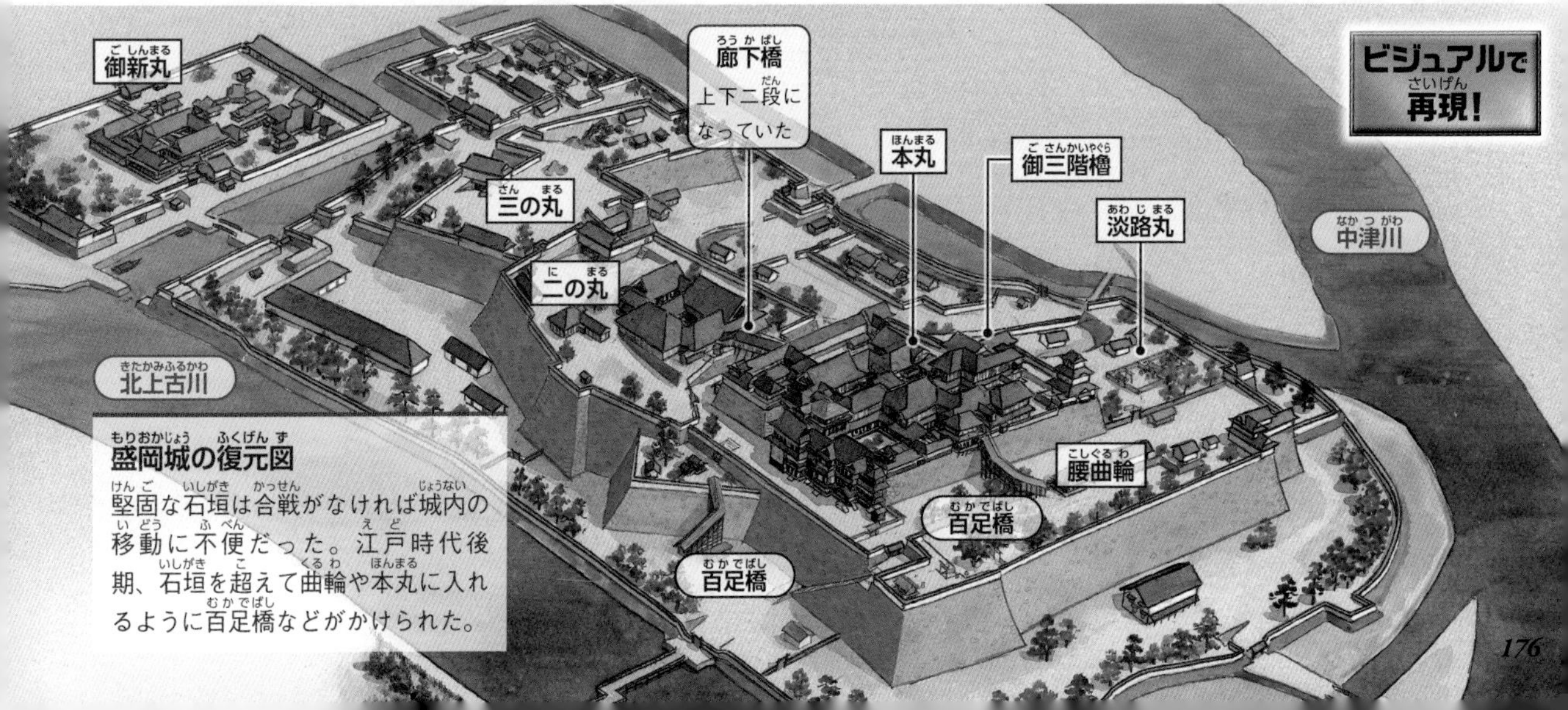

腰曲輪の石垣

石垣がふくらんで崩れるのを防ぐため、下の部分に補強用の石垣が築かれている。

DATA

別称	不来方城
築城年	1598年
築城者	南部信直
おもな城主	南部氏
構造	平山城
所在地	岩手県盛岡市

ビジュアルで再現！

盛岡城の復元図

堅固な石垣は合戦がなければ城内の移動に不便だった。江戸時代後期、石垣を超えて曲輪や本丸に入れるように百足橋などがかけられた。

山形県

山形城

最上義光が改修した広大な城

東大手門と大手橋
高麗門、櫓門、続櫓、北櫓に囲まれた枡形門で、1991年に復元された。二の丸堀かけられた木造の大手橋を渡って城内に入る。

本丸一文字門
一文字門は本丸の正門で、高麗門や土塀などが復元されている。

DATA

- 別称　霞ケ城
- 築城年　1357年
- 築城者　斯波兼頼
- おもな城主　最上氏、鳥居氏、堀田氏、秋元氏
- 構造　平城
- 所在地　山形県山形市

豊臣を憎んだ義光は関ケ原で東軍につく

山形城は、南北朝時代に斯波兼頼が築いたとされる。兼頼は姓を「最上」に変え、山形で勢力を拡大した。

戦国時代末期の最上氏の当主・最上義光は、豊臣秀吉に従い、最愛の娘の駒姫を豊臣秀次（→P148）と結婚させた。しかし、秀次が反乱の罪で切腹すると、駒姫も処刑される。このため義光は豊臣氏を憎んだという。

関ケ原の戦いでは、義光は東軍（徳川軍）に味方し、西軍（反徳川軍）の直江兼続と戦った（→P154）。その手柄で義光は山形藩（山形県）57万石の大名となり、山形城の三の丸を増築するなど大改修を行った。

城主

最上義光（1546～1614）
山形藩の初代藩主。関ケ原の戦いで東軍（徳川軍）に味方し、57万石の大名となった。

宮城県

片倉小十郎が城主をつとめた 白石城

天守
白石城の天守である三階櫓は、1995年、江戸時代の史料をもとに忠実に木造で復元された。

大手二ノ門
天守とともに江戸時代の姿が忠実に復元された。

DATA

別称	益岡城
築城年	1591年
築城者	蒲生郷成
おもな城主	蒲生氏、片倉氏
構造	平山城
所在地	宮城県白石市

城主

片倉小十郎（1557～1615）
伊達政宗の参謀で、本名は景綱。豊臣秀吉に従うように政宗を説得して伊達家を守った。

特別に認められた政宗の参謀の居城

戦国時代、白石（宮城県）は伊達氏の領地だったが、１５９１年、豊臣秀吉の命令で蒲生氏郷が治めることになった。白石城は、氏郷の家臣・蒲生郷成が築いたとされる。その後、白石城は上杉景勝が支配した。

関ケ原の戦いのとき、東軍（徳川軍）についた伊達政宗は、西軍（反徳川軍）の白石城を攻撃し、わずか1日で攻め落とした。その後、政宗は参謀の片倉小十郎に白石城を与えた。

１６１５年、江戸幕府は全国の大名に、自分が住んでいる城以外の城をすべて壊すように命じたが、白石城は例外的に存続を認められた。

福島県

白河小峰城

総石垣づくりの東北の名城

三重櫓と前御門

実質的な天守だった三重櫓は戊辰戦争で焼失したが、1991年に江戸時代の姿のまま木造で復元された。1994年には本丸の正門である前御門も復元された。

「鷹の目」の石垣

清水門を入った場所の石垣には、石を円形に積んだ箇所があり、「鷹の目」と呼ばれている。

DATA

別称	小峰城
築城年	1340年頃
築城者	結城親朝
おもな城主	結城氏、蒲生氏、丹羽氏、松平氏
構造	平山城
所在地	福島県白河市

東北の大名たちを牽制する役割を担う

白河小峰城は、江戸時代、江戸幕府が東北の大名を監視させるため、丹羽長重を城主にして大改修させた。その後、「寛政の改革」を実行した松平定信などが城主となった。戊辰戦争では、新政府軍の攻撃で落城・炎上した。

心に響くお城秘話

城づくりの技術で大名に返り咲いた⁉

織田信長の重臣・丹羽長秀の子だった丹羽長重は、信長の死後、領地を減らされ続けた。関ケ原の戦いでは西軍(反徳川軍)についたため、領地を没収された。しかし、幕府から築城の技術を評価された長重は白河小峰城の大改修を命じられ、再び大名となった。

北海道

松前城

戊辰戦争で落城した城

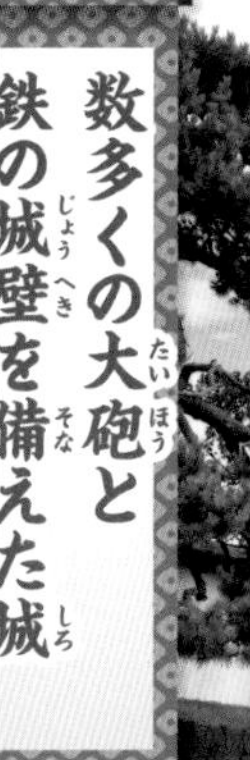

数多くの大砲と鉄の城壁を備えた城

松前城は、1600年、蝦夷地（北海道）を治める松前藩初代藩主・松前慶広が築いた福山館が起源とされる。江戸時代後期、江戸幕府はロシアの侵略に備えるため、松前藩に福山館の大改修を命じた。こうして1854年に完成した松前城は、37門もの大砲や、鉄板入りの城壁を備える防御力の高い城になった。

しかし1868年、戊辰戦争のときに土方歳三に攻められて落城した。

突撃する土方歳三

戊辰戦争のとき、元新選組副長の土方歳三は、石垣を上って松前城の裏手に侵入し、わずか数時間で落城させた。

天守

戊辰戦争でも無事だったが、1949年に焼失。現在は復元されている。

DATA

築城年	1600年
築城者	松前慶広
所在地	北海道松前郡

秋田県

久保田城

佐竹氏が築いた土塁の城

常陸の佐竹義宣が秋田に移されて築城

久保田城を築いた佐竹義宣の父は、常陸（現在の茨城県）の戦国大名・佐竹義重だった。義宣は父・義重から常陸54万石を受け継いだが、関ケ原の戦いのとき、東軍（徳川軍）の味方をしなかったため、徳川家康によって秋田20万石に移された。

秋田で義宣が築いた久保田城の防備は土塁と堀だけで、石垣や天守のない質素な城だった。城内のほとんどの建物は火災で焼失している。

関連人物

佐竹義重（1547～1612）

常陸の戦国大名。伊達政宗や北条氏と勢力を争い、54万石の大名となった。子の義宣が関ケ原の戦いで東軍（徳川軍）に味方をしなかった責任を問われて秋田に移されると、ともに秋田へ移った。

御隅櫓

御隅櫓は本丸の北西に位置していたもので、1989年に復元された。

DATA

築城年	1603年
築城者	佐竹義宣
所在地	秋田県秋田市

山形県

米沢城

米沢藩上杉氏の居城

直江兼続が改修した天守のない質素な城

戦国時代、米沢城は伊達氏の城だったが、1597年、上杉景勝は会津(福島県)120万石を治めることになり、米沢城を参謀・直江兼続に与えた。しかし、関ケ原の戦いのとき、景勝は西軍(反徳川軍)に味方したため、徳川家康によって米沢藩(山形県)30万石に減らされた。厳しい財政状況を考えた兼続は、米沢城に天守や石垣を築かず、土塁と水堀が中心の質素な城に改修した。

城主

上杉景勝(1555～1623)

上杉謙信の養子。直江兼続とともに徳川家康に対抗したが敗北し、会津(福島県)から米沢に移された。

菱紋橋

本丸跡の堀にかかる橋で、「秘し門」(限られた者しか渡れない)に由来する。

DATA

築城年	1238年
築城者	長井時広
所在地	山形県米沢市

福島県

二本松城

二本松少年隊の悲劇を伝える

丹羽光重が藩の拠点にふさわしい城に大改修

二本松城を拠点とする畠山氏は伊達政宗との戦いに敗れて滅亡した。その後、加藤嘉明などが城主をつとめた。1643年より丹羽長重(→P179)の子・光重が城主となり、城内の要所に石垣を築き、本丸には三重の天守を設けるなど、二本松城を二本松藩(福島県)の拠点にふさわしい城に改修した。戊辰戦争のとき、二本松城は新政府軍に攻められて落城し、多くの建物が焼失した。

二本松少年隊

幕末の戊辰戦争で新政府軍と戦った二本松藩は、62人の少年(13～17歳)部隊を組織して出撃させた。激戦の末、14人が戦死した。

附櫓と石垣

城づくりの名人・加藤嘉明が建造した三の丸の石垣に附櫓が復元されている。

DATA

築城年	1441年
築城者	畠山満泰
所在地	福島県二本松市

築城三名人の城

藤堂高虎、加藤清正、黒田官兵衛は城づくりが特に優れていたので、「築城三名人」と呼ばれる。

藤堂高虎（1556～1630）

生涯で10人以上の主君に仕えた武将。豊臣秀吉に仕えた後、徳川家康に仕え、伊賀・伊勢（現在の三重県）32万石を与えられた。

高虎が関わったおもな城

- 宇和島城（→P233）
- 今治城（→P238）
- 伏見城（→P214）
- 江戸城（→P48）
- 和歌山城（→P72）
- 二条城（→P212）

鉄砲の一斉射撃の効果を高める直線的な縄張

藤堂高虎は宇和島城を大改修し、高い防御力をもつ城につくりかえたことで、築城の名人として評価された。豊臣秀吉の死後、徳川家康に仕えた高虎は、江戸城の大改修を任された。その後も高虎は、篠山城や伊賀上野城、和歌山城、二条城など、江戸幕府にとって重要な城を次々と築いていった。

高虎の城は、「直線的な石垣」と「シンプルな縄張（設計）」が特徴。それまでの城は、敵を迷わせたり、複数方向から攻撃できるように、堀や城壁を折れ曲がらせることが多かったが、高虎は大量の鉄砲で一斉射撃するときに最大の効果が得られるよう、堀や城壁を直線にしたのである。シンプルな層塔型天守を初めて築いたのも高虎とされる。また、シンプルな縄張の城は短期間で築城でき、費用もおさえられた。

城づくりの特徴 シンプルな縄張！

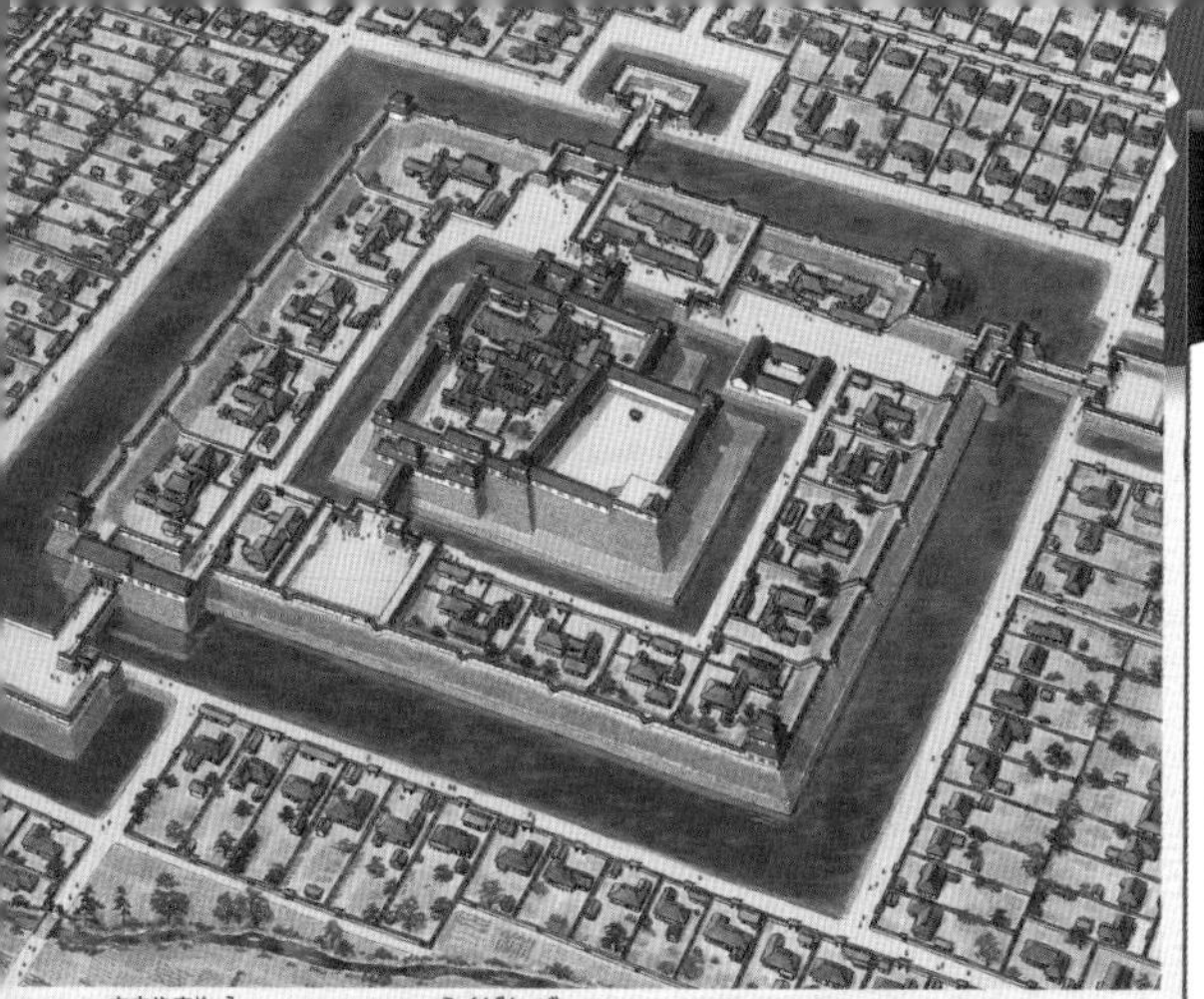

篠山城（→P222）の復元図

直線的でシンプルな設計で、広い水堀や高い石垣が特徴。

城づくりの特徴 直線的な石垣！

伊賀上野城（→P206）の石垣

高虎の石垣は高く、直線的。伊賀上野城の石垣の高さは、大坂城に次いで全国２位。

加藤清正（1562～1611）

石垣を築く高い能力で熊本城の防御力を高める

加藤清正は、秀吉から城づくりを教わった。秀吉の死後、家康に仕えた清正は、難攻不落の名城・熊本城を築城した。清正の城の最大の特徴は、「反りのある石垣」。清正の石垣づくりの能力は、名古屋城の天守台(→P46)にも生かされている。また、城に侵入した敵が直進できないよう、本丸の入口に連続枡形を築くなど、複雑な縄張で防御力を高めた。

幼い頃から豊臣秀吉に仕えた武将。熊本城主となり、朝鮮出兵に参加して活躍。関ケ原の戦いでは徳川家康に味方した。

城づくりの特徴　反りのある石垣！

熊本城(→P52)天守台の石垣

上にいくほど勾配(傾き)がきつくなる石垣は、「清正流石垣」と呼ばれている。

黒田官兵衛（1546～1604）

水運を利用できるよう海や川の近くに築城

秀吉の軍師・黒田官兵衛は、秀吉とともに数多くの城合戦に参加し、城について知り尽くした武将だった。

官兵衛が縄張を担当した大坂城(→P36)・福岡城(→P237)や、自分の城として築いた中津城は、海や川の近くに建てられた。官兵衛は城を防衛拠点としてだけでなく、平和な時代の経済拠点となるよう、水運を利用できるように設計したのである。

豊臣秀吉の軍師として活躍し、秀吉の天下統一に大きく貢献。豊前(現在の大分県)12万石を与えられた。

城づくりの特徴　海や川を利用！

中津城(→P240)の復元図

中津川や瀬戸内海を自然の堀として利用した。

瀬戸内海

天守

中津川

上杉謙信の本拠地の山城

新潟県

春日山城

謙信の父・長尾為景が本格的な改修を開始

春日山城は標高約180mの春日山の山頂に本丸が築かれ、周囲に土塁や空堀をめぐらせた山城。越後（現在の新潟県）の守護代（守護の代理）であった長尾為景（上杉謙信の父）が本格的な改修を開始し、為景の後継者となった謙信も改修を進め、東西約2km、南北約2kmにも及ぶ巨大な山城となった。

謙信の死後、上杉家を継いだ上杉景勝が春日山城主となった。景勝が会津（福島県）に移った後、堀氏が城主となったが、堀氏は本拠地を福島城（新潟県）に移したため、春日山城は使われなくなった。

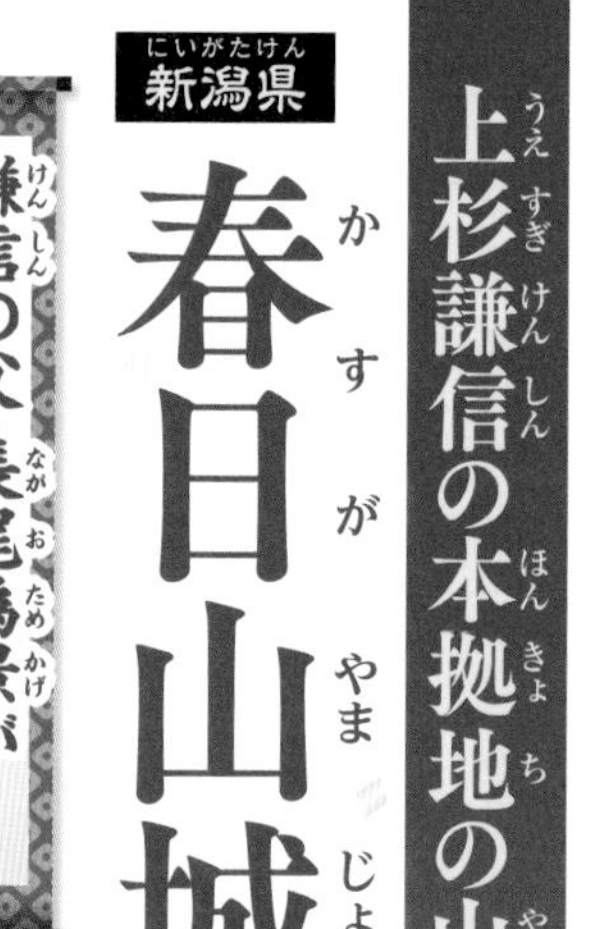

城主

上杉謙信
（1530～1578）
春日山城主。戦国最強の武将のひとりで、戦場では先頭に立って戦った。

本丸跡
標高約180mにあり、上越市の街並みを一望できる。

堀と土塁
春日山城のふもとでは堀や土塁が復元されている。

DATA

- 別称　蜂ケ峰城
- 築城年　14世紀
- 築城者　上杉氏
- おもな城主　長尾氏、上杉氏
- 構造　山城
- 所在地　新潟県上越市

ビジュアルで再現！

春日山城の復元図
謙信の時代には、春日山全体に切岸（人工の斜面）と、無数の小さな曲輪が築かれていた。

本丸
千貫門
黒金門
御館川
城道
城道
蓮池

新潟県

新発田城

3匹の鯱鉾をもつ三階櫓

DATA

別称	菖蒲城
築城年	1598年
築城者	溝口秀勝
おもな城主	新発田氏、溝口氏
構造	平城
所在地	新潟県新発田市

新発田氏の滅亡後に溝口秀勝が改修する

新発田城は新発田氏が築いたのが始まりとされるが、新発田氏は上杉景勝に反逆し、ほろぼされた。その後、豊臣秀吉の家臣・溝口秀勝が新発田城主となり、改修を進めた。以後、新発田城は溝口氏の城となった。

明治時代、新発田城は陸軍に使用され、現在も城のほとんどが陸上自衛隊の駐屯地となっている。

おもしろお城エピソード

3匹の鯱鉾で敵を迷わせる!?

三階櫓の屋根に鯱鉾を3匹も飾っている理由は今も不明だが、城に侵入した敵の方向感覚を狂わせるねらいがあったともいわれている。

山梨県

甲府城

徳川家を守る石垣の城

稲荷櫓
稲荷曲輪に建つ二層二階の櫓で、江戸時代には武器庫として使われた。2004年に復元された。

鉄門
本丸の南側に建てられた二階建ての櫓門で、2012年に復元された。

DATA

- 別称　舞鶴城
- 築城年　1583年
- 築城者　徳川家康
- おもな城主　浅野氏、徳川氏、柳沢氏
- 構造　平山城
- 所在地　山梨県甲府市

秀吉が関東の家康を監視させるために築く

甲府城は、武田氏の滅亡後、徳川家康が築いたのが始まりとされる。その後、全国を統一した豊臣秀吉は領地を関東に移した徳川家康を監視させるために、浅野長政・幸長父子らに甲府城を築かせた。この時期に築かれた野面積（→P59）の石垣が、稲荷櫓の天守台などに残っている。

江戸時代になると、甲府城は重要拠点として江戸幕府が管理し、城主は将軍の子がつとめた。1705年、5代将軍・徳川綱吉のもとで大老格（幕府の最高職）となった柳沢吉保が甲府城主となり、城の改修や城下町の整備が進められた。その後は再び幕府に管理されることになった。

城主

柳沢吉保（1658～1714）
江戸幕府5代将軍・徳川綱吉の側用人（側近）として仕え、甲府城主となった。

武田信玄が本拠地にした城

山梨県

躑躅ケ崎館

武田信虎が将軍邸を参考にして築いた館

躑躅ケ崎館は甲斐(現在の山梨県)を支配した武田氏の本拠地で、武田信玄の父・信虎が築いた城。京都の室町幕府の将軍邸「花の御所」を参考にして築いた屋敷で、周囲に掘や土塁、馬出(→P42)などが設けられたが、防御力は低かった。このため、敵に攻めこまれた場合に籠城するための詰城(最後の防衛拠点となる城)として、要害山城が築かれた。

信玄も躑躅ケ崎館を本拠地とし、食糧庫とされる味噌曲輪などを増設。戦国大名の居館としては最大規模になった。信玄の後継者となった勝頼は、新しい本拠地として新府城(→P188)を築いたため、躑躅ケ崎館は使われなくなったが、武田氏の滅亡後、徳川家康によって修築された。

大手門の石塁
大手門の守備用に築かれた石塁が復元されている。

躑躅ケ崎館の復元図
躑躅ケ崎館は、室町幕府の将軍の館をもとに建てられたので防御力は低かった。信玄は西曲輪、稲荷曲輪、味噌曲輪などを築いて防御力を高めた。

ビジュアルで再現!

DATA

- 別称　武田氏館跡
- 築城年　1519年
- 築城者　武田信虎
- おもな城主　武田氏、徳川氏
- 構造　平城
- 所在地　山梨県甲府市

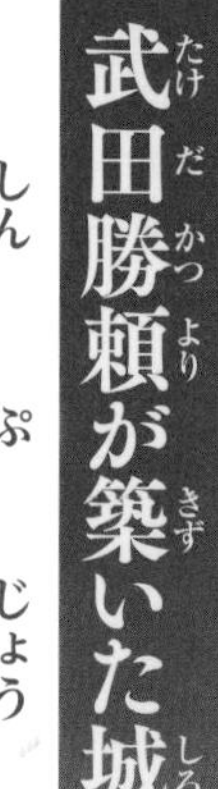

武田勝頼が築いた城

山梨県

新府城

勝頼は入城から70日で城を焼き払って逃走

新府城は、武田勝頼(信玄の子)が、躑躅ケ崎館(↓P187)に代わる新しい拠点として築いた城。七里岩と呼ばれる断崖の上に築かれ、曲輪は切岸(斜面をけずって築いた崖)と土塁で囲まれ、堀はほとんどない。馬出(↓P42)のほか、出構(城外に突き出した部分)が設けられているのが特徴である。

完成した新府城に入った勝頼は、約70日後、織田信長軍の侵攻を知ると、城に火を放って逃走した。

築城者

武田勝頼(1546～1582)

信玄の死後、武田家を継ぐが、長篠の戦いで織田信長に大敗。信長に攻められ自害。

三日月堀

城の南側に築かれた丸馬出の周囲の堀が残っている。

DATA

- 別称　韮崎城
- 築城年　1581年
- 築城者　武田勝頼
- おもな城主　武田氏、徳川氏
- 構造　平山城
- 所在地　山梨県韮崎市

ビジュアルで再現!

新府城の復元図

新府城は七里岩と呼ばれる断崖の上に築かれ、敵を攻撃するための丸馬出や出構などが設けられていた。

長野県

川中島の戦いの舞台となる 松代城

大手口
本丸南側にある大手口は、太鼓門と橋詰門で構成されている。太鼓門は二階建ての櫓門で、2004年に復元された。

戌亥隅櫓台
天守に相当する櫓があったが、江戸時代に失われ、現在は石垣が残っている。

DATA

- 別称　海津城
- 築城年　1560年
- 築城者　武田信玄
- おもな城主　武田氏、上杉氏、森氏、真田氏
- 構造　平城
- 所在地　長野県松代市

海津城をめぐって信玄と謙信が争う

もとは海津城と呼ばれた松代城は、武田信玄が築いた城。上杉謙信が信濃（現在の長野県）北部に侵攻したときの防衛拠点だった。縄張を担当したのは信玄の軍師・山本勘助とされ、千曲川を天然の水堀として利用している。1561年の川中島の戦いは、川中島（長野県）に入った謙信が海津城を見下ろせる妻女山に本陣を構えたことで始まった。信玄は別働隊を出撃させ、謙信本陣を夜襲させたが失敗。両軍は激しく戦ったが引き分けに終わった。

武田氏の滅亡後は、城主が何度も変わり、真田信之が城主となって以降は、真田氏の居城となった。

城主

真田信之(1566～1658)
上田城主・真田昌幸の子。弟は真田幸村。上田合戦で活躍。1622年、松代藩主となった。

栃木県

将軍の宿泊所だった城

宇都宮城

秀吉の全国統一の舞台となった城

宇都宮城は平安時代後期に築城され、以後、宇都宮氏の居城だった。1590年、小田原城の戦い(→P150)に勝利した豊臣秀吉は、宇都宮城に入り、東北地方の支配体制を整え、全国を統一した。

江戸時代には幕府の重職・本多正純が城主となり、土塁と水堀をめぐらせた城に改修した。以後、将軍が日光東照宮に(栃木県)に参拝するときの宿泊所としても利用された。

秀吉と政宗
伊達政宗は、小田原攻めに勝利した豊臣秀吉と宇都宮城で会った。秀吉は政宗に豊臣軍を案内させ、東北の大名を従わせた。

清明台櫓
江戸時代の姿で復元された二階建ての櫓。土塁や堀、土塀なども復元された。

DATA

築城年	1053年頃
築城者	宇都宮宗円
所在地	栃木県宇都宮市

茨城県

御三家で最も質素な城

水戸城

水戸藩2代藩主・水戸黄門の居城

水戸城は、戦国時代に常陸(現在の茨城県)を治める佐竹義宣(→P180)が本拠地とし、大改修を行った。江戸時代には、徳川家康の子・徳川頼房が水戸城主となり、以後、御三家(→P72)のひとつ「水戸藩」(茨城県)の城となった。水戸黄門として知られる2代藩主・徳川光圀の城でもある。御三家の城でありながら、天守や石垣はなく、土塁と空堀が中心の質素な城である。

堀底の線路
本丸西側の堀と土塁は幅が約40mあり、堀底にはJR水郡線の線路が通っている。

二の丸角櫓
ふたつの多聞櫓が接続する二階建ての櫓で、江戸時代の姿で復元された。

DATA

築城年	1214年頃
築城者	馬場資幹
所在地	茨城県水戸市

群馬県

関東では珍しい石垣の城

金山城

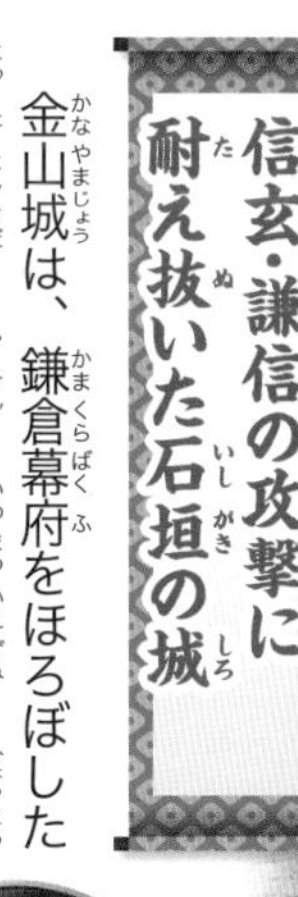

信玄・謙信の攻撃に耐え抜いた石垣の城

金山城は、鎌倉幕府をほろぼした新田義貞の子孫・岩松家純が標高約２３６ｍの金山に築いた山城。その後、岩松氏から実権を奪った由良氏が金山城主となった。金山城の防御力は高く、上杉謙信や武田信玄を撃退したが、北条氏の攻撃で降伏。石垣は北条氏が整備したとされる。

小田原城の戦い（→Ｐ１５０）では、豊臣秀吉軍に抵抗せずに降伏した。

関連人物

新田義貞（1301～1338）

新田一族を率いた武将。鎌倉幕府をほろぼしたが、足利尊氏に敗れた。岩松家純は、ひ孫にあたる。

三の丸の石垣

復元・整備された階段状の石垣。敵の侵入を阻止するために固められていた。

DATA

築城年	1469年
築城者	岩松家純
所在地	群馬県太田市

埼玉県

河越夜戦の舞台となる

川越城

家康の支配下に置かれ松平信綱が城主となる

川越城は、室町時代に関東を支配した上杉氏の家臣の太田道真・道灌父子によって築かれた。その後、北条氏が川越城を奪うと、１５４６年、上杉氏は足利氏と協力して川越城をうばい返そうとしたが、北条氏康が夜襲で撃退した（河越夜戦）。北条氏滅亡後、川越城は徳川家康の支配下に置かれ、江戸時代には松平信綱（→Ｐ１６０）が城主となった。

河越夜戦

川越城を救うため、北条氏康は上杉・足利連合軍に夜襲をしかけて勝利した。

本丸御殿

江戸時代末期の建造。本丸御殿が現存しているのは川越城と高知城（→P226）のみである。

DATA

築城年	1457年
築城者	太田道真・道灌
所在地	埼玉県川越市

東京都

滝山城

信玄の猛攻を防いだ城

北条氏照が地形を生かして改修する

滝山城は、戦国時代に上杉氏に仕える大石氏が、標高約160mの丘に築いた山城。上杉氏が北条氏康に敗れると、大石氏は北条氏の家臣となり、北条氏照に滝山城をゆずった。

氏照によって大改修された滝山城は、地形を生かすように枡形虎口や馬出（→P42）、空堀などが築かれ、迷路のように複雑な構造だった。

1569年には武田信玄に大軍で攻められたが、耐え抜いた。

滝山合戦

1569年、武田信玄は約2万人の軍勢で滝山城を攻め、二の丸近くまで攻めこんだが、約2000人の北条軍が必死に抵抗し、城を守り抜いた。

大堀切と引橋

本丸と中の丸の間には、深さ約10mの堀が築かれていた。現在、引橋が復元されている。

DATA

築城年	1521年
築城者	大石定重
所在地	東京都八王子市

東京都

八王子城

関東屈指の巨大な山城

安土城を参考にして石垣でおおった山城

八王子城は、北条氏照（北条氏康の子）が、滝山城に代わる新しい本拠地として、標高約445mの深沢山に築いた山城。安土城（→P32）の影響を受け、土塁の多い関東の城では珍しく石垣が使われている。北条氏が築いた山城としては最大規模で、防御力は高かった。

しかし、1590年の小田原城の戦い（→P150）のとき、豊臣秀吉の大軍に攻められ、1日で落城した。

八王子城の戦い

豊臣軍1万5000人は八王子城を包囲し、1日で落城させた。八王子城の中にいた農民や職人、女性、子どもなど3000人は皆殺しにされた。

曳橋と石垣

御主殿に渡るための木造の橋。御主殿の周囲の石垣とともに復元された。

DATA

築城年	1584年
築城者	北条氏照
所在地	東京都八王子市

神奈川県

石垣山城

約80日で築いた城

本城曲輪の石垣

本城曲輪（本丸）に残る野面積の石垣。地震などの影響で崩れかかっている。

DATA

築城年	1590年
築城者	豊臣秀吉
所在地	神奈川県小田原市

天守や櫓を備えた総石垣の本格的な城

石垣山城は、小田原城の戦いのとき、豊臣秀吉が標高約262mの笠懸山（石垣山）に築いた城。約4万人を動員し、約80日という短期間で完成させたが、総石垣で天守や櫓を備える本格的な城だった。石垣山城に本陣を移した秀吉は、小田原城を見下ろせる場所で徳川家康と一緒に立ち小便をしながら「勝利したら北条氏の領地である関東をあなたに与えよう」と語ったと伝えられる。

政宗の参陣

小田原攻めに遅れて参陣した伊達政宗は、石垣山城の秀吉のもとに死装束で現れた。派手な演出を好む秀吉は政宗を思わず許したという。

長野県

上田城

徳川軍を二度破った城

本丸東虎口

城外にあった南櫓・北櫓が移築復元され、さらに櫓門が復元された。

DATA

築城年	1583年
築城者	真田昌幸
所在地	長野県上田市

徳川秀忠の大軍を足止めした堅城

上田城は真田昌幸が築いた城で、第一次上田合戦（↓P140）で徳川家康の軍勢を撃破した。さらに、関ケ原の戦いのとき、関ケ原（岐阜県）に向かう徳川秀忠の約3万8000人の大軍を5日間も上田城で足止めさせた（第二次上田合戦）。

江戸時代に仙石氏が上田城主となり、現在の姿に改修した。

上田合戦（第二次）

1600年、真田昌幸・幸村は、関ケ原に向かう徳川秀忠の大軍を上田城で５日間、足止めさせた。秀忠は関ケ原の戦いに間に合わなかった。

戦国武将の城

徳川家康の城

❶岡崎城(→P209)

家康は、岡崎城主・松平広忠の子として誕生した。家康は6歳で今川氏の人質として今川館(静岡県)に送られた。

❷浜松城(→P208)

今川氏の城だったが、家康が攻略して本拠地にした。三方ケ原の戦いで武田信玄に敗れた家康は、浜松城へ逃げ帰った。

東海～関東地方の海側に拠点となる城を築く

徳川家康は、岡崎城主・松平広忠の子として、岡崎城で誕生した。家康は6歳のとき東海地方を治める今川氏の人質となり、今川館(静岡県)で育つことになった。広忠が亡くなると、岡崎城は今川氏に管理されたが、桶狭間の戦いで今川義元が倒されると、家康は岡崎城を取り戻し、独立した。

その2年後、織田信長と同盟を結んだ家康は今川領への攻略を開始し、このため武田信玄と対立した。家康は信玄の侵攻を防ぐ拠点として浜松城を築いたが、三方ケ原の戦いで信玄に大敗した。信玄の死後、武田勝頼に高天神城(静岡県)をうばわれたが、ねばり強く戦って取り戻した。

信長の死後、駿府城を築いた家康は、豊臣秀吉の要求に逆らえず家臣になった。家康が秀吉の命令で関東に領地を移されたとき新拠点として大改修したのが江戸城だった。1603年、江戸幕府を開いた家康は、2年後に将軍職を秀忠(家康の子)にゆずると、駿府城を大改修して移り住んだ。

③江戸城(家康入城時)(→P48)

1590年に家康が入城した頃の江戸城を想像して復元した図。台地の端に築かれ、土塁や障子堀を周囲にめぐらせていたと考えられる。

④駿府城(→P84)

家康は武田氏滅亡後、今川館跡に駿府城を築いた。その後、関東に移された家康は江戸幕府を開いた後、1607年に駿府城を大改修して居城とした。

柴田勝家が自害した城

福井県

北ノ庄城

CGで復元した北ノ庄城
七層(一説には九層)の天守をもち、主君・織田信長の安土城(→P32)に匹敵する巨大な城だったと伝えられている。

天守
近郊の足羽山から採れる笏谷石が瓦に使われていたため、屋根はあざやかな青緑色だったという

福井城
結城秀康(徳川家康の次男)が築いた城。本丸は北ノ庄城より北に移された。石垣や水堀などが残っている。

DATA

- 別称　福井城
- 築城年　1575年
- 築城者　柴田勝家
- おもな城主　柴田氏、松平氏
- 構造　平城
- 所在地　福井県福井市

越前を平定した勝家が新しく築いた本拠地

1573年、越前(現在の福井県)を治める朝倉義景は、織田信長にほろぼされた(→P120)。その後、越前は一向一揆(浄土真宗信者の自治組織)の軍勢に支配されたが、信長軍の柴田勝家が一揆軍に勝利。越前49万石を与えられた勝家は北ノ庄城を築いた。信長の死後、勝家は羽柴(豊臣)秀吉に賤ケ岳の戦いで敗北し、北ノ庄城へ逃げ帰った。しかし、秀吉の大軍に包囲されると城に火を放ち、妻のお市の方(信長の妹)とともに自害した。

1601年、北ノ庄城があった場所に福井城が建造され、江戸時代には松平氏が城主をつとめた。このうち、幕末に江戸幕府を改革した松平慶永は有名である。

築城者

柴田勝家(1522〜1583)
織田信長の重臣。信長の死後、賤ケ岳の戦いで羽柴秀吉に敗れ、北ノ庄城で自害した。

福井県

北陸で唯一の現存天守をもつ 丸岡城

天守
望楼型天守(→P30)は、二層三階で高さは約12m。石垣は自然石を積み上げた野面積(→P59)。

DATA

別称	霞ケ城
築城年	1576年
築城者	柴田勝豊
おもな城主	柴田氏、本多氏
構造	平山城
所在地	福井県坂井市

北ノ庄城の支城として勝家の甥が築いた城

丸岡城は、信長から越前を与えられた柴田勝家の甥・勝豊が、北ノ庄城の支城(補助的な城)として築いた城で、標高約27mの丘を本丸としている。

古風な望楼型天守は、北陸地方で唯一の現存天守である。現存十二天守(→P170)のなかで最古とされてきたが、近年の調査で1624〜1644年頃に建造されたことが判明。天守の屋根に石瓦が使われていることも特徴である。

1948年の福井地震で天守は倒壊したが、元どおりに再建された。

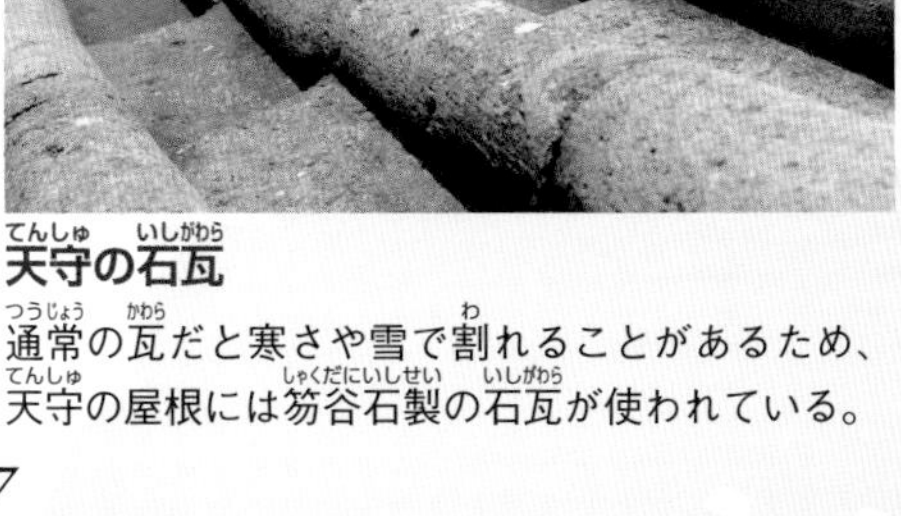

天守の石瓦
通常の瓦だと寒さや雪で割れることがあるため、天守の屋根には笏谷石製の石瓦が使われている。

福井県

越前大野城

雲海に浮かぶ「天空の城」

天守と小天守

もとは大天守を中心に小天守や附櫓などが連結されていたが、江戸時代に焼失。現在、天守と小天守が再建されている。

天空の城

秋から春の早朝、気象条件がそろったときに雲海が発生し、城が空に浮かんでいるように見える。

DATA

別称	亀山城
築城年	1576年
築城者	金森長近
おもな城主	金森氏、土井氏
構造	平山城
所在地	福井県大野市

一向一揆をしずめた金森長近が築いた城

1575年、織田信長の命令を受けた金森長近は、越前(現在の福井県)の一向一揆(浄土真宗信者の自治組織)をしずめた。その手柄で越前大野郡を与えられた長近が、翌年、標高約249mの亀山に築き始めたのが越前大野城で、完成までに約4年かかった。

その後、織田秀雄(信長の孫)をはじめ、城主が何度も変わったが、1682年より土井氏が城主として定着した。本丸には二層三階の大天守がそびえていたが、江戸時代に焼失した。竹田城(→P92)や備中松山城(→P228)と同じく、城が雲海に浮かんでいるように見えるときがあり、「天空の城」と呼ばれている。

築城者

金森長近(1524～1608)

信長・秀吉に仕えた武将。飛騨(現在の岐阜県)を治め、城下町の高山を整備した。

日本で最も丸い形の城

静岡県

田中城

本丸櫓
田中城の本丸（本曲輪）にあった二階櫓。現在、田中城の東南隅にあった下屋敷跡に移築されている。

家康が攻め落とした武田氏の軍事拠点

全国的にも珍しい円形の城・田中城は今川氏が築いた城。武田信玄に攻め落とされた後、信玄の家臣・馬場信春が改修を行った。その後、徳川家康の猛攻を何度も防いだが、武田氏滅亡後に降伏し、家康の城になった。1616年、田中城に立ち寄った家康は鯛の天ぷらを食べて体調を崩し、これが原因で亡くなったという。

DATA

別称	亀甲城
築城年	1537年
築城者	今川氏
おもな城主	今川氏、武田氏
構造	平城
所在地	静岡県藤枝市

ビジュアルで再現！

田中城の復元図
田中城の中心である本曲輪・二の曲輪は四角形だが、その周囲には円形の曲輪が築かれ、さらにその外側に円形の堀が築かれた。城の四方に敵を攻撃するための丸馬出が設けられていた。

丸馬出
本曲輪
二の曲輪
丸馬出
大手口
丸馬出
三の曲輪
丸馬出
三日月堀
六間川

岐阜県

岐阜城

信長が攻略した城

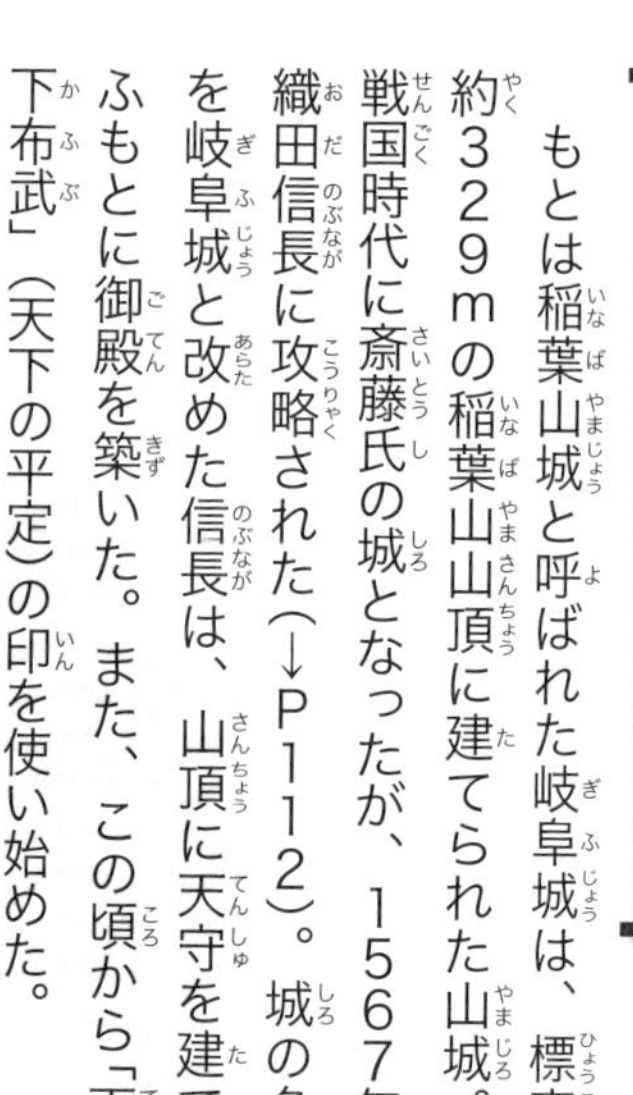

山頂に天守が建てられ山麓御殿が築かれた

もとは稲葉山城と呼ばれた岐阜城は、標高約329mの稲葉山山頂に建てられた山城。戦国時代に斎藤氏の城となったが、1567年、織田信長に攻略された(→P112)。城の名を岐阜城と改めた信長は、山頂に天守を建て、ふもとに御殿を築いた。また、この頃から「天下布武」(天下の平定)の印を使い始めた。

天守
金華山の山頂に建つ天守は、1956年に再建された。

DATA

別称	稲葉山城
築城年	1201年
築城者	二階堂行政
おもな城主	斎藤氏、織田氏
構造	山城
所在地	岐阜県岐阜市

ビジュアルで再現!

岐阜城の復元図
信長は稲葉山城の山頂に本丸をつくり、天守を建てた。ふだんは、山のふもとに建てた御殿で生活した。御殿には四階建ての楼閣があったという。

天守
天守は三層で、天守台には石垣が使われた

本丸

稲葉山(金華山)

長良川

堀

御殿

城下町

岐阜県

関ケ原の戦いで攻められる 大垣城

天守と乾隅櫓

四層の天守は全国的にも大変珍しかったが、1945年の空襲で焼失した。乾隅櫓は明治時代に壊された。現在、どちらも復元されている。

DATA

別称	麋城
築城年	1500年
築城者	竹腰尚綱
おもな城主	竹腰氏、戸田氏
構造	平城
所在地	岐阜県大垣市

関ケ原の戦いのとき西軍の拠点になる

戦国時代、大垣城は美濃（現在の岐阜県）西部の重要拠点だったので、争奪戦がくり返された。関ケ原の戦いでは、西軍（反徳川軍）の拠点となったため、西軍が関ケ原で敗れると東軍（徳川軍）に攻撃され、落城した。1635年以降は戸田氏が城主となった。

心に響くお城秘話

大垣城の少女が籠城体験記を残す!?

関ケ原の戦いのとき、西軍の山田去暦の娘・おあむは大垣城で鉄砲の玉をつくるなど、籠城戦に参加していたが、落城前に、松の木に縄をかけて堀に降り、たらい舟に乗って脱出した。おあむが残した体験記は貴重な史料となった。

愛知県

国宝の天守をもつ城
犬山城

天守
天守の建築年には諸説あったが、2021年に1585～1590年頃の建造という研究結果が発表された。

木曽川越しに見た天守
高さ約80mの丘に築かれ、木曽川は天然の堀の役割を果たしている。

DATA

別称	白帝城
築城年	1537年
築城者	織田信康
おもな城主	織田氏、成瀬氏
構造	平山城
所在地	愛知県犬山市

現存最古ともいわれる古風な望楼型天守

犬山城は、１５３７年に織田信康（信長の叔父）が、木曽川沿いの高さ約80ｍの断崖に築いた城。江戸時代には尾張藩（愛知県）の家臣・成瀬氏が城主をつとめた。古い様式の望楼型天守は現存する最古の天守ともいわれ、国宝に指定されている。

おもしろお城エピソード

犬山城は個人が所有する城だった!?

明治時代、愛知県が犬山城を管理していたが、１８９１年、成瀬氏に譲り渡された。以後、犬山城は全国で唯一、個人が所有する城になった。しかし管理が難しくなり、２００４年に財団法人犬山城白帝文庫の所有になった。

愛知県

桶狭間の戦いで知られる 清洲城

天守復元図

1595年に福島正則が城主となった時代の天守の復元図。三層三階だったと考えられている。

現在の天守

1989年、安土桃山時代の天守を想像して建てられた。

DATA

別称	清須城
築城年	1405年
築城者	斯波義重
おもな城主	織田氏、徳川氏
構造	平城
所在地	愛知県清須市

清洲城から出撃する信長

1560年、今川義元が尾張に侵攻すると、清洲城にいた信長は「敦盛」という舞曲を舞った後、わずかな家臣を連れて清洲城から出撃し、義元を討ち取った(桶狭間の戦い)。

勢力を急拡大させた若き織田信長の本拠地

清洲城は、室町時代に尾張(現在の愛知県)の守護(地方に置かれた軍事指揮官)だった斯波氏が築城した。やがて守護代(守護の代理)の織田氏が勢力を拡大し、清洲城の城主となる。1555年、織田信長は清洲城に入り、その5年後、桶狭間で今川義元を倒して急成長した。

信長の死後、織田信雄(信長の次男)が清洲城に入って天守などを建造し、その後、福島正則が城主をつとめた。江戸幕府が成立すると、清洲の城下町は、まるごと名古屋城(→P44)の城下に移された。

愛知県

長篠城

武田勝頼軍の猛攻に耐え抜いた城

長篠城は菅沼氏が築いた城で、1571年、武田信玄に攻められて降伏した。2年後、徳川家康は長篠城を攻略し、家臣の奥平信昌を城主にした。1575年、武田勝頼は約1万5000人の大軍で長篠城を包囲するが、信昌は猛攻に耐え抜く。そして援軍に来た家康・信長の連合軍が勝頼軍を撃破した(長篠の戦い)。

本丸・野牛曲輪跡
長篠城は、寒狭川と宇連川の合流地点にある。

DATA

- 別称　末広城
- 築城年　1508年
- 築城者　菅沼元成
- おもな城主　菅沼氏、奥平氏
- 構造　平城
- 所在地　愛知県新城市

長篠城包囲戦

1575年、武田勝頼が長篠城を包囲すると、家康は信長とともに長篠城西方の設楽原に布陣した。勝頼が長篠城に包囲軍を残して設楽原に向かうと、家康の家臣・酒井忠次は別働隊を率いて包囲軍を破り、長篠城を救出した。

信長と家康が拠点にした城

愛知県

小牧山城

小牧・長久手の戦いで家康が本陣を置いた城

小牧山城は、1563年、織田信長が美濃(現在の岐阜県)の斎藤龍興を倒すために築いた城で、龍興に勝利した後は使われなくなった。信長の死後、1584年、羽柴(豊臣)秀吉と徳川家康が対立し、小牧・長久手の戦いに発展した。このとき家康は小牧山城に本陣を置き、大改修して防御力を高め、戦いを有利に進めた。

小牧山
標高86mの小牧山の山頂には、現在、天守風の小牧市歴史館が建っている。

DATA

- 別称　小牧城
- 築城年　1563年
- 築城者　織田信長
- おもな城主　織田氏、徳川氏
- 構造　山城
- 所在地　愛知県小牧市

小牧山城の復元図
1584年の小牧・長久手の戦いが始まると、家康はいち早く小牧山城を占領して本拠地にした。家康は信長時代の土塁や堀を改修して強固な陣にした。

三重県

伊賀上野城

豊臣との決戦に備えた城

大天守と小天守
高虎が築いた五層の天守は完成直前に暴風雨で倒れた。現在の大天守と小天守は1935年に想像で建てられた。

DATA

別称	白鳳城
築城年	1585年
築城者	筒井定次
おもな城主	筒井氏、藤堂氏
構造	平山城
所在地	三重県伊賀市

本丸西側の石垣
堀の底から約30m（水面上から約24m）あり、大坂城に次いで第2位の高さを誇る。

改修者
藤堂高虎（1556～1630）
秀吉や家康に仕えた武将。城づくりの名人で、江戸城をはじめ20以上もの城に関わった。

大坂夏の陣の直前に高虎が大改修を行う

伊賀上野城は、1585年、豊臣秀吉が筒井定次に築かせた城で、目的は東海地方を支配する徳川家康を抑えるためだった。しかし秀吉の死後、江戸幕府を開いた家康は、定次から伊賀上野城を取り上げ、藤堂高虎に与えた。

高虎は1611年から伊賀上野城の大改修を開始。城の面積は約3倍に広げられ、城の西側には深い堀と高い石垣が築かれた。これは、城の西側にある大坂城（→P36）の豊臣秀頼との最終決戦に備えるためだった。大坂夏の陣（→P158）で豊臣氏が滅亡すると、伊賀上野城の改修工事は中止された。

富山県

富山の役の舞台となる

富山城

佐々成政は秀吉に対抗するが降伏する

富山城は、戦国時代に越中(現在の富山県)を支配する神保氏が築いた城。上杉謙信に攻め落とされた後、織田信長が攻略し、信長の家臣・佐々成政が富山城主となった。

1584年、小牧・長久手の戦いのとき、成政は羽柴(豊臣)秀吉方の前田利家と戦ったが、翌年、秀吉に攻められて降伏した(富山の役)。

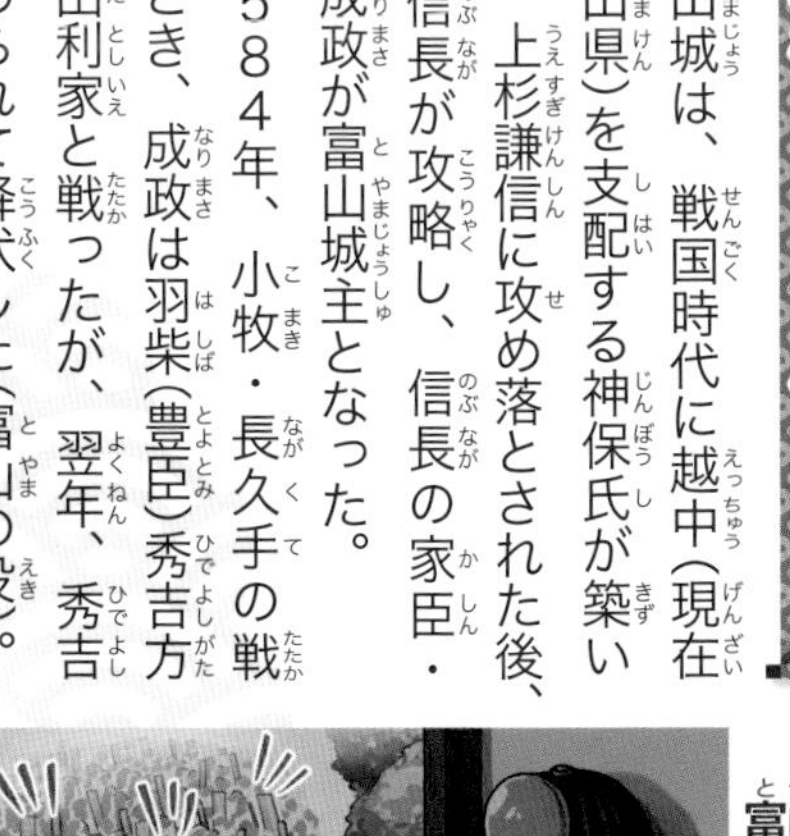

富山の役

1585年、豊臣秀吉は約10万人の大軍で佐々成政の富山城を包囲した。勝ち目がないと判断した成政は降伏した。

天守

1954年に想像で建てられた。江戸時代の富山城に天守はなかったとされる。

DATA

築城年　1543年
築城者　神保長職
所在地　富山県富山市

福井県

朝倉氏100年の居城

一乗谷城

一乗城山の山城とふもとの屋敷

一乗谷城は、戦国時代に越前(現在の福井県)を支配した朝倉氏の拠点。標高約473mの一乗城山に山城が築かれ、ふもとの一乗谷に朝倉氏の屋敷「朝倉館」が建てられた。

1573年、朝倉氏11代の朝倉義景は、織田信長と戦うが敗北。義景は一乗谷城に戻ったが、家臣に裏切られて自害した(一乗谷城の戦い)。

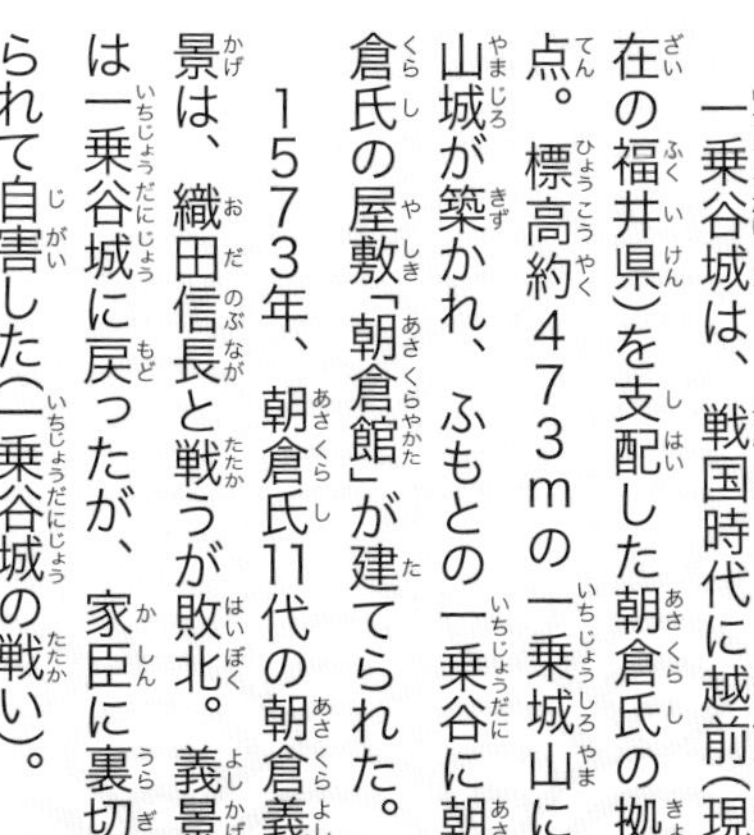

一乗谷城の戦い

1573年、朝倉義景は小谷城(→P120)の救援に向かうが信長に敗れ、一乗谷城まで逃げるが、追い詰められて自害。一乗谷城は炎上した。

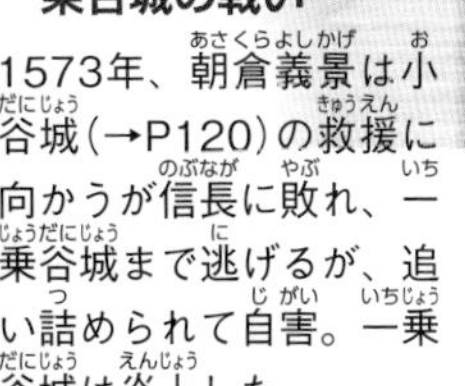

唐門

朝倉家当主が住んだ朝倉館跡の正面に建つ門で、江戸時代に再建された。

DATA

築城年　1471年
築城者　朝倉孝景
所在地　福井県福井市

静岡県

掛川城

山内一豊が家康に提供する

山内一豊は掛川城を家康に提供する

掛川城は、戦国時代に駿河(現在の静岡県)を治める今川氏が、家臣の朝比奈氏に築かせた城。その後、徳川家康に攻略された。1590年、全国を統一した豊臣秀吉は家康の領地を関東に移すと、山内一豊に掛川城を与えた。一豊は掛川城に天守や石垣を築くなど、大改修を行った。

1600年、関ケ原の戦いの直前、一豊は掛川城を家康に差し出し、東軍(徳川軍)に味方した。江戸時代には太田氏が城主をつとめた。

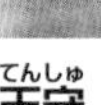

二の丸御殿
城主が儀式や政治を行った建物で、1861年に再建された。二の丸御殿が現存するのは掛川城と二条城(→P212)のみ。

天守
江戸時代に地震で倒壊したが、1994年、木造で三層四階の天守が復元された。

DATA

築城年	1512年
築城者	朝比奈泰熙
所在地	静岡県掛川市

静岡県

浜松城

三方ケ原の戦いで知られる

信玄の侵攻に備えて家康が築いた新拠点

遠江(現在の静岡県)を支配下に置いた徳川家康が、武田信玄の侵攻に備えるために築いた新しい拠点が浜松城である。1573年、西上作戦(→P118)を開始した信玄は、家康を誘き出すため浜松城を攻めずに通り過ぎた。怒った家康は、浜松城を出撃して戦ったが敗北した(三方ケ原の戦い)。江戸時代は譜代大名(昔から徳川家に仕えた大名)が城主となった。「天保の改革」を行った水野忠邦もそのひとりである。

三方ケ原の戦い
1572年、浜松城にいた徳川家康は、武田信玄の挑発によって三方ケ原におびき出され、大敗北する。家康は命からがら浜松城へ逃げ帰った。

天守
自然石を積んだ野面積の天守台に、三層三階の天守が想像の姿で建てられている。

DATA

築城年	1570年
築城者	徳川家康
所在地	静岡県浜松市

愛知県

徳川家康が誕生した城 岡崎城

天守

1959年、三層五階の天守が、ほぼ江戸時代の姿で再建された。

DATA

築城年	1455年
築城者	西郷稠頼
所在地	愛知県岡崎市

家康誕生の城として江戸時代に重視される

岡崎城は室町時代に西郷氏が築いた城を、松平清康（徳川家康の祖父）が改修したもので、家康が誕生した城として知られる。家康は6歳で今川氏に人質として出され、岡崎城は今川氏に管理された。1560年、桶狭間の戦いで今川義元が敗死すると、家康は岡崎城を取り戻し、三河（現在の愛知県）で勢力を固めた。

江戸時代になると、家康誕生の城として重視され、石垣や城壁のほか、三層三階の天守が築かれた。

清海堀

本丸の北側に築かれている空堀で、カーブしているのが特徴。家康時代の堀の姿を残しているといわれる。

岐阜県

女城主の悲劇を伝える城 岩村城

六段壁

本丸虎口の石垣で、崩落を防ぐために補強を重ねていくうちに六段になった。

DATA

築城年	鎌倉時代中期
築城者	遠山景朝
所在地	岐阜県恵那市

織田信長の叔母が城主をつとめた城

岩村城は、鎌倉時代に遠山氏が築いた山城。戦国時代の岩村城主・遠山景任が病死すると、景任の妻・おつやの方（織田信長の叔母）が岩村城の実質上の城主となった。1572年、岩村城は武田信玄に攻められ、おつやの方は信玄軍の秋山虎繁との結婚を条件に命を救われたが、その後、信長は岩村城を攻め落とした。

岩村城の戦い

信長軍に岩村城を包囲された秋山虎繁は、命を助けるという約束で信長に降伏した。しかし信長は約束を破って城兵を殺し、虎繁とおつやの方を捕らえて処刑した。

織田信長の城

❶那古野城

信長は２歳で父・織田信秀から那古野城を与えられ城主となった。信長は最初の合戦で那古野城から出撃した。

❷清洲城

(→P203)

織田一族の本家の城だったが、信長がうばい取った。桶狭間の戦いのとき、信長は「敦盛」を舞って清洲城から出撃した。

拠点の城を次々と移し最後に安土城を築く

織田信長は、勝幡城（愛知県）城主・織田信秀の子として生まれた。信長はわずか2歳で那古野城（愛知県）を与えられ、この城で青春時代を過ごした。那古野城の場所には、後に名古屋城（→P44）が築かれた。信秀の死後、尾張（現在の愛知県）で勢力を広げた信長は、織田一族の本拠地・清洲城をうばい取った。桶狭間の戦いでは、清洲城から出撃し、今川義元を倒した。

その後、信長は斎藤氏が治める美濃（現在の岐阜県）の攻略を目指し、小牧山城（→P205）を築いて新しい拠点とした。1567年、斎藤氏の稲葉山城を落とした信長は、岐阜城と城の名を改めて移り住んだ。信長は岐阜城を拠点としながら京都も拠点とし、近畿地方で勢力を拡大していった。

1575年、長篠の戦いに勝利した信長は、翌年、安土城を建造した。天主（天守）がそびえる総石垣づくりの安土城は、その後の城づくりの手本とされた。しかし1582年、信長は本能寺の変で倒され、安土城も焼失した。

③岐阜城（→P200）

もとは斎藤氏の城で、稲葉山城と呼ばれていたが、1567年、信長がうばい取り、岐阜城と改めた。稲葉山の山頂には三層の天守が建てられ、ふもとには豪華な御殿が築かれた。

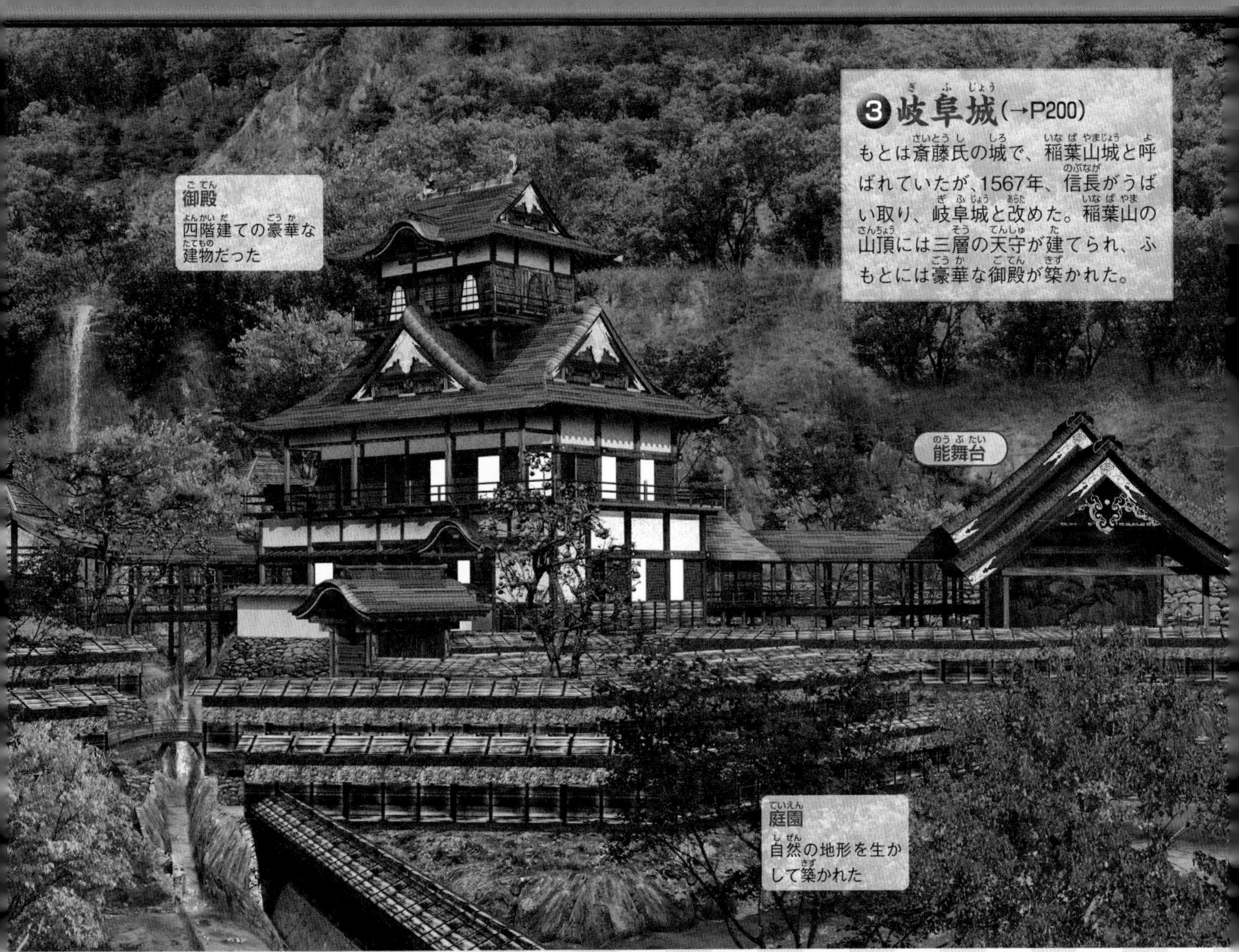

御殿
四階建ての豪華な建物だった
能舞台
庭園
自然の地形を生かして築かれた

❖信長の城マップ

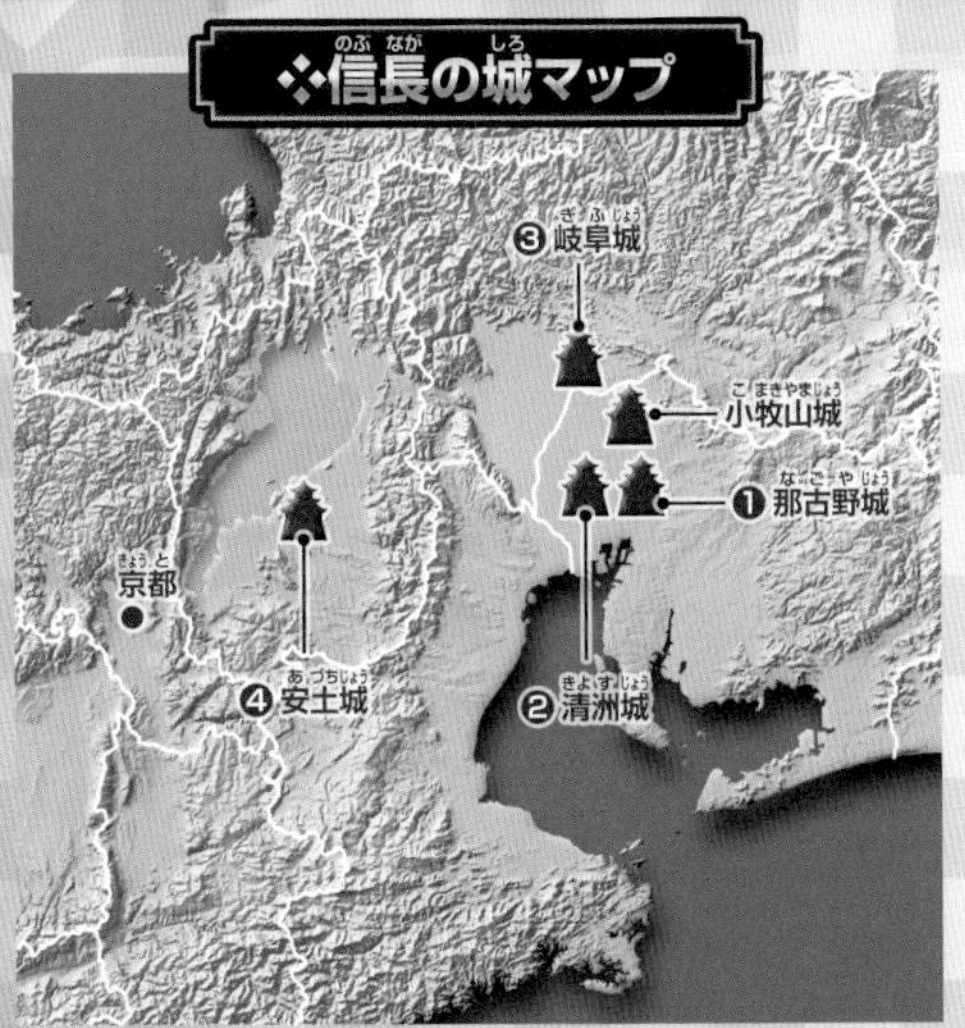

③岐阜城
小牧山城
①那古野城
京都
④安土城
②清洲城

④安土城（→P32）

長篠の戦いで武田勝頼に勝利した信長が、翌年、琵琶湖沿岸に建設を開始した城。安土山全体が石垣でおおわれ、山頂には「天主」と呼ばれる豪華な巨大建築物が建てられた。

天主
琵琶湖

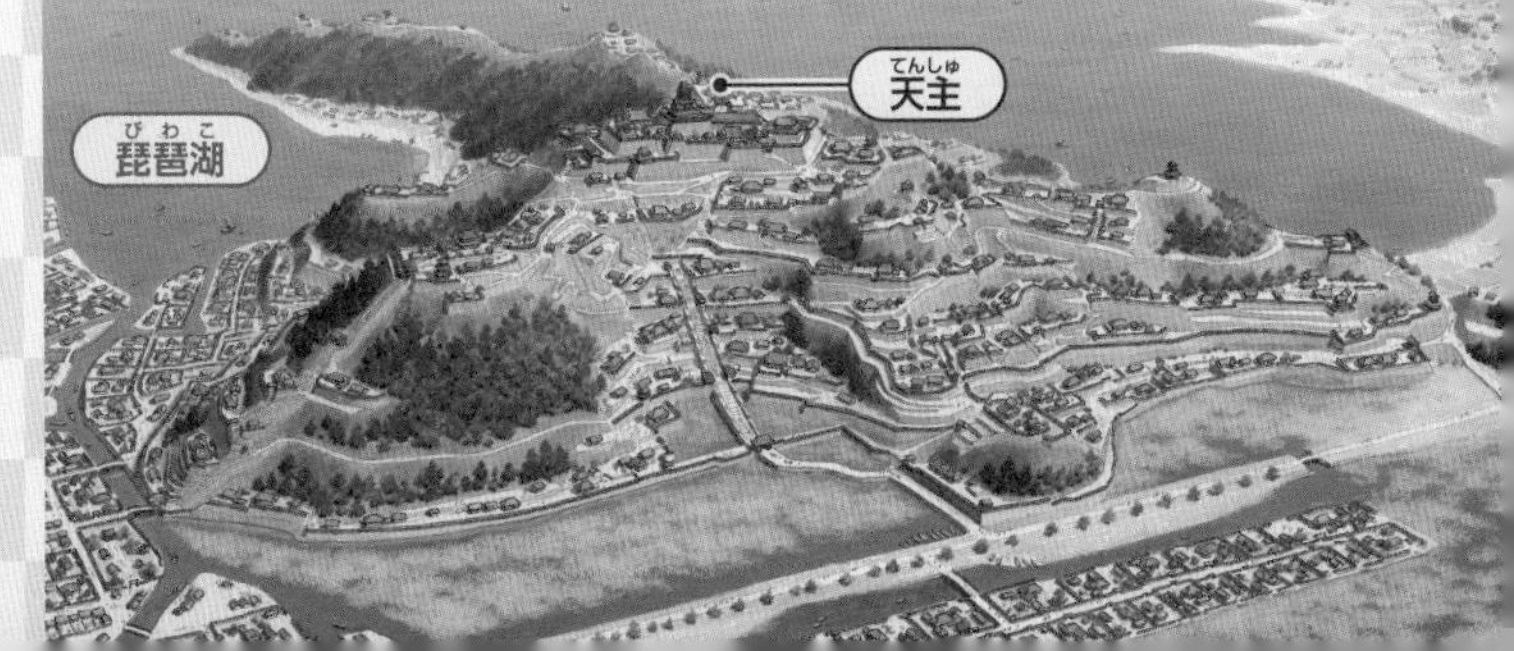

京都府

二条城

大政奉還が表明された城

遠侍

車寄

二の丸御殿

二の丸御殿は６つの建物で構成されており、国内の城に残る唯一の御殿群。写真奥が「遠侍」と呼ばれる来客者が待つ建物。手前の建物は遠侍の玄関になる「車寄」。

DATA

別称	旧二条離宮
築城年	1601年
築城者	徳川家康
おもな城主	徳川氏
構造	平城
所在地	京都府京都市

家康が権威を示すため京都に築いた大邸宅

二条城は、１６０１年に徳川家康が京都の邸宅として築いた城で、２年後に天守をのぞいて完成した。二条城は天守や櫓、石垣、水堀などを備えていたが、戦闘用・防御用ではなく、徳川家の権威を示すための城で、豪華な御殿や庭園が築かれた。

１６０３年、征夷大将軍に任命された家康は、「祝賀の儀」を二条城で行った。将軍就任の祝賀の儀は、３代将軍徳川家光まで二条城で行われたが、その後、将軍は二条城に行くことは途絶えた。しかし幕末には、14代将軍・徳川家茂が２２９年ぶりに将軍として入城。15代将軍・徳川慶喜は二条城で大政奉還を表明した。

大政奉還の表明

1867年、江戸幕府15代将軍・徳川慶喜は諸藩の重臣を二の丸御殿の大広間に呼び、大政奉還（政権を朝廷に返すこと）を表明した。

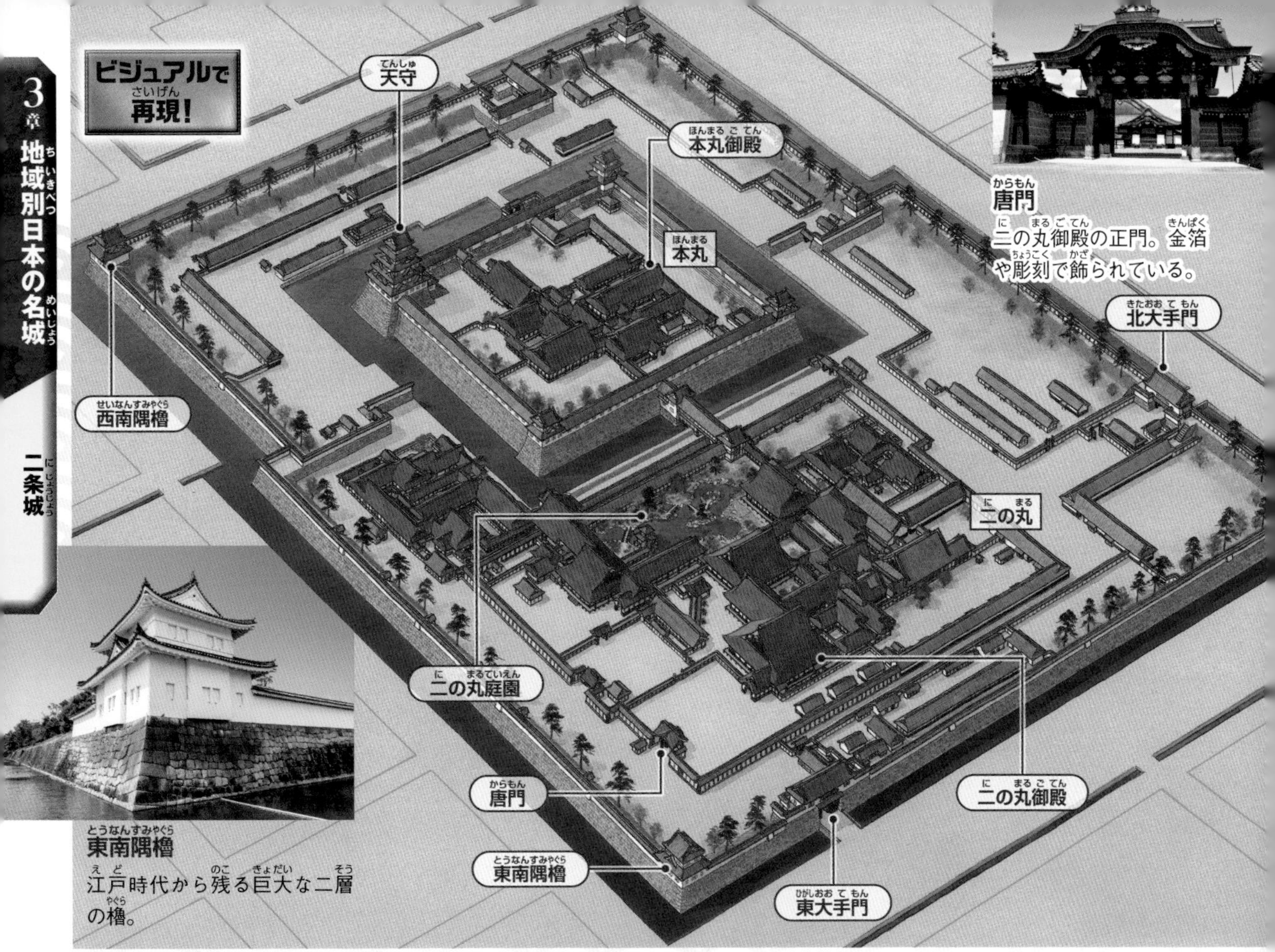

ビジュアルで再現！

天守
本丸御殿
本丸
西南隅櫓
北大手門
二の丸
二の丸庭園
唐門
二の丸御殿
東南隅櫓
東大手門

唐門
二の丸御殿の正門。金箔や彫刻で飾られている。

東南隅櫓
江戸時代から残る巨大な二層の櫓。

▲**二条城の復元図**　3代将軍・徳川家光の時代に大規模な改修が行われた時期の二条城。本丸には五層の天守が建っていたが、江戸時代に落雷で焼失した。

江戸時代に建造された貴重な建物が多く残る

二条城は2代将軍・徳川秀忠が藤堂高虎（→P182）に大改修を担当させ、現在の姿になった。五層の天守は1750年に落雷で焼失し、本丸御殿も1788年に火災で焼失したが、二の丸御殿や唐門、東南隅櫓、西南隅櫓など、江戸時代に建造された建物が数多く残っている。

心に響くお城秘話

二条城での会見で豊臣打倒を決意!?

1611年、70歳の家康は二条城で19歳の豊臣秀頼と会見した。堂々とした青年に成長した秀頼を見た家康は、秀頼を倒さなければ徳川家を守れないと感じ、大坂の陣を起こしたといわれる。

秀吉が最期を迎えた城

京都府

伏見城

地震で倒壊したため場所を移して再建する

１５９２年、豊臣秀吉は隠居用の城として、京都南部の指月山に伏見城を築き始めた（指月山伏見城）。しかし、１５９７年、この城が地震で倒れたため、小幡山に場所を変えて、聚楽第（→Ｐ２１８）から多くの建物を移し、伏見城を建て直した（小幡山伏見城）。翌年、秀吉は伏見城内で、徳川家康らに後継者・豊臣秀頼を支えてくれるように頼んで亡くなった。

天守

江戸時代にえがかれた図を参考に、1964年に想像で建てられた。

ビジュアルで再現！

伏見城の復元図

1597年、小幡山に再建された伏見城を復元したイラスト。本丸の周囲にはいくつもの曲輪が配置されていた。

DATA

- 別称　桃山城
- 築城年　1592年
- 築城者　豊臣秀吉
- おもな城主　豊臣氏、徳川氏
- 構造　平山城
- 所在地　京都府京都市

1800人で4万人の猛攻に13日間耐える

秀吉の死後、秀頼が大坂城（→P36）に移ると、五大老（豊臣政権の最高職）とされる家康は、伏見城に入った。

その後、天下をねらって動き始めた家康は、石田三成や上杉景勝などの反徳川勢力との対立を深めた。家康が景勝を倒すため会津（福島県）に向かうと、三成は挙兵して西軍（反徳川軍）を組織し、約4万人の大軍で伏見城を攻撃した。伏見城の兵力は約1800人だったが、必死に抵抗を続け、13日間持ちこたえたが、ついに落城した。西軍は勝利したが、伏見城を落とすのに日数がかかったため、最初から勢いをそがれた。これが関ケ原の戦いでの敗北につながったといわれる。

関ケ原の戦い後、家康は秀頼との最終決戦に備えて伏見城を再建したが、大坂夏の陣（→P158）で秀頼を倒すと、城として使われなくなった。

伏見城の戦い

1600年、家康が会津（福島県）に向けて出撃すると、石田三成は挙兵して西軍（反徳川軍）を編成した。西軍の毛利軍や宇喜多軍は伏見城を攻撃し、落城させた。

心に響くお城秘話

元忠は死を覚悟して伏見城で戦った!?

伏見城の戦いの前、家康は伏見城が攻撃されることは知っていたが、鳥居元忠（→P140）に伏見城の守備を頼んだ。元忠が死を覚悟して受け入れると、家康は酒をくみ交わして感謝を伝えた。

伏見桃山陵

明治天皇の陵墓で、1912年、伏見城の本丸跡に築かれた。

日本最大級の巨大山城

滋賀県

観音寺城

安土城の20年前に本格的な石垣を建造

観音寺城は、南北朝時代に六角氏が繖山に築いた山城で、1467年に起きた応仁の乱では三度も戦場になった。戦国時代を通じて改修が続けられ、本丸や平井丸、落合丸、池田丸などの曲輪の周囲が石垣でおおわれた。安土城(→P32)より20年も前に石垣が本格的に使われた巨大な山城だった。

1568年、観音寺城は織田信長の猛攻撃を受け、城主の六角義賢は戦うことなく逃亡。安土城の完成後、観音寺城は城として使われなくなった。

DATA

別称	佐々木城
築城年	1335年頃
築城者	六角氏頼
おもな城主	六角氏
構造	山城
所在地	滋賀県近江八幡市

石垣跡
観音寺城は石垣を本格的に使った日本最初の城だった。

観音寺城の復元図
標高約433mの繖山の山頂に本丸が置かれ、その周辺の平井丸・落合丸・池田丸などには3～5mの石垣が積まれていた。山のふもとには、六角氏が住んだ屋敷(御屋形)があった。

ビジュアルで再現!

琵琶湖に面した水城

滋賀県

坂本城

比叡山焼き討ち後に信長が光秀に築かせる

坂本城は、1571年、織田信長が比叡山(滋賀県)を焼き討ち後に、明智光秀に命じて琵琶湖岸に築かせた城。天守を備える豪華な城だった。山崎の戦いで光秀が羽柴(豊臣)秀吉に敗れると、焼失。その後、再建されたが、秀吉が琵琶湖岸に大津城(滋賀県)を築くと、使われなくなった。

石垣跡

琵琶湖の湖底から現れた坂本城の石垣の根石(石垣を支える礎石)。

DATA

別称	近江坂本城
築城年	1571年
築城者	明智光秀
おもな城主	明智氏、浅野氏
構造	平城
所在地	滋賀県大津市

心に響くお城秘話

琵琶湖を馬で渡った「湖水渡り」伝説!?

安土城で明智光秀の敗北を知った家臣の明智秀満は坂本城に向かった。その途中、秀吉軍に追いつめられた秀満は馬に乗ったまま琵琶湖に飛びこみ、湖を渡って坂本城に着いたという伝説がある。

ビジュアルで再現!

坂本城の復元図

坂本城は琵琶湖の湖岸に面して築かれ、内堀も外堀も琵琶湖と通じていた。また、安土城より先に天守(大天守と小天守)が築かれていた。

比叡山
三の丸
二の丸
本丸
大天守
小天守
琵琶湖

京都府

聚楽第

関白・秀吉が自らの権威を示すために建造

聚楽第は、1585年に関白(成人した天皇の補佐役)に任命された豊臣秀吉が、翌年、京都に築いた豪華な邸宅。1588年、秀吉は後陽成天皇を聚楽第に招き、自らの権威を示した。

さらに秀吉は、1591年、聚楽第を中心として、京都の町を「御土居」と呼ばれる土塁と堀で取り囲んだ。御土居の高さは約5m、全長は約23kmに及ぶもので、日本最大規模の総構(城と城下町を囲む防御施設)だった。

御土居のもみじ苑
北野天満宮に残る御土居は、現在、紅葉の名所「もみじ苑」として知られる。

DATA

- 別称 聚楽城
- 築城年 1586年
- 築城者 豊臣秀吉
- おもな城主 豊臣氏
- 構造 平城
- 所在地 京都府京都市

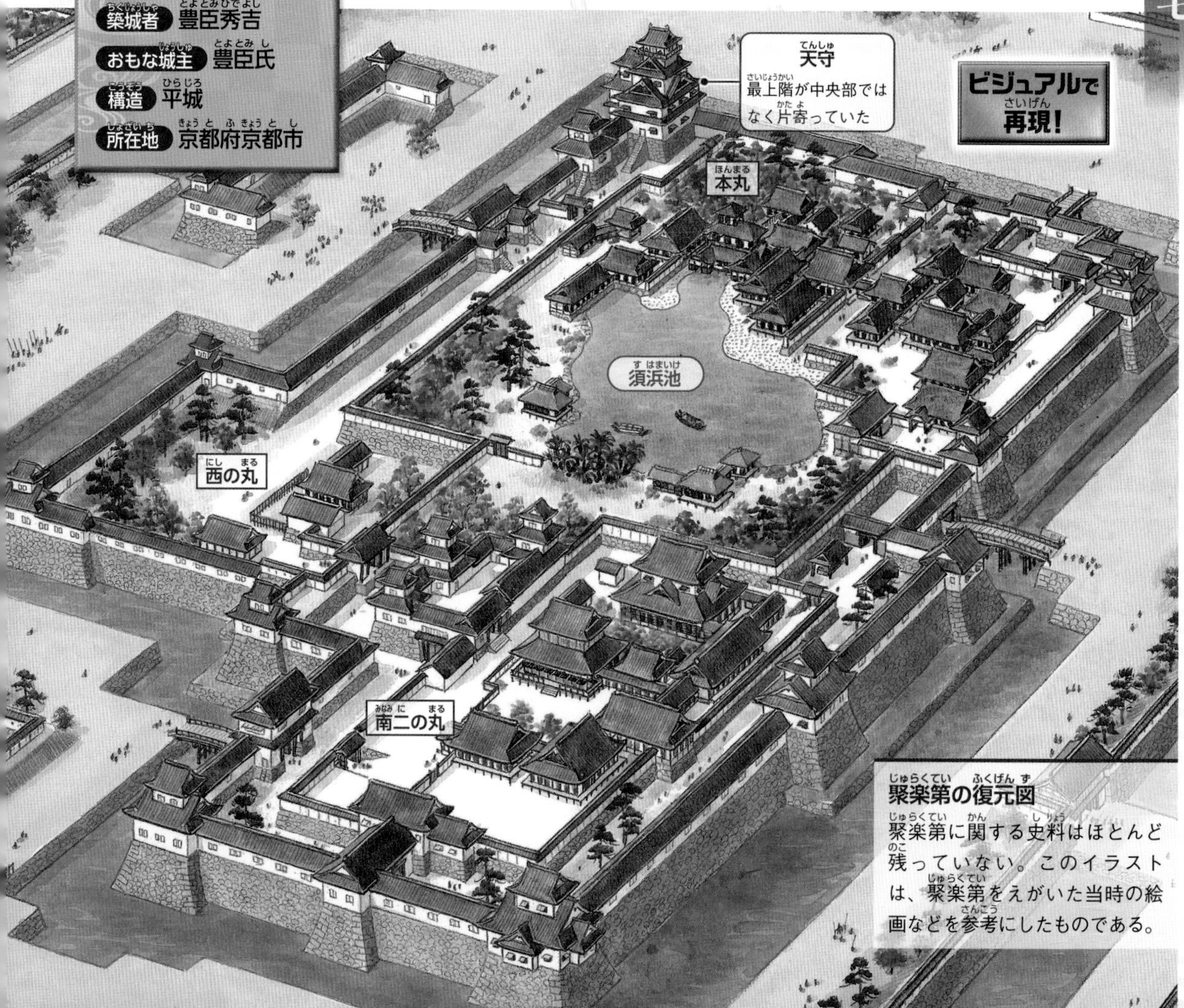

聚楽第の復元図
聚楽第に関する史料はほとんど残っていない。このイラストは、聚楽第をえがいた当時の絵画などを参考にしたものである。

京都府

福知山城

光秀が築いた堅牢な城

天守
三層四階の望楼型天守は、1985年、江戸時代の絵図をもとに復元された。

転用石
天守台の石垣は野面積（→P59）で積まれている。また自然石のほかに、石塔や石仏などが石材として転用されている。

DATA

別称	臥龍城
築城年	1579年
築城者	明智光秀
おもな城主	明智氏、朽木氏
構造	平山城
所在地	京都府福知山市

安土城の天主のような望楼型天守があった

1579年、織田信長の命令で丹波（現在の京都府）を攻略した明智光秀は、その功績によって丹波を与えられた。光秀が丹波支配の拠点として新しく築いた城が福知山城である。光秀が福知山城に築いた天守は三層四階の望楼型で、安土城（↓P32）の天主を小型にしたような形だったといわれる。天守台の石垣に転用石（もとは違う目的で使用されていた石）が多く使われているのも特徴である。

光秀の死後、有馬豊氏が福知山城主となり、城の大改修を行って城下町を整備した。1669年以降は朽木氏が城主をつとめた。

築城者

明智光秀（1528?～1582）
織田信長の家臣。数々の手柄を立てるが、信長を裏切り、本能寺で信長を倒した。

奈良県

多聞山城

信長を魅了した豪華な城

CGで復元した四層櫓

多聞山城には四層の櫓が建っていたとされ、天守の先駆けだったと考えられている。CGは想像による復元図。

DATA

別称	多聞城
築城年	1559年
築城者	松永久秀
おもな城主	松永氏、塙氏
構造	平山城
所在地	奈良県奈良市

四層の櫓がそびえた当時最新鋭の城

多聞山城は、1559年、松永久秀が大和(現在の奈良県)支配の拠点として標高約115mの多聞山に築いた城。白い城壁や強固な石垣のほか、四層の多聞櫓(→P64)や本丸御殿、庭園などが設けられた当時最新鋭の城で、信長が城づくりの参考にしたという。

久秀は近畿地方を支配する三好氏の家臣だったが、織田信長が京都に入ると信長に従った。1573年、久秀は信長に反逆したが敗北し、多聞山城を差し出して降伏。多聞山城は信長によって破壊され、石垣は筒井城(→P221)の築城に使われた。その後、久秀は再び信長を裏切り、信貴山城を攻められて自害した(→P124)。

築城者

松永久秀(1510~1577)

将軍・足利義輝を殺した武将。信長に仕えたが裏切り、信貴山城を攻められて自害。

滋賀県

長浜城

秀吉が最初に築いた城

近江北部を与えられた秀吉が琵琶湖岸に築く

1573年の小谷城の戦い(↓P120)で大きな手柄を立てた羽柴(豊臣)秀吉は、浅井氏の領地だった近江(現在の滋賀県)北部を与えられ、翌年、琵琶湖岸に長浜城を築いた。秀吉が初めて持った城だった。その後、秀吉の家臣・山内一豊(↓P226)らが城主をつとめたが、1615年に城として使われなくなった。

天守

犬山城などをモデルに想像で建てられた。内部は長浜城歴史博物館となっている。

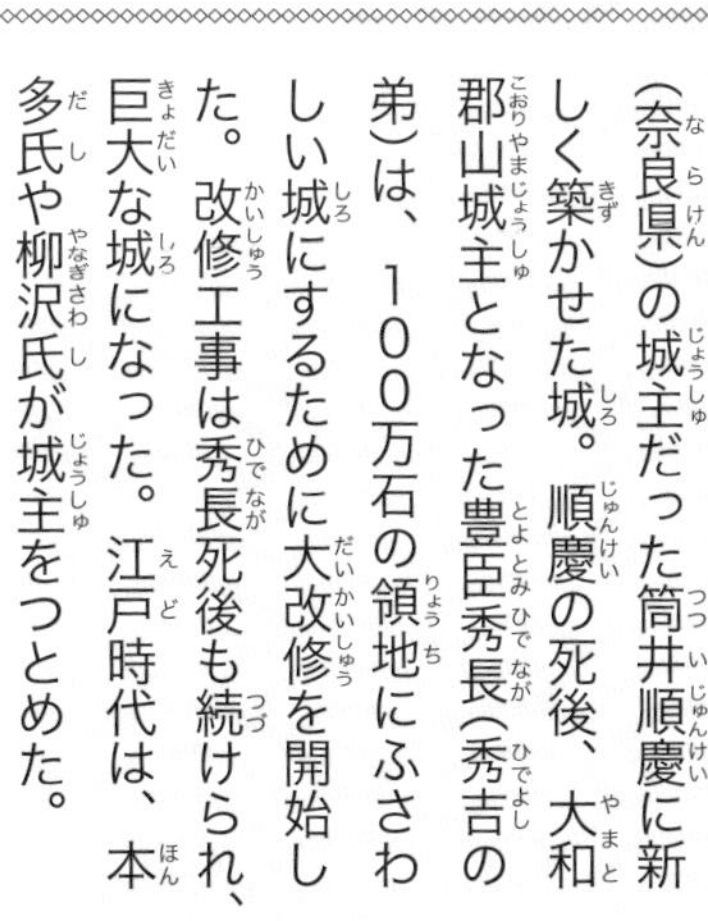

地震による倒壊

1586年、天正地震が発生し、長浜城は倒壊した。このとき長浜城主だった山内一豊の一人娘・よねは下敷きになって亡くなった。

DATA

築城年	1574年
築城者	羽柴秀吉
所在地	滋賀県長浜市

奈良県

大和郡山城

秀吉の弟・秀長の居城

100万石の大名にふさわしい城に改修

大和郡山城は、織田信長が筒井城(奈良県)の城主だった筒井順慶に新しく築かせた城。順慶の死後、大和郡山城主となった豊臣秀長(秀吉の弟)は、100万石の領地にふさわしい城にするために大改修を開始した。改修工事は秀長死後も続けられ、巨大な城になった。江戸時代は、本多氏や柳沢氏が城主をつとめた。

追手向櫓

追手門を守るための二層櫓で、1986年に再建された。

DATA

築城年	1580年
築城者	筒井順慶
所在地	奈良県大和郡山市

豊臣秀長
(1540～1591)

豊臣秀吉の弟。おだやかな性格で、軍事・政治・経済面で豊臣政権を支えた。

兵庫県

篠山城

高虎が設計した強固な城

藤堂高虎が設計したシンプルで強固な城

篠山城は、豊臣氏との最終決戦に備える徳川家康が、豊臣氏に恩がある西日本の大名を抑えるために築いた城。縄張を担当したのは藤堂高虎で、わずか6か月で完成させた。本丸・二の丸とも高い石垣で囲まれている直線的なシンプルな縄張で、(→P182)。強固な城だったが、合戦で使われることはなかった。

天守台
石垣の高さが約17mもある天守台には、天守が築かれなかった。

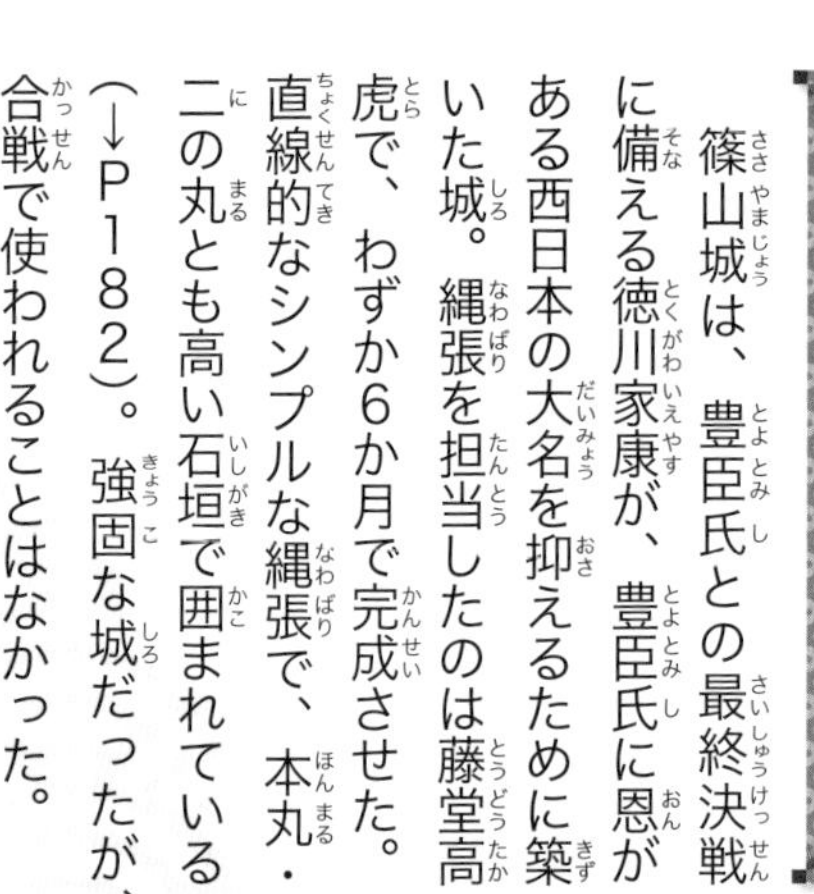

大書院
篠山城の中心となる建物だったが、1944年に焼失。2000年に再建された。

DATA

築城年	1609年
築城者	徳川家康
所在地	兵庫県篠山市

兵庫県

有岡城

有岡城の戦いの舞台

荒木村重が信長に反逆して籠城する

1574年、摂津(現在の兵庫県)の武将・荒木村重は伊丹城を攻め落として大改修し、城の名を有岡城に改めた。数kmに及ぶ総構(城と城下町を堀と土塁で囲む防御施設)は、戦国時代で最古とされる。

1578年、村重は織田信長を裏切って有岡城に籠城したが、敗北した(有岡城の戦い)。

城主

荒木村重(1535〜1586)
織田信長を裏切って有岡城に籠城したが敗北。家族や家臣を見捨てて城から脱出し、生きのびた。

本丸跡の石垣
正確な年代は不明だが、日本の城の石垣としては現存最古といわれる。

DATA

築城年	南北朝時代
築城者	伊丹氏
所在地	兵庫県伊丹市

兵庫県

明石城

秀忠が築かせた幕府の城

西日本の外様大名を監視するための城

明石城は、大坂夏の陣で豊臣氏が滅亡した後、2代将軍・徳川秀忠が小笠原忠真に築かせた城。明石は古くから陸上・海上交通の重要拠点で、築城の目的は、姫路城（↓P24）と同じく、西日本に多かった外様大名（関ケ原の戦い後に徳川家に従った大名）を監視するためだった。

明石城には天守は築かれなかったが、高い石垣に囲まれた本丸の四隅には三重櫓が設けられ、このうち2基が江戸時代より残っている。

坤櫓と巽櫓
本丸の四隅に建てられていた櫓のうち、坤櫓（左）と巽櫓（右）が現存している。

坤櫓
本丸の南西隅にある三重櫓。伏見城からの移築とされる。

DATA

築城年	1619年
築城者	小笠原忠真
所在地	兵庫県明石市

兵庫県

赤穂城

赤穂事件の舞台の城

大坂夏の陣の後に新しく築かれた城

赤穂城は、赤穂（兵庫県）を与えられた浅野長直が1648年に築いた城で、大坂夏の陣（↓P158）以降に築かれた珍しい城として知られる。13年をかけて完成した赤穂城は、周囲が石垣と堀で固められ、南側は瀬戸内海に面していた。その後、浅野長直（長直の孫）が赤穂事件を起こし、浅野家は取りつぶされた。

赤穂事件
1701年、赤穂藩主・浅野長矩は吉良義央を切りつけて切腹。赤穂藩はつぶされた。翌年、大石良雄ら元藩士は吉良邸に討ち入り、義央を殺した。

大手隅櫓
大手門の北にある二層櫓。1955年に再建された。

DATA

築城年	1648年
築城者	浅野長直
所在地	兵庫県赤穂市

戦国武将の城

豊臣秀吉の城

❶長浜城(→P221)

小谷城の戦い(→P120)で滅亡した浅井氏の領地を与えられた秀吉が、初めて築いた自分の城。琵琶湖の水運を利用できた。

❷姫路城(→P24)

中国地方攻略のための拠点として、黒田官兵衛からゆずり受け、改修した。秀吉時代の石垣が現在の姫路城に残っている。

権力を握った後に巨大な城を次々と建造

豊臣秀吉は、織田信長に仕えた後もしばらくは城を持てなかった。秀吉が初めて持った城は長浜城だった。その後、信長から毛利氏が治める中国地方攻めの総大将に任じられたとき、黒田官兵衛から提供された姫路城を大改修して自分の城にした。

明智光秀が本能寺の変を起こして信長を倒すと、秀吉は山崎の戦いで光秀を倒した。信長の後継者の地位を確立した秀吉は着々と勢力を広げ、1583年、新拠点として大坂城を築城した。

その後、関白(成人した天皇の補佐役)となった秀吉は、京都に聚楽第を築き、新しい拠点とした。四国・九州を制圧した秀吉は、小田原城の北条氏を倒し、東北の大名を支配下に置いて全国を統一した(→P150)。

さらに秀吉は、明(中国の王朝)の征服を目指して朝鮮出兵を計画し、その拠点として名護屋城(→P230)を築城。朝鮮出兵が始まると、秀吉は伏見城を築いて移り住んだが、朝鮮出兵での苦戦が続くなか、伏見城で亡くなった。

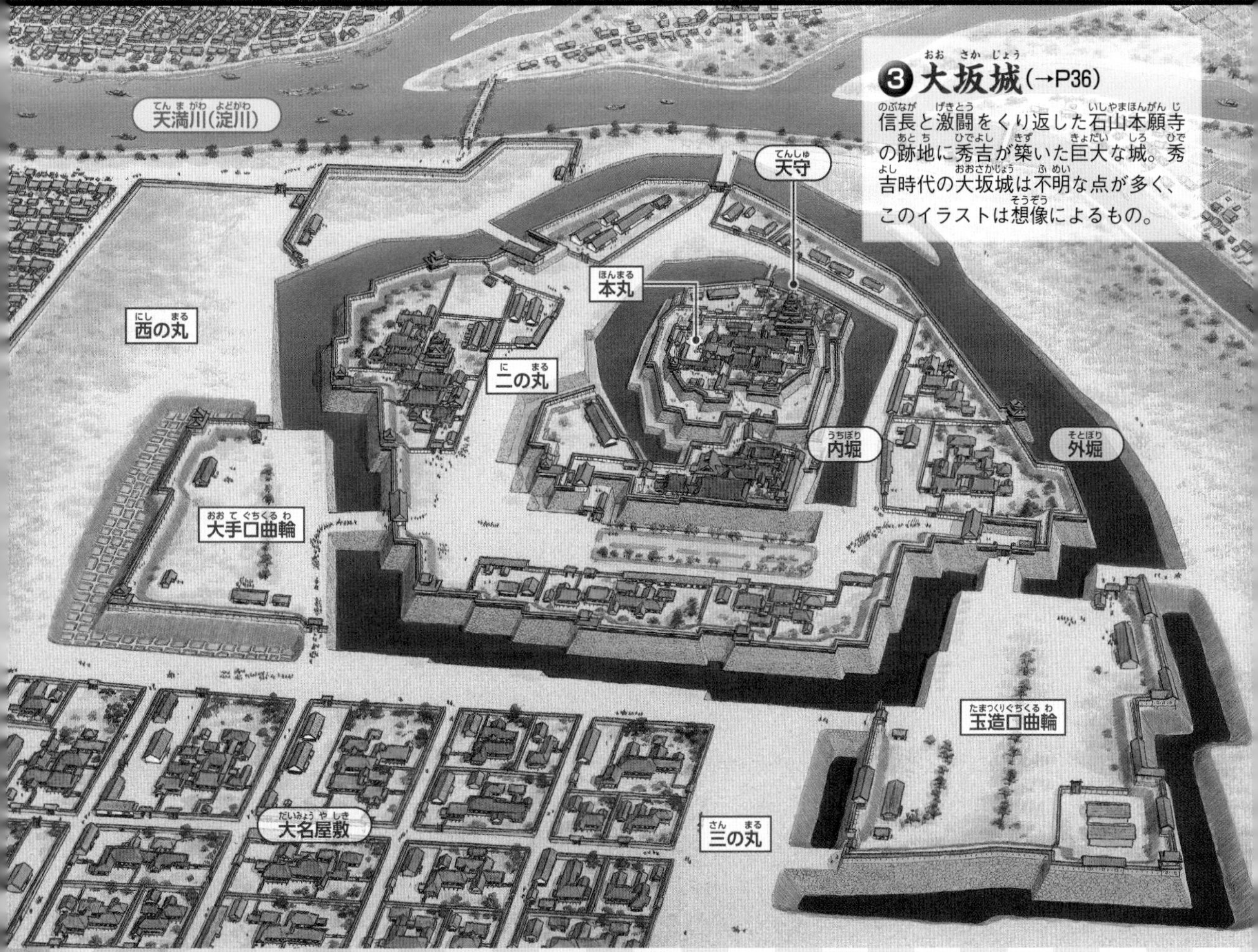

③大坂城（→P36）

信長と激闘をくり返した石山本願寺の跡地に秀吉が築いた巨大な城。秀吉時代の大坂城は不明な点が多く、このイラストは想像によるもの。

✣秀吉の城マップ

⑤伏見城（→P214）

秀吉が隠居用の城として京都南部に築いた豪華な城。朝鮮出兵の最中、秀吉は伏見城で病死した。

④聚楽第（→P218）

関白（成人した天皇の補佐役）となった秀吉が京都に築いた居館。完成から８年で取り壊された。

高知県
本丸の建築物が完全に残る 高知城

土佐の新しい領主・山内一豊が築城する

戦国時代、土佐(現在の高知県)を支配していた長宗我部氏は、関ケ原の戦いで西軍(反徳川軍)についたため土佐を取り上げられ、掛川城(↓P208)城主・山内一豊が新領主となった。1601年、一豊は標高約45mの大高坂山に高知城を築き、本丸や天守が2年後に完成した。以後、山内氏が高知城主をつとめた。歴代城主では、幕末に大政奉還(↓P212)を提案した山内容堂が有名である。

石垣で囲まれた本丸には、天守や本丸御殿、多聞櫓、廊下門などの建築物が建ち並んでいる。本丸の建築物が江戸時代から完全な形で残っているのは、全国で高知城だけである。

築城者
山内一豊(1546〜1605)
土佐藩の初代藩主。関ケ原の戦いで家康に味方し、土佐20万石を与えられた。

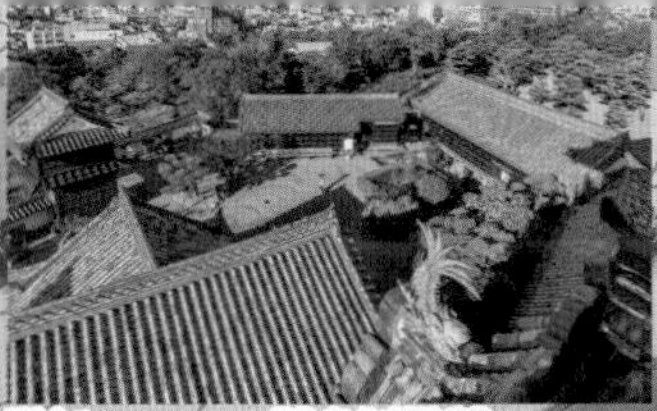

天守から見た高知城本丸

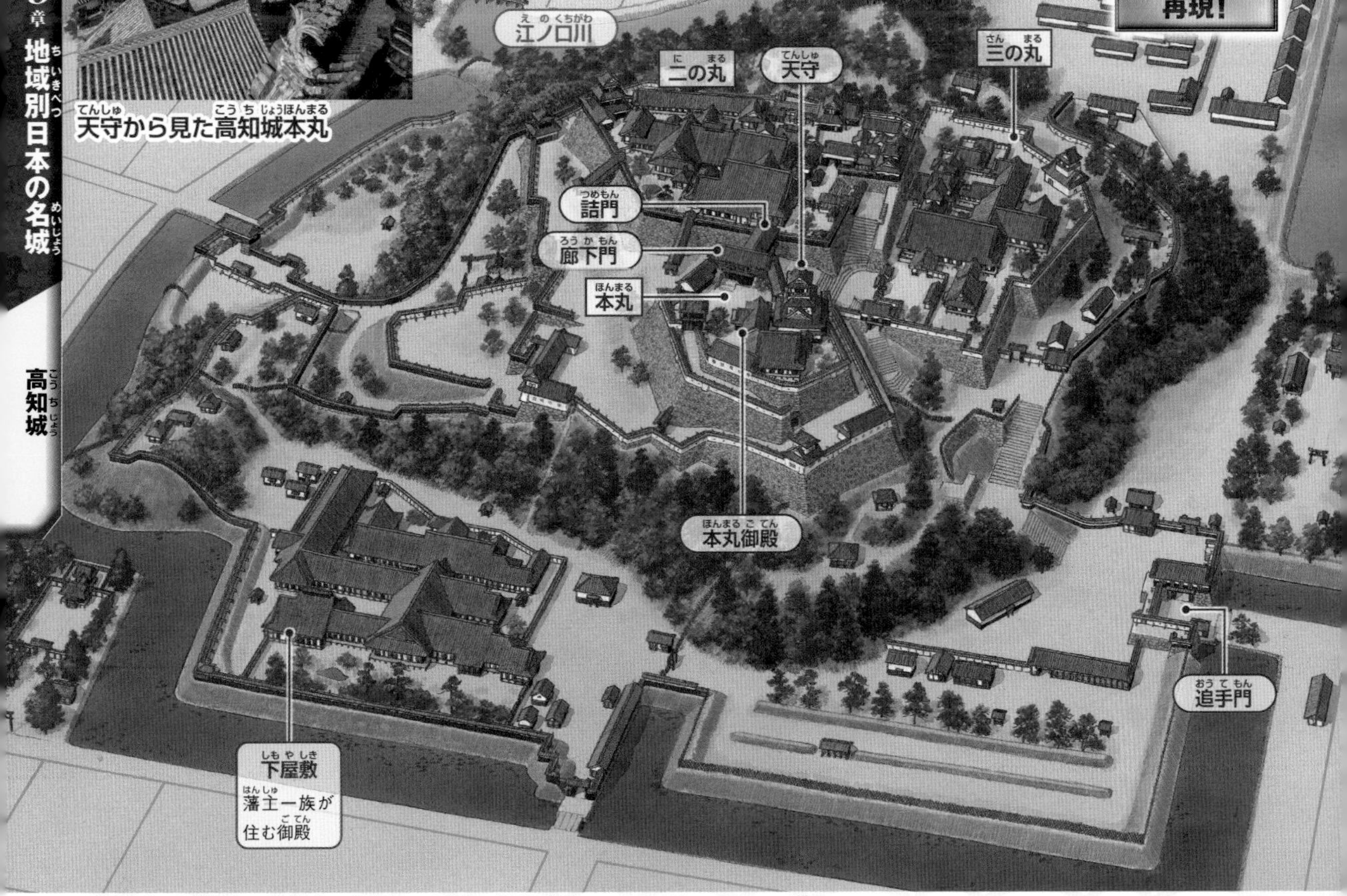
ビジュアルで再現！
江ノ口川
二の丸
天守
三の丸
詰門
廊下門
本丸
本丸御殿
追手門
下屋敷
藩主一族が住む御殿

▲高知城の復元図 創建時、本丸には天守や本丸御殿のほか、櫓や門などが築かれていたが、ほとんどは火災で焼失し、江戸時代に再建された。

心に響くお城秘話

高知城は夫婦の協力で築けた!?

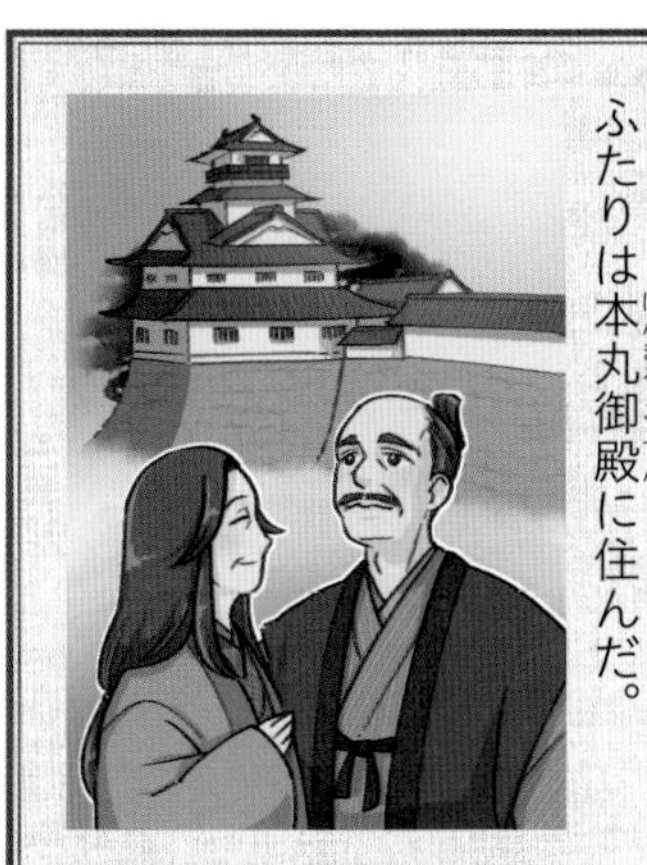

山内一豊の妻・千代は、関ケ原の戦いの直前、西軍（反徳川軍）の情報を伝えるなど一豊の活躍を支え続けた。高知城が完成すると、ふたりは本丸御殿に住んだ。

天守
廊下門
詰門

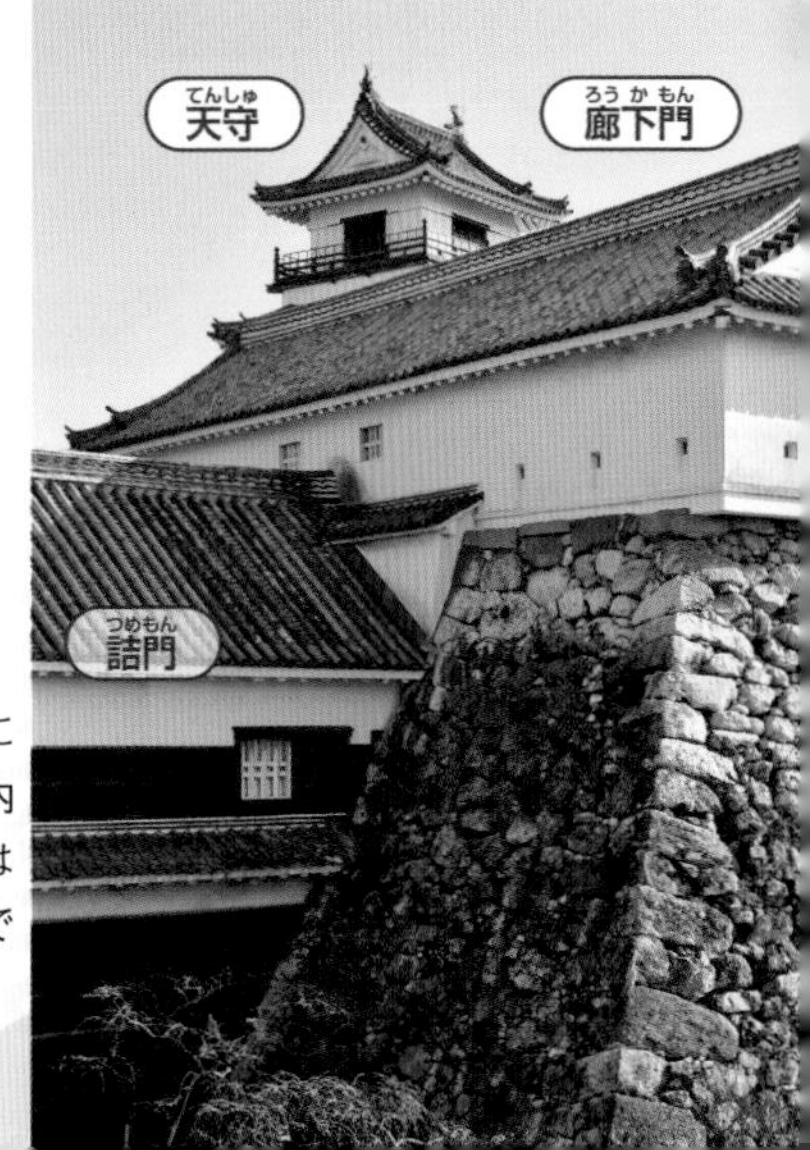

詰門と廊下門
二の丸から本丸に行くには詰門の内部を通る。詰門は廊下門とT字型で接続している。

岡山県

備中松山城

天守が現存する唯一の山城

天守

二層二階の天守は、現存する十二天守のなかで最小であり、また最も高い場所に建っている。五の平櫓や六の平櫓は1997年に再建された。

天守

五の平櫓

六の平櫓

DATA

- 別称　高梁城
- 築城年　1240年
- 築城者　秋庭重信
- おもな城主　三村氏、水谷氏
- 構造　山城
- 所在地　岡山県高梁市

修築が重ねられて大規模な山城になる

備中松山城の始まりは、鎌倉時代に秋庭氏が標高約４３０ｍの臥牛山の山頂に築いた大松山城とされる。戦国時代、三村氏が臥牛山全体に防御をほどこし、大規模な山城になった。三村氏は織田信長に味方したため、毛利軍の小早川隆景(毛利元就の三男)に備中松山城を攻め落とされた。

江戸時代には、江戸幕府から備中(現在の岡山県)の管理を任された小堀正次の子・政一(遠州)が臥牛山のふもとに御根小屋を築いた。その後、城主をつとめた水谷勝宗が大修築を行い、天守や二重櫓、三の平櫓東土塀などを築いた。備中松山城は、現存する天守をもつ城のなかで唯一の山城である。

雲海に浮かぶ備中松山城

春から秋の早朝に雲海が発生すると、備中松山城は空に浮かんでいるように見える。

ビジュアルで再現！

大松山城
鎌倉時代に築かれた城

二重櫓

天守

本丸

二の丸

三の丸

臥牛山

三の平櫓

下太鼓丸

御根小屋
藩主が生活し、政治を行う屋敷で、石垣で囲まれていた

高梁川

二重櫓
江戸時代から現存する櫓で、天然の巨石を台にして築かれている。

▲備中松山城の復元図 備中松山城は、戦国時代には臥牛山の尾根に複数の曲輪が並ぶ山城だったが、江戸時代に天守や櫓、石垣などが築かれた。

心に響くお城秘話

大石良雄が無血開城させた!?

1693年、備中松山藩主・水谷氏の後継ぎがいなくなり、領地や備中松山城が没収されることになった。これに不満が高まるなか、赤穂藩の大石良雄（↓P223）は城に乗りこみ、城を明け渡すように説得し、成功させた。

三の平櫓東土塀
三の丸に現存する土塀で、丸形の鉄砲狭間と、長方形の矢狭間がつくられている。

佐賀県

名護屋城

短期間で完成させた朝鮮出兵用の巨城

名護屋城は、1591年、豊臣秀吉が朝鮮出兵の拠点とするために、玄界灘を望む波戸岬の丘(標高約90m)に築いた城。縄張は黒田官兵衛が担当し、工事責任者は加藤清正らがつとめ、わずか8か月で完成させた。本丸には五層の天守が建てられた。面積が17万平方メートルもある巨城で、周囲には徳川家康をはじめ、約130以上の大名の陣屋(臨時の駐屯地)が置かれ、20万人以上の人々が集まったという。

DATA

- 別称　名護屋御旅館
- 築城年　1591年
- 築城者　豊臣秀吉
- おもな城主　豊臣秀吉
- 構造　平山城
- 所在地　佐賀県唐津市

名護屋城の復元図
本丸には五層七階の天守が建てられ、二の丸や三の丸などが配置された。山里曲輪には茶室があり、茶会が開かれていた。

豊臣軍が名護屋城から朝鮮半島に出撃した

1592年、明(中国の王朝)の征服を目指す秀吉は、約15万人の大軍を名護屋城から朝鮮半島に出撃させた。開戦直後、豊臣軍は快進撃を続けたが、明の援軍の反撃を受けると苦戦するようになり、翌年、和解して撤退した(文禄の役)。ところが秀吉は和解に納得せず、1597年、約14万人の大軍を再び差し向けた。このときも豊臣軍は苦戦が続き、秀吉が病死したため撤退した(慶長の役)。名護屋城は役目がなくなり、解体された。

名護屋城から出撃する九鬼水軍

1592年の文禄の役では、九鬼嘉隆を大将とする九鬼水軍が出撃した。軍船の上部には鉄砲や弓矢で攻撃するための矢倉が設置されていた。

おもしろお城エピソード 家康と利家が一触即発の事態に!?

名護屋城に置かれた徳川家康と前田利家の陣屋は近く、水場を共有していた。あるとき、水争いをきっかけに両軍の兵がもみあう騒動に発展し、合戦が起きかねない状況になったが、伊達政宗の仲裁で騒動は収まった。

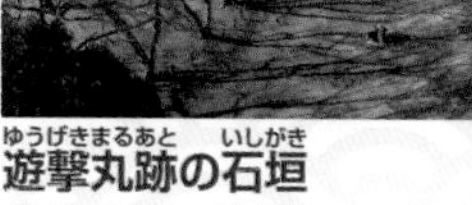

遊撃丸跡の石垣

名護屋城の石垣は大きく破壊されている。島原・天草一揆の影響で、原城(→P160)のように一揆軍に利用されることを防ぐためだったと考えられている。

香川県

丸亀城

高く美しい石垣をもつ

天守
三層三階の天守は、高さが約15m。1660年に京極氏が完成させたものが、現在まで残っている。

DATA

別称	亀山城
築城年	1597年
築城者	生駒親正
おもな城主	生駒氏、京極氏
構造	平山城
所在地	香川県丸亀市

大手二の門から見た天守
大手二の門（1670年頃の建築）から、四段の石垣と天守を見上げることができる。

全高60mに達する四段に重なる石垣

1587年、生駒親正は豊臣秀吉から讃岐（現在の香川県）を与えられ、高松城（→P88）を築城した。親正が高松城の支城（補助的な城）として、標高約66mの亀山に築いたのが丸亀城である。1615年、江戸幕府は大名が住む城以外の城の破壊を命じたが、丸亀城は壊されずにすんだ。

その後、生駒氏は丸亀城から移され、代わりに城主となった山崎氏が改修を開始し、続いて城主となった京極氏が大改修を行った。丸亀城の特徴は、ふもとの内堀から山頂まで四段に積み上げられた石垣で、高さは合計すると約60mに達する。また、京極氏が築いた三層三階の天守は江戸時代から残る。

愛媛県

宇和島城

層塔型天守が現存する

天守
藤堂高虎が築いた天守は望楼型天守だったが、1666年頃、伊達宗利が三層三階の層塔型天守に建てかえた。狭間や石落などの軍事的設備がないのが特徴。

DATA

別称 鶴島城
築城年 1596年
築城者 藤堂高虎
おもな城主 藤堂氏、伊達氏
構造 平山城
所在地 愛媛県宇和島市

平和な世を象徴する白く美しい層塔型天守

宇和島城は、豊臣秀吉から宇和島(愛媛県)を与えられた藤堂高虎が、1596年、海に面した標高約73mの丘に築いた城。城全体の縄張が五角形をしているのが特徴で、これは敵の方向感覚を狂わせる目的があったといわれる。さらに高虎は、本丸に三層三階の望楼型天守を築き、城の完成を見届けた後、今治城(↓P238)に移った。

1613年からは、伊達秀宗(伊達政宗の長男)が宇和島城主となり、続いて2代・伊達宗利(秀宗の子)が高虎の望楼型天守を、独立式の層塔型天守に建てかえた。この天守は江戸時代から現在まで残っているもので、美しい城壁と装飾的な屋根が特徴である。

城主

伊達秀宗(1591～1658)
伊達政宗の長男。2代将軍・徳川秀忠より宇和島藩を与えられ、初代藩主となる。

愛媛県

能島城

秀吉の海賊停止令で役割を終えた海城

中世の瀬戸内海では、村上水軍が海上交通の案内や警護をしていた。能島城は、三家ある村上水軍のうち、能島村上水軍の本拠地として築かれた海城。周囲約720mの能島全体を城にしていた。1588年に豊臣秀吉が出した海賊停止令により村上水軍が解体されると、能島城は使われなくなった。

DATA

別称	なし
築城年	1419年
築城者	村上雅房
おもな城主	村上氏
構造	海城
所在地	愛媛県今治市

村上武吉（1533～1604）

瀬戸内海最大の海賊・能島村上水軍の大将。厳島の戦いでは毛利元就に協力して勝利に貢献した。

ビジュアルで再現！

現在の能島城

鯛崎島
出丸
本丸
能島
二の丸
矢櫃曲輪
三の丸
船着場

CGで復元した能島城

能島城は能島を本城（中心となる城）、鯛崎島を出丸（本城から張り出して築かれた曲輪）としていた。

広島県

福山城

西の大名を抑えるための城

天守
五層五階地下一階の層塔型天守は、1945年の空襲で焼失。戦後に再建された天守の北側には、銃弾よけの黒い鉄板が復元されている。

伏見櫓
伏見城（→P.214）から移築された櫓で、現存する最古の櫓のひとつ。

DATA

別称	久松城
築城年	1622年
築城者	水野勝成
おもな城主	水野氏、阿部氏
構造	平山城
所在地	広島県福山市

江戸時代に築かれた最後の巨大な城

福山城は、福山藩（広島県）10万石を与えられた水野勝成（徳川家康のいとこ）が1622年に築いた城。五層五階の天守がそびえ、伏見櫓などの三重櫓が7基、二重櫓が16基も建ち並んでいた。江戸時代に築かれた巨大な城としては最後のもので、10万石の大名としては破格の規模だった。

これほどの巨城が築かれたのは、毛利氏や島津氏など、徳川家が警戒する西日本の外様大名（関ケ原の戦い後に徳川家に従った大名）を抑える役目を期待されていたためである。

水野氏の後は、松平氏や阿部氏が城主をつとめた。歴代城主では幕末に開国を決断した阿部正弘が有名である。

城主

阿部正弘（1819～1857）
福山藩主。幕府の老中（最高職）としてアメリカのペリーと日米和親条約を結んだ。

南蛮造の天守が特徴

福岡県

小倉城

細川忠興が7年をかけ本格的な城に改修する

古くから陸上・海上交通の要所だった小倉に初めて城を築いたのは、中国地方の毛利氏だった。小倉城は、1587年に豊臣秀吉が九州を攻略した後、毛利勝信に与えられた。1602年、細川忠興が小倉城主となり、約7年をかけて大改修を行い、南蛮造の天守を築いた。細川氏の後は、小笠原忠真(→P223)が小倉城主をつとめた。

城主

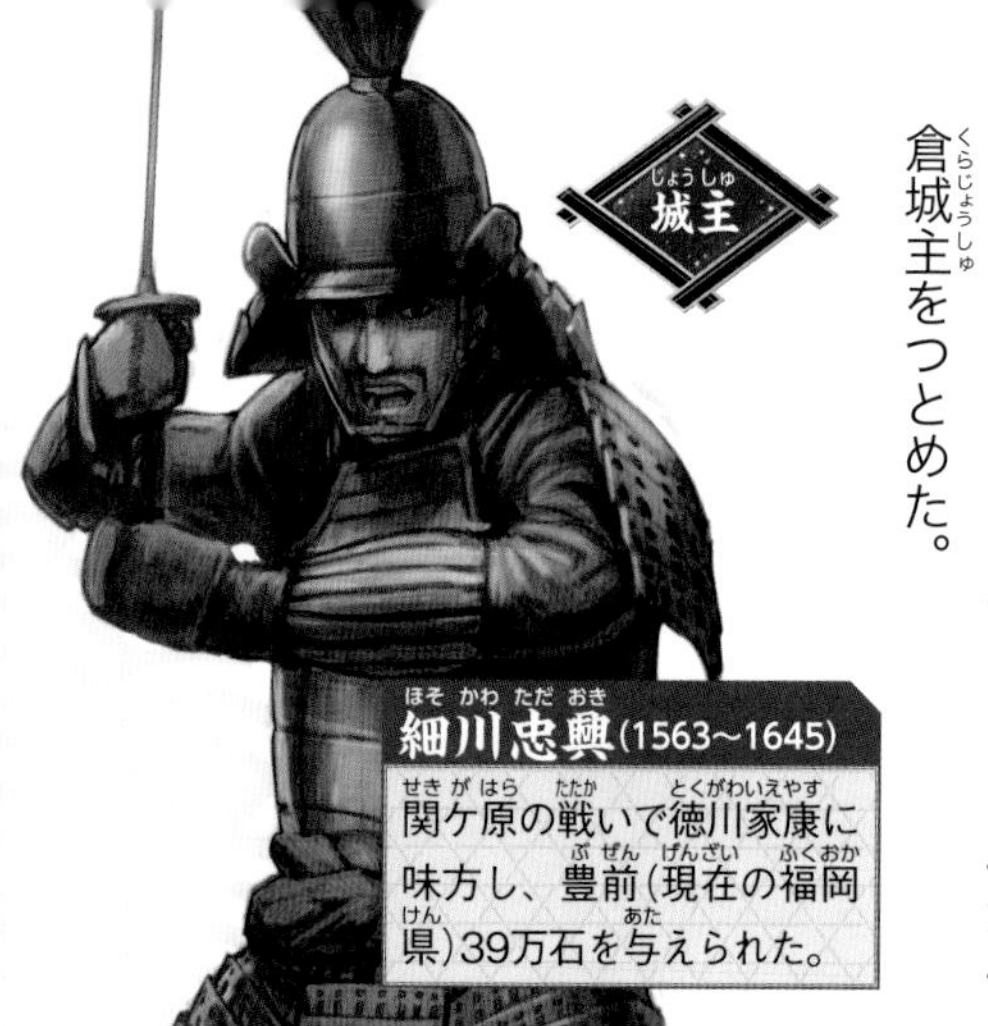

細川忠興(1563~1645)

関ケ原の戦いで徳川家康に味方し、豊前(現在の福岡県)39万石を与えられた。

DATA

- 別称　勝山城
- 築城年　1569年
- 築城者　毛利氏
- おもな城主　細川氏、小笠原氏
- 構造　平城
- 所在地　福岡県北九州市

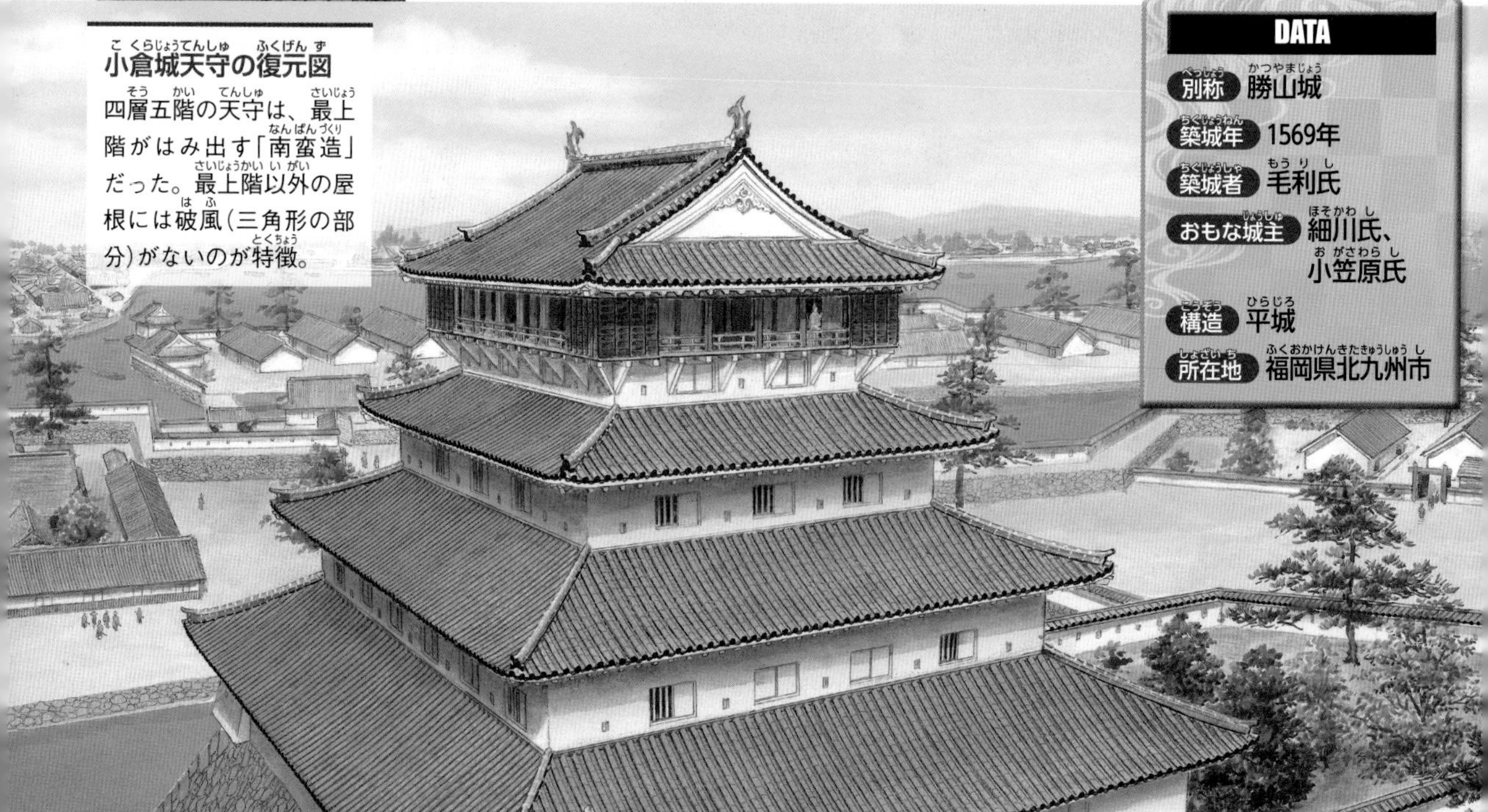

小倉城天守の復元図

四層五階の天守は、最上階がはみ出す「南蛮造」だった。最上階以外の屋根には破風(三角形の部分)がないのが特徴。

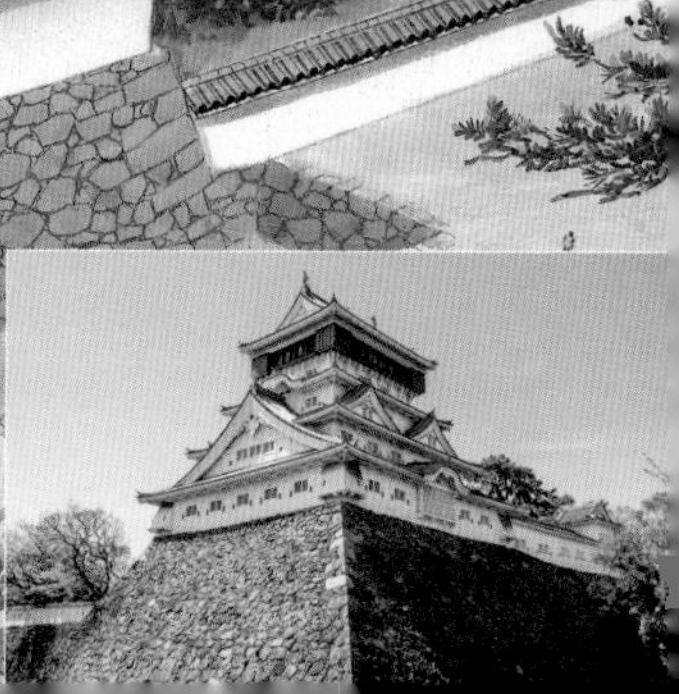

現在の天守

1959年に再建された天守には破風が取りつけられている。

福岡県

福岡城

黒田長政が築いた巨城

CGで復元した天守群
福岡城には天守が存在したが、取り壊されたという説が有力。福岡城に残る天守台をもとにCGで天守群を復元した。

DATA

別称	舞鶴城
築城年	1601年
築城者	黒田長政
おもな城主	黒田氏
構造	平山城
所在地	福岡県福岡市

多聞櫓
南丸に現存し、二層の隅櫓と54mの長さがある平櫓で構成されている。

築城者
黒田長政(1568~1623)
関ケ原の戦いで徳川家康に味方し、筑前(現在の福岡県)52万石を与えられた。

圧倒的な防御力を誇る長政・官兵衛の名城

福岡城は、関ケ原の戦いの功績によって、筑前(現在の福岡県)52万石を与えられた黒田長政が、1601年に築いた城。7年をかけて完成した福岡城は九州最大規模。本丸には大天守・中天守・小天守が建っていたといわれ、そのほか47基の櫓が築かれていた。このうち現存するのは多聞櫓や潮見櫓などで、城を囲む全長約3㎞に及ぶ石垣も残っている。

福岡城の縄張には、築城名人の黒田官兵衛(長政の父)が関わっており、防御力が極めて高かった。福岡城を見た加藤清正は、「自分の城は3～4日で落ちるが、この福岡城は30～40日は落ちない」と語ったという。

愛媛県

今治城

高虎が築いた海の城

海から船が入れる水堀を備えていた

宇和島城（↓P233）の城主だった藤堂高虎は、関ケ原の戦いでの手柄によって、伊予（現在の愛媛県）を与えられた。1602年、高虎が新しい拠点として築いたのが今治城である。今治は瀬戸内海の海上交通の要所で、三重の水堀には海水が引きこまれ、船が出入りできた。

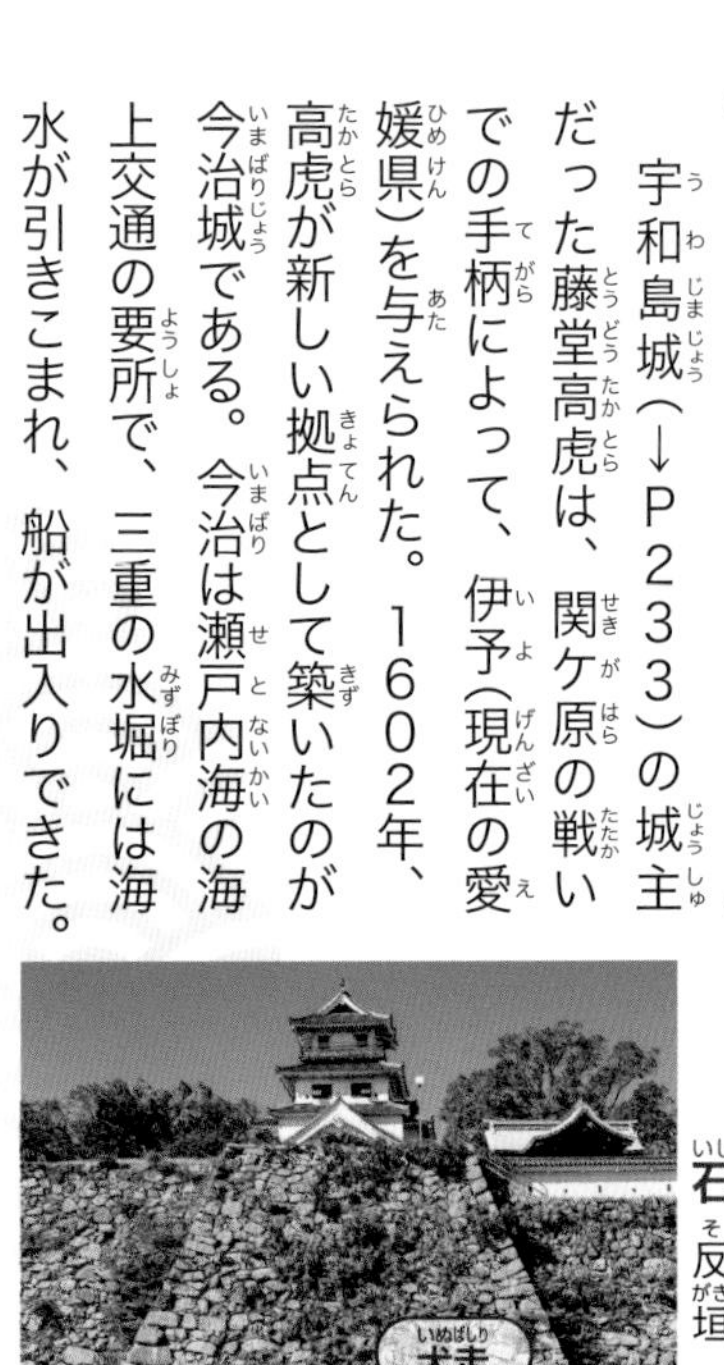

石垣と犬走
反りのない直線的な石垣は高虎の特徴。石垣の周りには犬走（通路状の平地）がある。

天守
創建当時の史料がないため、1980年、五層六階の天守が想像によって建てられた。

DATA

築城年	1602年
築城者	藤堂高虎
所在地	愛媛県今治市

愛媛県

大洲城

四層の天守が復元される

脇坂安治が改修を行い4基の櫓が現存する

鎌倉時代に築かれた大洲城は、1595年、藤堂高虎が大改修を行い、さらに江戸時代初期に脇坂安治が改修工事を進めた。この時期に、四層四階の層塔型天守が築かれたとされる。また、台所櫓・高欄櫓・苧綿櫓・三の丸南隅櫓の4基の櫓が江戸時代から残っている。

苧綿櫓
肱川の土手に突き出して建つ櫓で、川に向かって石落（敵を射撃するための穴）がある。

天守
江戸時代の史料をもとに、2004年に四層四階の天守が木造で再建された。

DATA

築城年	1331年
築城者	宇都宮豊房
所在地	愛媛県大洲市

岡山県

津山城

森蘭丸の弟が築城

階段状の高い石垣が城全体をおおう

津山城は、関ケ原の戦いの功績で、美作(現在の岡山県)18万石を与えられた森忠政が、高さ約50mの鶴山に築いた城。13年をかけて完成させた津山城には、五層の天守がそびえ、77基もの櫓が建ち並んでいたという。津山城全体をおおう高い石垣は、階段状に三段になっていて、「一二三段」と呼ばれている。

関連人物

森蘭丸(1565～1582)

森忠政の兄。織田信長の側近として活躍。本能寺の変で信長とともに戦死した。

備中櫓

2005年に復元された二層櫓。部屋は畳敷で、藩主とその家族が生活していた。

DATA

築城年	1604年
築城者	森忠政
所在地	岡山県津山市

山口県

萩城

毛利輝元が築いた城

戦闘用の詰城が指月山に築かれる

広島城(→P68)の毛利輝元(元就の孫)は、関ケ原の戦いで西軍(反徳川軍)に味方したため、領地を周防・長門(現在の山口県)に移された。輝元が新しい拠点として築いた萩城は標高約143mの指月山のふもとに本丸などが築かれていたが、指月山の山頂には詰城が置かれ、防御力を高めていた。

天守の古写真

五層五階の望楼型天守がそびえていたが、明治時代初めに取り壊された。

天守台

背後に見える指月山の山頂には詰城(戦闘用の山城)が置かれていた。

DATA

築城年	1604年
築城者	毛利輝元
所在地	山口県萩市

山口県

岩国城

吉川広家が築いた山城

南蛮造の天守がそびえる山城

岩国城は、標高約200mの横山に築かれた山城。関ケ原の戦いの功績で岩国を与えられた吉川広家(吉川元春の子)が7年がかりで築いた城で、本丸には四層六階の南蛮造(→P88)の天守がそびえ、ふもとには城主の屋敷「御土居」が建てられた。しかし完成から7年後、幕府の方針により御土居を残して壊された。

錦帯橋と天守

錦帯橋は1673年、岩国藩3代藩主・吉川広嘉が築いた5連の木造アーチ橋。

天守

四階と六階が下の階より張り出す「南蛮造」で、1962年に再建された。

DATA

築城年 1601年

築城者 吉川広家

所在地 山口県岩国市

大分県

中津城

官兵衛が築いた水城

中津川河口に築かれ水堀に海水を利用する

中津城は、1588年、豊前(現在の福岡県～大分県)の領主となった黒田官兵衛が中津川の河口に築いた城。堀に海水を引き入れる「水城」だった(→P183)。関ケ原の戦いで東軍(徳川軍)についた官兵衛は、中津城から出撃し、九州にあった西軍(反徳川軍)の拠点を攻撃した。

築城者

黒田官兵衛(1546～1604)

豊臣秀吉の軍師。豊前(現在の大分県)12万石を与えられ、中津城を築いた。

天守

中津城には天守はなかったが、1964年、萩城の天守をモデルに建造された。

DATA

築城年 1588年

築城者 黒田官兵衛

所在地 大分県中津市

大分県

岡城

難攻不落の石垣の山城

島津氏を撃退した総石垣の山城

鎌倉時代に築かれた岡城は、南北朝時代に大友氏一族の志賀氏が改修し、以後、志賀氏が城主をつとめた。１５８６年、岡城主・志賀親次は侵攻してきた大軍の島津氏を撃退した。

その後、城主となった中川秀成は、本丸・二の丸・三の丸を整備し、壮大な石垣を築き、本丸に天守に相当する御三階櫓を建てた。

三の丸の石垣
石垣に近づく敵を複数の方向から攻撃できるように、ジグザグの形をしている。

本丸跡
本丸や二の丸、三の丸は天神山(標高約325m)の山頂に石垣で築かれた。

DATA

築城年	1185年
築城者	緒方惟栄
所在地	大分県竹田市

大分県

府内城

城下町・大分が発展

大友氏の拠点に新しく築かれた城

戦国時代、府内(大分県)には大友氏の拠点・大友氏館が築かれていたが、島津氏の侵攻により焼失した。

１５９７年、府内の領主となった福原直高は新しい拠点として府内城を築城。その後、１６０１年に城主となった竹中重利は、府内城の大改修を開始。四層の天守や内堀などを建造し、港や城下町を整備した。

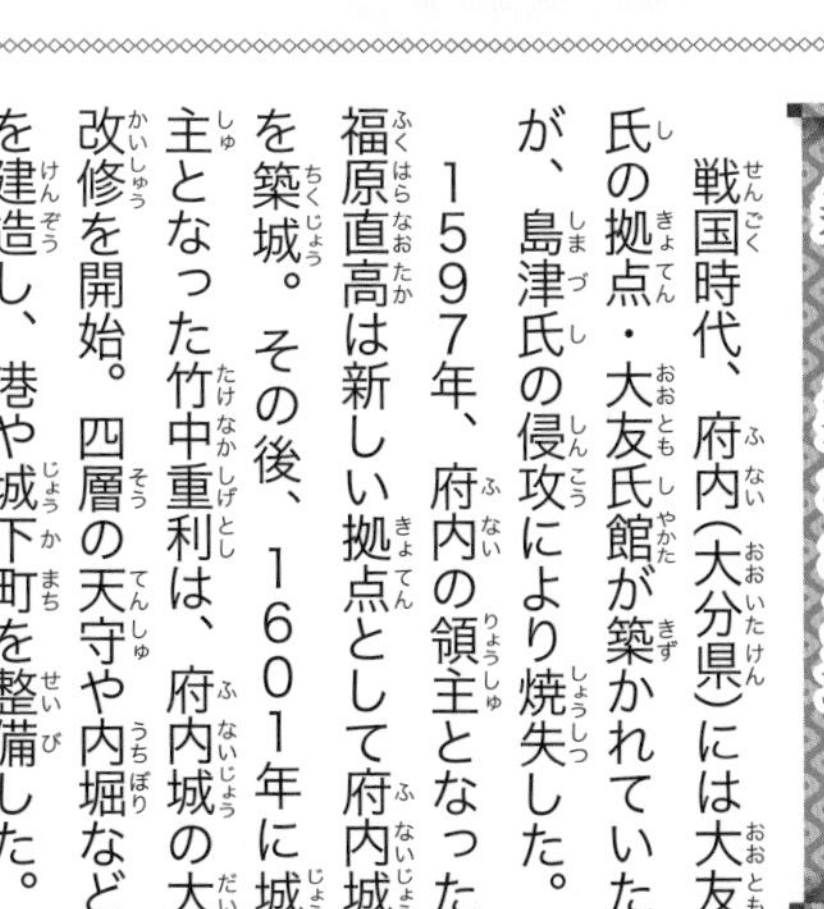

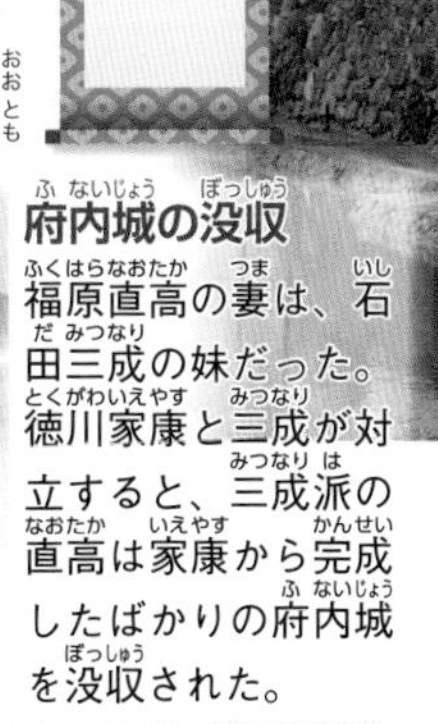

府内城の没収
福原直高の妻は、石田三成の妹だった。徳川家康と三成が対立すると、三成派の直高は家康から完成したばかりの府内城を没収された。

人質櫓
天守台の北側に建つ二層櫓で、人質を収容していた。1861年に再建された。

DATA

築城年	1597年
築城者	福原直高
所在地	大分県大分市

長崎県

島原城

島原・天草一揆の舞台

領地の農民を苦しめて豪華な城を完成させる

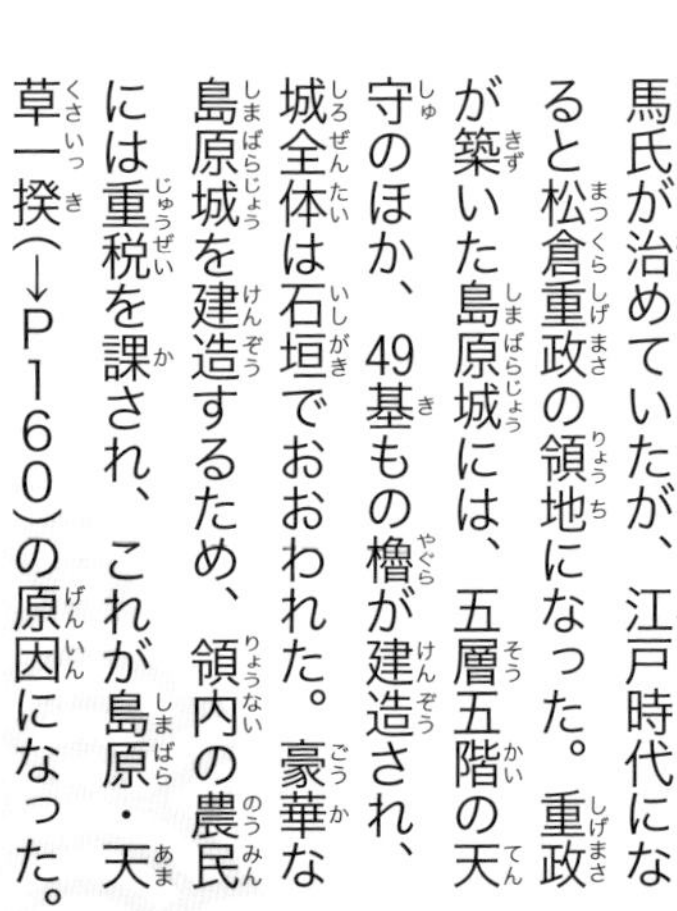

戦国時代、島原半島（長崎県）は有馬氏が治めていたが、江戸時代になると松倉重政の領地になった。重政が築いた島原城には、五層五階の天守のほか、49基もの櫓が建造され、城全体は石垣でおおわれた。豪華な島原城を建造するため、領内の農民には重税を課され、これが島原・天草一揆（→P160）の原因になった。

過酷な徴税

松倉重政は、領地の石高４万石に不釣り合いな島原城の建築費を出すため、農民が生活できないほどの税を厳しく取り立てた。

天守

五層の層塔型天守は1964年に復元された。屋根に破風（三角形の部分）がないのが特徴。

DATA

築城年	1618年
築城者	松倉重政
所在地	長崎県島原市

鹿児島県

鹿児島城

薩摩藩・島津氏の巨城

背後にそびえる城山が戦闘用の臨時の山城

鹿児島城は、1601年、薩摩藩（鹿児島県）の初代藩主・島津忠恒（島津義弘の子）が築いた城。72万石の大名としては質素なつくりだったが、城の背後にそびえる城山（標高約107m）を詰城（戦闘用の山城）にしていた。西南戦争（→P166）では西郷隆盛が城山に籠城した。

関連人物

島津義久（1533～1611）

島津忠恒の叔父。秀吉や家康から島津家を守り抜き、引退後も権力を握り続けた。

御楼門

2020年に復元された本丸の大手門で日本最大の城門。高さ・幅が約20mある。

DATA

築城年	1601年
築城者	島津忠恒
所在地	鹿児島県鹿児島市

琉球王国の華麗な王城

沖縄県

首里城

改修と再建が続けられ世界遺産に登録される

首里城の起源は不明だが、1429年、琉球王国を建国した尚巴志が本拠地とした。その後、尚真と尚清（尚真の子）の時代に大改修された。首里城は何度も火災で焼失し、そのたびに再建された。1945年には戦災で全焼したが、戦後に再建が進められ、2000年、史跡群が世界遺産に登録された。2019年、正殿・北殿・南殿が焼失したが、現在、復興が進められている。

城主

尚真(1465～1526)

琉球王国の最盛期を築いた王。首里城を現在の規模にまで拡張・整備した。

▼**首里城の復元図** 那覇湾を見下ろす丘の上に築かれた首里城は、二重の城壁に囲まれていた。木造三階建ての正殿は、国王が政治や儀式をする場所。

DATA

別称	御城
築城年	14世紀頃
築城者	不明
おもな城主	尚氏
構造	山城
所在地	沖縄県那覇市

戦前の首里城正殿

日本の旧国名マップ

奈良時代から明治時代のはじめ頃まで、日本の地方は、現在とはちがう名前「国名」でよばれていた。国と国の境も、現在の都道府県との境とは少しちがっていた。国名は時代によって変わったものもあるが、この地図では、平安時代初期に定められたものを基本に紹介している。

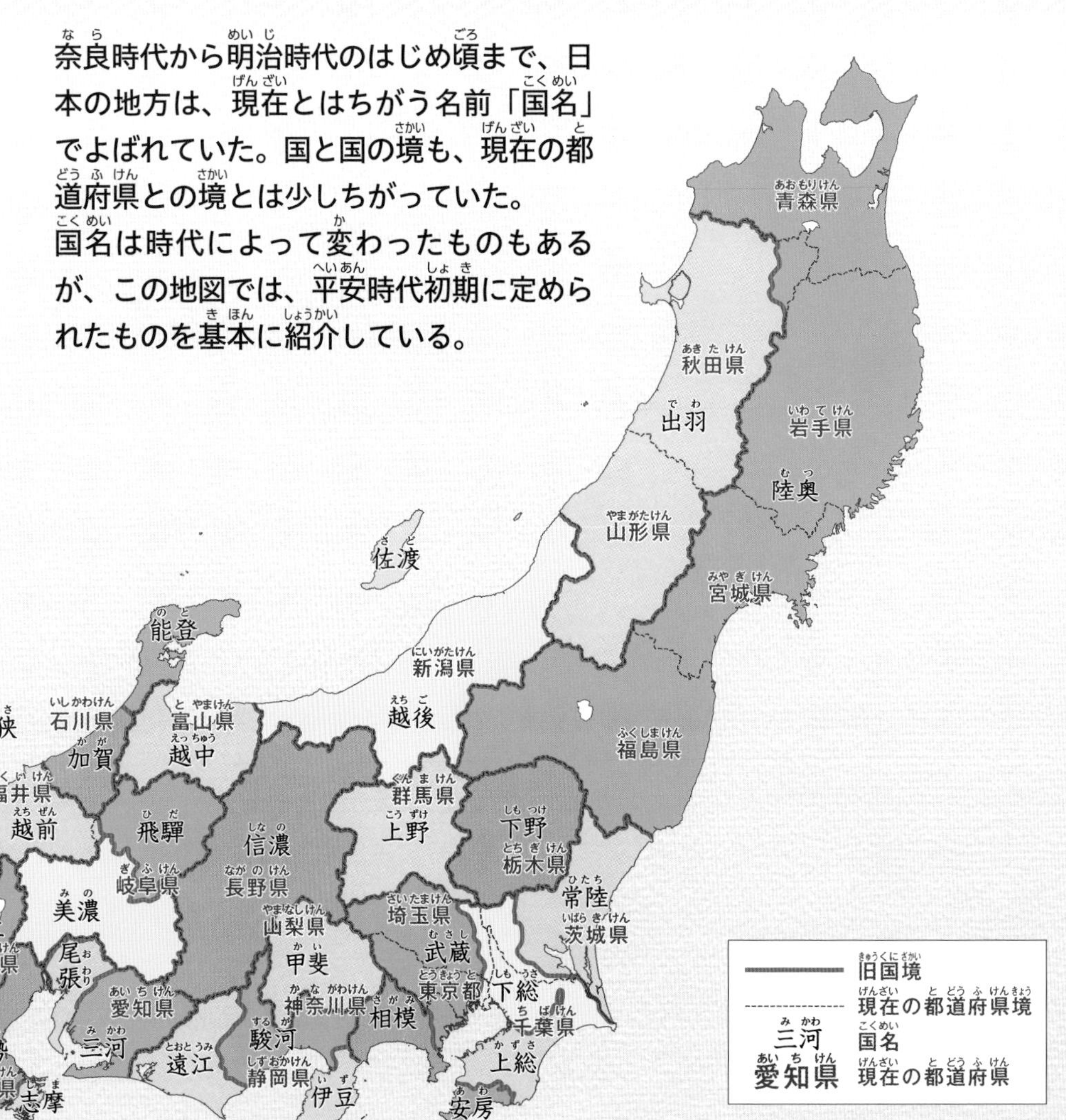

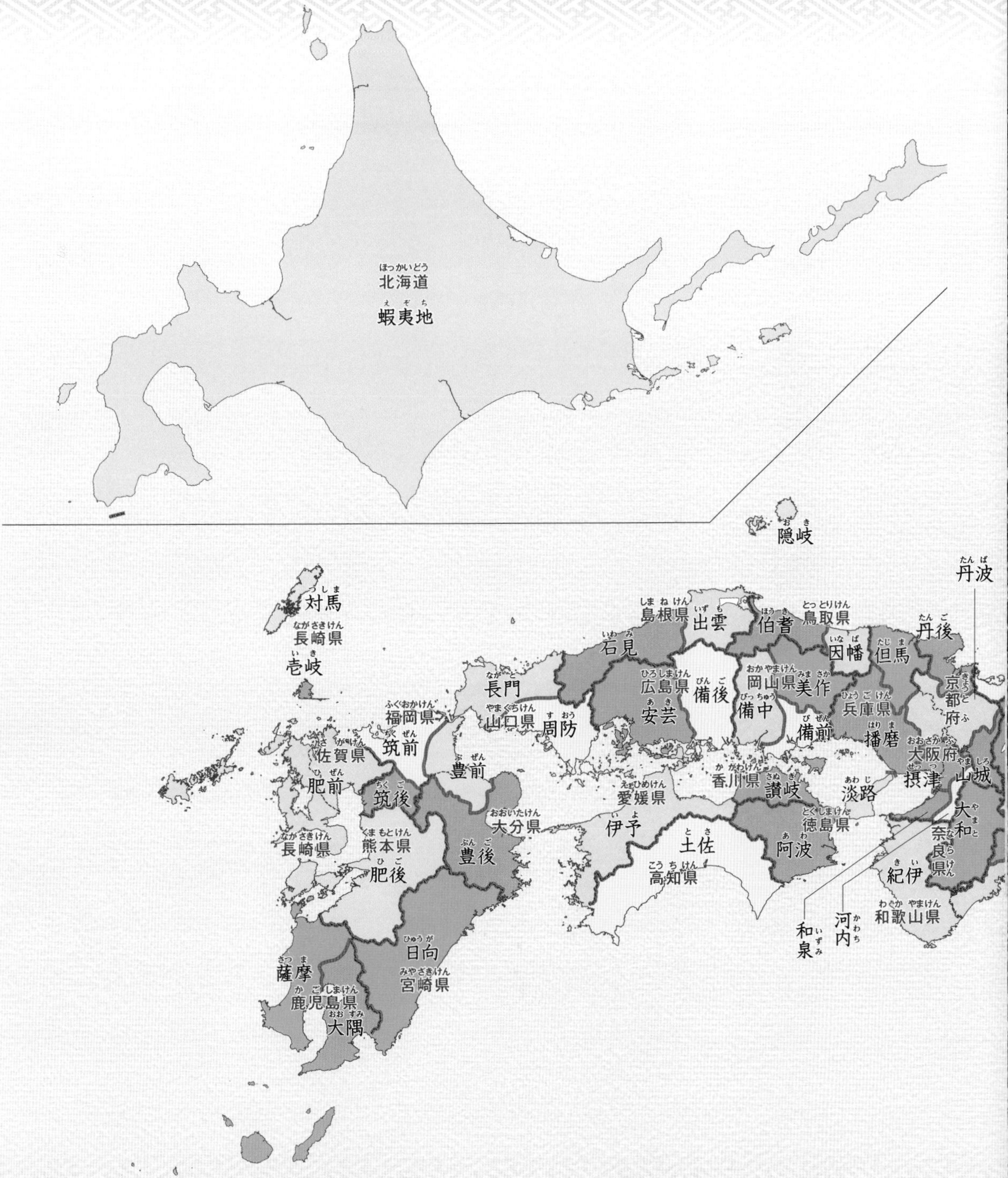

北海道
蝦夷地
隠岐
丹波
対馬
長崎県
壱岐
島根県
出雲
伯耆
鳥取県
丹後
石見
因幡
但馬
長門
広島県
備後
岡山県
美作
京都府
福岡県
山口県
周防
安芸
備中
兵庫県
備前
筑前
播磨
佐賀県
豊前
大阪府
山城
肥前
香川県
讃岐
淡路
摂津
愛媛県
筑後
大和
大分県
伊予
徳島県
奈良県
長崎県
熊本県
土佐
阿波
豊後
肥後
高知県
紀伊
和歌山県
河内
和泉
日向
薩摩
宮崎県
鹿児島県
大隅

さくいん

※赤字は城の名称。

か

さ

た

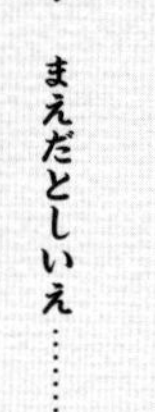
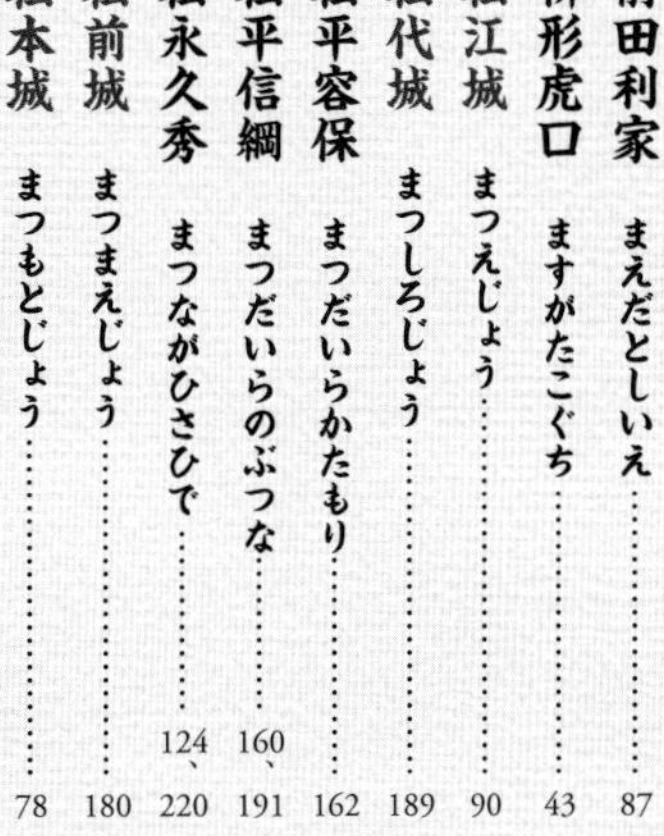
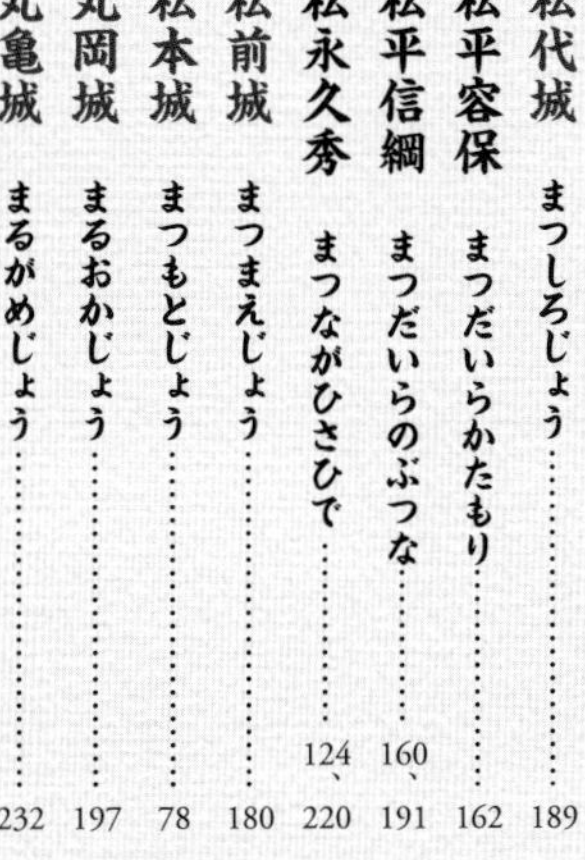

218 聚楽第復元図（イラスト＝香川元太郎）
218 御土居（写真提供＝PIXTA）
219 福知山城天守（写真提供＝PIXTA）
219 福知山城転用石（写真提供＝PIXTA）
220 多聞山城復元図（CG＝成瀬京司）
221 長浜城天守（写真提供＝PIXTA）
221 大和郡山城追手向櫓（写真提供＝PIXTA）
222 篠山城天守台（写真提供＝PIXTA）
222 篠山城大書院（写真提供＝PIXTA）
222 有岡城本丸（写真提供＝PIXTA）
223 明石城坤櫓（写真提供＝PIXTA）
223 明石城坤櫓と巽櫓（写真提供＝PIXTA）
223 赤穂城大手隅櫓（写真提供＝PIXTA）
224 長浜城（写真提供＝PIXTA）
224 姫路城（写真提供＝PIXTA）
225 大坂城（イラスト＝香川元太郎／監修＝中井均／初出＝『軍事分析 戦国の城』）
225 聚楽第復元図（イラスト＝香川元太郎）
225 伏見城復元図（イラスト＝香川元太郎）
226 高知城天守（写真提供＝PIXTA）
226 高知城本丸御殿（写真提供＝PIXTA）
227 高知城復元図（イラスト＝香川元太郎）
227 高知城本丸（写真提供＝PIXTA）
227 高知城詰門と廊下門（写真提供＝PIXTA）
228 備中松山城天守（写真提供＝PIXTA）
228 雲海に浮かぶ備中松山城（写真提供＝PIXTA）
229 備中松山城復元図（イラスト＝香川元太郎）
229 備中松山城二重櫓（写真提供＝PIXTA）
229 備中松山城三の平櫓東土塀（写真提供＝PIXTA）
230 名護屋城復元図（イラスト＝香川元太郎）
231 九鬼水軍（CG＝成瀬京司）
231 名護屋城遊撃丸（写真提供＝PIXTA）
232 丸亀城天守（写真提供＝PIXTA）
232 丸亀城大手二の門（写真提供＝PIXTA）
233 宇和島城天守（写真提供＝PIXTA）
234 能島城復元図（CG＝成瀬京司）
234 能島城（写真提供＝PIXTA）
235 福山城天守（写真提供＝PIXTA）
235 福山城伏見櫓（写真提供＝PIXTA）
236 小倉城天守復元図（イラスト＝香川元太郎）
236 小倉城天守（写真提供＝PIXTA）
237 福岡城天守復元図（CG＝成瀬京司）
237 福岡城多聞櫓（写真提供＝PIXTA）
238 今治城天守（写真提供＝PIXTA）
238 今治城石垣（写真提供＝PIXTA）
238 大洲城天守（写真提供＝PIXTA）
238 大洲城苧綿櫓（写真提供＝PIXTA）
239 津山城備中櫓（写真提供＝PIXTA）
239 萩城天守台（写真提供＝PIXTA）
239 萩城天守古写真（山口県文書館所蔵）
240 岩国城天守（写真提供＝PIXTA）
240 錦帯橋と岩国城天守（写真提供＝PIXTA）
240 中津城天守（写真提供＝PIXTA）
241 岡城本丸（写真提供＝PIXTA）
241 岡城三の丸石垣（写真提供＝PIXTA）
241 府内城人質櫓（写真提供＝PIXTA）
242 島原城天守（写真提供＝PIXTA）
242 鹿児島城御楼門（写真提供＝PIXTA）
243 首里城復元図（イラスト＝香川元太郎）
243 戦前の首里城正殿（那覇市歴史博物館所蔵）
カバー 姫路城・松本城・名古屋城・彦根城（写真提供＝PIXTA）

主要参考文献

『オールカラー徹底図解 日本の城』香川元太郎著（ワン・パブリッシング）／『精密復元イラストでわかった名城のヒミツ』香川元太郎著・小和田哲男監修（宝島社）／『47 都道府県別 よみがえる日本の城』香川元太郎著（PHP 研究所）／『ワイド＆パノラマ 鳥瞰・復元イラスト 戦国の城』香川元太郎著（ワン・パブリッシング）／『ワイド＆パノラマ 鳥瞰・復元イラスト 日本の城』香川元太郎著（ワン・パブリッシング）／『透視＆断面イラスト 日本の城』西ヶ谷恭弘著（世界文化社）／『カラー図解 城の攻め方・つくり方』中井均監修（宝島社）／『決定版 日本の城』中井均著（新星出版社）／『歩いて楽しい日本の名城 厳選 100』全国城郭管理者協議会監修（碧水社）／『CG 復元 戦国の城』成瀬京司 CG 制作（学研）／『CG で大解剖!戦国の城』成瀬京司 CG 制作（彩国社）／『完全保存版 日本の城 1055 都道府県別 城データ＆地図完全網羅!』大野信長・有沢重雄・加唐亜紀著（西東社）／『大判ビジュアル 図解 大迫力!写真と絵でわかる日本の城・城合戦』小和田泰経著（西東社）／『歴史人 2013 年 5 月号 戦国城の合戦の真実（KK ベストセラーズ）／『歴史人 2014 年 4月号 決定!戦国の城最強ランキング』（KK ベストセラーズ）／『歴史人 2015 年 11 月号 戦国武将の城』（KK ベストセラーズ）／『歴史人 2017 年5月号 戦国の城とは何か』（KK ベストセラーズ）／『歴史人 2018 年5月号 激闘!戦国の城と合戦』（KK ベストセラーズ）／『歴史人 2021 年5月号 日本の城 基本の「き」』（ABC アーク）『歴史人 2022 年5月号 決定!最強の城ランキング』（ABC アーク）／『歴史人 2023 年 12 月号 令和版 戦国の山城大全』（ABC アーク）

175 仙台城本丸石垣（写真提供=PIXTA）
176 盛岡城腰曲輪（写真提供=PIXTA）
176 盛岡城復元図（イラスト=香川元太郎）
177 山形城東大手門（写真提供=PIXTA）
177 山形城本丸一文字門（写真提供=PIXTA）
178 白石城天守（写真提供=PIXTA）
178 白石城大手二ノ門（写真提供=PIXTA）
179 白河小峰城三重櫓（写真提供=PIXTA）
179 白河小峰城鷹の目（写真提供=PIXTA）
180 松前城天守（写真提供=PIXTA）
180 久保田城御隅櫓（写真提供=PIXTA）
181 米沢城菱門橋（写真提供=PIXTA）
181 二本松城附櫓（写真提供=PIXTA）
182 篠山城復元図（イラスト=香川元太郎／監修=篠山市教育委員会／初出=『歴史群像52号』）
182 伊賀上野城石垣（写真提供=PIXTA）
183 熊本城天守石垣（写真提供=PIXTA）
183 中津城復元図（イラスト=香川元太郎／監修=山上至人／初出=『歴史群像123号』）
184 春日山城土塁（写真提供=PIXTA）
184 春日山城本丸（写真提供=PIXTA）
184 春日山城復元図（イラスト=香川元太郎／監修=水澤幸一／初出=『歴史群像シリーズ　疾風上杉謙信』）
185 新発田城三階櫓（写真提供=PIXTA）
185 新発田城本丸表門（写真提供=PIXTA）
186 甲府城稲荷櫓（写真提供=PIXTA）
186 甲府城鉄門（写真提供=PIXTA）
187 躑躅ケ崎館大手門（写真提供=PIXTA）
187 躑躅ケ崎館復元図（イラスト=香川元太郎）
188 新府城復元図（イラスト=香川元太郎／監修=西股総生／初出=『歴史群像135号』）
188 新府城三日月堀（写真提供=PIXTA）
189 松代城大手口（写真提供=PIXTA）
189 松代城戌亥隅櫓台（写真提供=PIXTA）
190 宇都宮城清明台櫓（写真提供=PIXTA）
190 水戸城二の丸角櫓（写真提供=PIXTA）
190 水戸城堀底（写真提供=PIXTA）
191 金山城三の丸石垣（写真提供=PIXTA）
191 川越城本丸御殿（写真提供=PIXTA）
192 滝山城大堀切（写真提供=PIXTA）
192 八王子城曳橋（写真提供=PIXTA）
193 石垣山城本城曲輪（写真提供=PIXTA）
193 上田城本丸東虎口（写真提供=PIXTA）
194 浜松城（写真提供=PIXTA）
195 江戸城復元図（イラスト=香川元太郎／監修=西股総生／初出=『歴史群像181号』）
195 駿府城（写真提供=PIXTA）
196 北ノ庄城復元図（CG=成瀬京司）
196 福井城（写真提供=PIXTA）
197 丸岡城天守（写真提供=PIXTA）
197 丸岡城天守石瓦（写真提供=PIXTA）
198 越前大野城天守（写真提供=PIXTA）
198 天空の城（写真提供=PIXTA）
199 田中城本丸櫓（写真提供=PIXTA）
199 田中城復元図（イラスト=香川元太郎／所蔵=藤枝市郷土博物館）
200 岐阜城天守（写真提供=PIXTA）
200 岐阜城復元図（イラスト=香川元太郎）
201 大垣城天守（写真提供=PIXTA）
202 犬山城天守（写真提供=PIXTA）
202 木曽川と犬山城天守（写真提供=PIXTA）
203 清洲城天守復元図（イラスト=香川元太郎）
203 清洲城天守（写真提供=PIXTA）
204 長篠城本丸（写真提供=PIXTA）
204 長篠城復元図（CG=成瀬京司）
205 小牧山（写真提供=PIXTA）
205 小牧山城復元図（イラスト=香川元太郎／監修=小野友記子／初出=『歴史群像180号』）
206 伊賀上野城大天守（写真提供=PIXTA）
206 伊賀上野城石垣（写真提供=PIXTA）
207 富山城天守（写真提供=PIXTA）
207 一乗谷城唐門（写真提供=PIXTA）
208 掛川城天守（写真提供=PIXTA）
208 掛川城二の丸御殿（写真提供=PIXTA）
208 浜松城天守（写真提供=PIXTA）
209 岡崎城天守（写真提供=PIXTA）
209 岡崎城清海堀（写真提供=PIXTA）
209 岩村城六段壁（写真提供=PIXTA）
211 岐阜城復元図（CG=成瀬京司）
211 安土城復元図（イラスト=香川元太郎）
212 二条城二の丸御殿（写真提供=PIXTA）
213 二条城復元図（イラスト=香川元太郎）
213 二条城唐門（写真提供=PIXTA）
213 二条城東南隅櫓（写真提供=PIXTA）
214 伏見城天守（写真提供=PIXTA）
214 伏見城復元図（イラスト=香川元太郎）
215 伏見城の戦い（CG=成瀬京司）
215 伏見桃山陵（写真提供=PIXTA）
216 観音寺城石垣（写真提供=PIXTA）
216 観音寺城復元図（イラスト=香川元太郎／監修=中井均／初出=『歴史群像63号』）
217 坂本城石垣（写真提供=PIXTA）
217 坂本城復元図（イラスト=香川元太郎／監修=中井均／初出=『歴史群像シリーズ　俊英明智光秀』）

103　山中城の戦い（CG=成瀬京司）
103　三木城の戦い（CG=成瀬京司）
103　七尾城の戦い（CG=成瀬京司）
103　備中高松城の戦い（イラスト=香川元太郎／初出=『歴史群像シリーズ　図説・戦国合戦集』）
103　小田原城の戦い（CG=成瀬京司）
104　吉田郡山城（写真提供=PIXTA）
104　吉田郡山城の戦い（CG=成瀬京司）
106　唐沢山城（写真提供=PIXTA）
106　唐沢山城の戦い（CG=成瀬京司）
108　月山富田城（写真提供=PIXTA）
108　月山富田城の戦い（CG=成瀬京司）
110　箕輪城（写真提供=PIXTA）
110　箕輪城の戦い（CG=成瀬京司）
112　稲葉山城（写真提供=PIXTA）
112　稲葉山城の戦い（CG=成瀬京司）
114　佐賀城（写真提供=PIXTA）
114　今山の戦い（CG=成瀬京司）
116　鳥取城の戦い（CG=成瀬京司）
117　仕寄りの方法（イラスト=香川元太郎）
117　竹束・築山（CG=成瀬京司）
118　野田城（写真提供=PIXTA）
118　野田城の戦い（CG=成瀬京司）
120　小谷城（写真提供=PIXTA）
120　小谷城の戦い（イラスト=香川元太郎／監修=中井均／初出=『歴史群像44号』）
122　七尾城（写真提供=PIXTA）
122　七尾城の戦い（CG=成瀬京司）
124　信貴山城（写真提供=PIXTA）
124　信貴山城の戦い（イラスト=香川元太郎／監修=多田暢久／初出=『歴史群像シリーズ27 風雲信長記』）
126　三木城（写真提供=PIXTA）
126　三木城の戦い（CG=成瀬京司）
128　鳥取城（写真提供=PIXTA）
128　鳥取城の戦い（イラスト=香川元太郎）
130　高天神城（写真提供=PIXTA）
130　高天神城の戦い（イラスト=香川元太郎）
132　高遠城（写真提供=PIXTA）
132　高遠城の戦い（CG=成瀬京司）
134　備中高松城（写真提供=PIXTA）
134　備中高松城の戦い（イラスト=香川元太郎／初出=『歴史群像シリーズ　図説・戦国合戦集』）
136　城突入（CG=成瀬京司）
137　城突入方法（イラスト=香川元太郎）
137　城内攻防（CG=成瀬京司）
138　小手森城（写真提供=PIXTA）
138　小手森城の戦い（CG=成瀬京司）
140　上田城（写真提供=PIXTA）
140　上田合戦（CG=成瀬京司）
142　岩屋城（写真提供=PIXTA）
142　岩屋城の戦い（CG=成瀬京司）
144　臼杵城（写真提供=PIXTA）
144　国崩し（写真提供=PIXTA）
144　臼杵城の戦い（CG=成瀬京司）
146　高城（写真提供=PIXTA）
146　高城の戦い（イラスト=香川元太郎）
148　山中城（写真提供=PIXTA）
148　山中城の戦い（CG=成瀬京司）
150　小田原城（写真提供=PIXTA）
150　小田原城の戦い（CG=成瀬京司）
152　忍城（写真提供=PIXTA）
152　忍城の戦い（CG=成瀬京司）
153　忍城の戦い（イラスト=香川元太郎）
154　長谷堂城（写真提供=PIXTA）
154　長谷堂城の戦い（イラスト=香川元太郎／監修=誉田慶信／初出=『歴史群像シリーズ特別編集　図説戦国合戦集』）
156　大坂城石垣（写真提供=PIXTA）
156　真田丸復元図（イラスト=香川元太郎／監修=坂井尚登／初出=『歴史群像131号』）
158　大坂城石碑（写真提供=PIXTA）
158　大坂夏の陣（イラスト=香川元太郎）
160　原城（写真提供=PIXTA）
160　原城復元図（イラスト=香川元太郎／初出=『歴史群像シリーズ62 徳川家光』）
162　会津若松城天守（国立公文書館所蔵）
162　会津戦争（CG=成瀬京司）
164　五稜郭（写真提供=PIXTA）
164　五稜郭復元図（イラスト=香川元太郎）
166　熊本城天守（国立国会図書館所蔵）
166　西南戦争（CG=成瀬京司）
168　独鈷山城復元図（イラスト=香川元太郎）
168　躑躅ケ崎館復元図（イラスト=香川元太郎）
169　丸亀城（写真提供=PIXTA）
169　高知城（写真提供=PIXTA）
169　越前大野城（写真提供=PIXTA）
170　現存十二天守（写真提供=PIXTA）
171　現存三重櫓（写真提供=PIXTA）
172　弘前城天守（写真提供=PIXTA）
173　弘前城復元図（イラスト=香川元太郎）
173　弘前城二の丸辰巳櫓（写真提供=PIXTA）
173　弘前城二の丸東門（写真提供=PIXTA）
173　弘前城天守（写真提供=PIXTA）
174　仙台城大手門脇櫓（写真提供=PIXTA）
175　仙台城復元図（イラスト=香川元太郎）

城イラスト・写真　所蔵・提供一覧

4　大坂夏の陣（CG＝成瀬京司）
5　寛永期大坂城天守復元図（イラスト＝香川元太郎）
5　大坂城（写真提供＝PIXTA）
6　城の特徴（イラスト＝香川元太郎）
7　安土城復元図（CG＝成瀬京司）
7　熊本城復元図（イラスト＝香川元太郎）
7　篠山城復元図（イラスト＝香川元太郎／監修＝篠山市教育委員会／初出＝『歴史群像52号』）
7　大坂城復元図（イラスト＝香川元太郎／監修＝中井均／初出＝『軍事分析 戦国の城』）
7　江戸城復元図（CG＝成瀬京司）
8　山城復元図（CG＝成瀬京司）
9　平城復元図（CG＝成瀬京司）
9　平山城（犬山城）復元図（CG＝成瀬京司）
10　環濠集落復元図（CG＝成瀬京司）
10　基肄城復元図（イラスト＝香川元太郎）
10　独鈷山城復元図（イラスト＝香川元太郎）
11　春日山城復元図（イラスト＝香川元太郎／監修＝水澤幸一／初出＝『歴史群像シリーズ　疾風上杉謙信』）
11　安土城復元図（イラスト＝香川元太郎）
11　江戸城復元図（イラスト＝香川元太郎）
17　安土城天守復元図（イラスト＝香川元太郎）
20　環濠集落復元図（CG＝成瀬京司）
20　吉野ケ里遺跡環濠（写真提供＝佐賀県）
21　彦根城（写真提供＝PIXTA）
21　伊予松山城（写真提供＝PIXTA）
21　名古屋城（写真提供＝PIXTA）
23　熊本城（写真提供＝PIXTA）
23　大坂城（写真提供＝PIXTA）
23　姫路城（写真提供＝PIXTA）
23　岡山城（写真提供＝PIXTA）
24　姫路城大天守（写真提供＝PIXTA）
25　姫路城復元図（イラスト＝香川元太郎）
26　姫路城縄張図（イラスト＝小野寺美恵）
26　姫路城菱の門（写真提供＝PIXTA）
26　姫路城ぬの門（写真提供＝PIXTA）
26　姫路城連立式天守（フォトライブラリー写真提供）
27　姫路城はの門（写真提供＝PIXTA）
27　姫路城にの門（写真提供＝PIXTA）
27　姫路城化粧櫓（写真提供＝PIXTA）
30　天守の構成・構造・破風の形（イラスト＝北嶋京輔）
31　姫路城天守復元図（イラスト＝香川元太郎）
31　姫路城天守（写真提供＝PIXTA）
31　名古屋城天守（写真提供＝PIXTA）
31　江戸城寛永期天守復元図（イラスト＝香川元太郎）
32　安土城復元図（CG＝成瀬京司）
33　安土城復元図（イラスト＝香川元太郎）
34　安土城縄張図（イラスト＝小野寺美恵）
34　安土城大手道（写真提供＝PIXTA）
34　安土城黒金門（写真提供＝PIXTA）
34　安土城伝羽柴秀吉邸（写真提供＝PIXTA）
34　安土城仏足石（写真提供＝PIXTA）
35　安土城天守台（写真提供＝PIXTA）
35　安土城天守復元図（イラスト＝香川元太郎）
36　大坂城天守台（写真提供＝PIXTA）
37　大坂城復元図（イラスト＝香川元太郎）
38　大坂城縄張図（イラスト＝小野寺美恵）
38　大坂城内堀東面石垣（写真提供＝PIXTA）
38　大坂城六番櫓（写真提供＝PIXTA）
38　大坂城千貫櫓（フォトライブラリー写真提供）
39　大坂城桜門蛸石（写真提供＝PIXTA）
39　大坂城乾櫓（写真提供＝PIXTA）
39　豊臣期大坂城天守復元図（イラスト＝香川元太郎）
42　虎口復元図（CG＝成瀬京司）
43　枡形虎口復元図（CG＝成瀬京司）
43　大坂城多聞櫓（写真提供＝PIXTA）
43　熊本城連続枡形（写真提供＝PIXTA）
43　駿府城東御門（写真提供＝PIXTA）
44　名古屋城大天守（写真提供＝PIXTA）
45　名古屋城復元図（イラスト＝香川元太郎）
45　名古屋城金鯱（写真提供＝PIXTA）
46　名古屋城縄張図（イラスト＝小野寺美恵）
46　名古屋城天守台（写真提供＝PIXTA）
46　名古屋城西南隅櫓（写真提供＝PIXTA）
46　名古屋城東南隅櫓（写真提供＝PIXTA）
46　名古屋城清正石（写真提供＝PIXTA）
47　名古屋城西北隅櫓（写真提供＝PIXTA）
47　名古屋城天守断面図（イラスト＝香川元太郎／所蔵＝東建コーポレーション）
48　江戸城寛永期天守復元図（イラスト＝香川元太郎）
49　江戸城復元図（イラスト＝香川元太郎）
50　江戸城縄張図（イラスト＝小野寺美恵）
50　江戸城富士見櫓（写真提供＝PIXTA）
50　江戸城桜田巽櫓（写真提供＝PIXTA）
50　江戸城二重橋（写真提供＝PIXTA）
51　江戸城総構復元図（イラスト＝香川元太郎）
51　江戸城大手門（写真提供＝PIXTA）
51　江戸城外堀（写真提供＝PIXTA）
52　熊本城天守（写真提供＝PIXTA）
52　熊本城復元図（イラスト＝香川元太郎）
54　熊本城縄張図（イラスト＝小野寺美恵）

イラストレーター紹介

香川元太郎

序章・1章・3章城イラスト、
2章城合戦イラスト

成瀬京司

序章・1章・3章城CG、
2章城合戦CG

あおひと

池田輝政、宇喜多秀家、徳川吉宗、赤松広秀、島津忠長、松平信綱、津軽為信、金森長近、柳沢吉保、加藤清正、福島正則、北条早雲、北条氏康、藤堂高虎、鍋島直茂、伊達政宗、島津義久、真田信之、伊達秀宗、阿部正弘、黒田長政、松平容保、谷干城、2章・3章解説イラスト

福田彰宏

織田信長、豊臣秀吉、徳川家康、井伊直政、蒲生氏郷、前田利家、上杉謙信、毛利元就、武田信玄、織田信忠、松永久秀、真田昌幸、石田三成、直江兼続、黒田官兵衛、新田義貞、明智光秀、荒木村重、森蘭丸、2章・3章解説イラスト

大高あまね

1章・2章解説イラスト、長野業盛、佐野昌綱、尼子義久、斎藤龍興、菅沼定盈、長続連、別所長治、吉川経家、岡部元信、仁科盛信、清水宗治、大内定綱、鳥居元忠、北条氏勝、北条氏政、成田長親、志村光安、豊臣秀次、天草四郎、榎本武揚、尚真、一乗谷城の戦い

みゃーぎ@にぎやカラフル

3章解説イラスト

北嶋京輔

山城・平城・平山城模式図、1章「城のキホン」イラスト、2章籠城戦の流れ・合戦布陣図、基肄城・大野城

喜久家系

加藤嘉明、堀尾吉晴、尼子晴久、高橋紹運、島津家久、豊臣秀長、武田勝頼

池田正輝

大友宗麟、龍造寺隆信、柴田勝家、山内一豊

山崎太郎

浅井長政、片倉小十郎、村上武吉、細川忠興

山口直樹

豊臣秀頼、板垣退助、黒田清隆

なんばきび

最上義光、西郷隆盛

マンガ家紹介

小坂伊吹

空想城合戦（イントロダクション・姫路城・大坂城・熊本城・彦根城・松本城・山中城）

監修者 **矢部健太郎**（やべ けんたろう）

1972年、東京都生まれ。國學院大學大学院文学研究科日本史学専攻博士課程後期修了、博士（歴史学）。現在、國學院大學文学部史学科教授、文学部長。専門は日本中世史および室町・戦国・安土桃山時代の政治史・公武関係史。おもな著書に、『豊臣政権の支配秩序と朝廷』（吉川弘文館）、『関ヶ原合戦と石田三成』（吉川弘文館）、『関白秀次の切腹』（KADOKAWA）など。監修書に『超ビジュアル！日本の歴史大事典』（西東社）などがある。

イラスト	あおひと、池田正輝、大高あまね、香川元太郎、喜久家系、なんばきび、福田彰宏、みゃーぎ@にぎやカラフル、山口直樹、山崎太郎
マンガ	小坂伊吹
CG製作	成瀬京司
地図製作	北嶋京輔、小野寺美恵、ジェオ
デザイン	五十嵐直樹、土井翔史（ダイアートプランニング）
DTP	ダイアートプランニング、明昌堂
校正・校閲	エディット
編集協力	浩然社

超ビジュアル！日本の城大事典

2024年 7月25日発行　第1版
2024年10月30日発行　第1版　第2刷

監修者	矢部健太郎
発行者	若松和紀
発行所	株式会社 西東社
	〒113-0034　東京都文京区湯島2-3-13
	https://www.seitosha.co.jp/
	電話　03-5800-3120（代）

※本書に記載のない内容のご質問や著者等の連絡先につきましては、お答えできかねます。

ISBN 978-4-7916-3372-2